중소기업을 위한
워라밸 인사노무관리

중소기업을 위한 워라밸 인사노무관리

발행일	2018년 9월 21일	1판 2쇄	2018년 12월 11일

지은이   정 학 용
펴낸이   손 형 국
펴낸곳   (주)북랩
편집인   선일영   편집   오경진, 권혁신, 최승헌, 최예은, 김경무
디자인   이현수, 허지혜, 김민하, 한수희, 김윤주   제작   박기성, 황동현, 구성우, 정성배
마케팅   김회란, 박진관, 조하라
출판등록 2004. 12. 1(제2012-000051호)
주소   서울시 금천구 가산디지털 1로 168, 우림라이온스밸리 B동 B113, 114호
홈페이지 www.book.co.kr
전화번호 (02)2026-5777   팩스   (02)2026-5747

ISBN   979-11-6299-329-3 03320(종이책)   979-11-6299-330-9 05320(전자책)

이 도서의 국립중앙도서관 출판예정도서목록(CIP)은 서지정보유통지원시스템 홈페이지(http://seoji.nl.go.kr)와
국가자료공동목록시스템(http://www.nl.go.kr/kolisnet)에서 이용하실 수 있습니다.
(CIP제어번호: CIP2018029795)

근로시간 단축과 최저임금 고공인상 시대의 인사경영 솔루션

중소기업을 위한

워라밸

인사노무관리

정학용 지음

▼

대법원 판례 기준 2019년도 최저시급이 마침내 1만 원을 넘어섰다.
근로시간은 주당 52시간을 넘을 수 없도록 법제화됐다.
변화된 상황 속에서 중소기업이 살아남는 방법은 단 한 가지.
워라밸 인사관리를 통한 생산성 향상이 그것이다.
이 책이 그 지름길을 알려줄 것이다.

북랩 book Lab

서문

　직장 내 감사나눔 활동, 행복지수 조사, 어린이집 운영, 임직원 대상의 종합 심리 케어 서비스 지원, 북 카페(Book Café) 및 온라인 도서관 운영, 직원 및 가족 복리후생비 지원, 자녀 직장 방문 프로그램 운영, 임직원 및 가족 대상 상담 프로그램, 패밀리데이 운영, 헬스&웰빙(Health&Well-being) 프로그램, 자녀학자금 지원, 유연근무제, 재택근무제, 코어타임제, 선택적출근시간제, 근무시간조정제도, 재택근무 지원 등등 조직에서 운영하는 워라밸(Work and Life Balance의 약칭) 제도는 다양하다.

　근로시간이 단축되었다. 사업장에서는 근로자들이 짧아진 근무시간만큼 본업에 충실하기에도 시간이 모자라다고 생각하며, 워라밸과 같은 비생산적인 업무에 집중할 시간이나 자원이 없다고 생각한다. 그런데 글로벌 기업들은 감사나눔 활동이나 행복지수 조사 등 본업과 관계없는 상기 워라밸 제도들에 많은 비용을 들이면서 운영하고 있다. 왜 그럴까?

　아이러니하게도 비본질적인 제도가 기업들의 성과를 향상시키기 때문이다. 인간의 두뇌는 한 번에 한 가지만 생각할 수 있도록 설계되어 있다. 자녀교육 문제나 가족건강 또는 가정경제에 문제가 발생하면, 직원들은 업무에 몰입할 수 없게 된다. 즉, 몸은 사무실에 있지만, 마음은 유치원이나 병원에 가 있다. 이렇게 해서는 업무 성과를 향상시킬 수 없다.

또한 창의력은 자율적인 활동 속에서 활성화된다. 풍성한 창의력이나 아이디어는 머리를 쥐어짤수록 줄어들고, 오히려 머리를 쉬게 하고 긴장을 줄이고 행복감을 높일수록 향상된다. 그러고 보면 아르키메데스가 '목욕통'에서 순금왕관을 찾는 방법을 찾아냈고, 뉴턴이 '사과나무 아래'에서 만류인력 법칙을 발견한 것이 우연이 아니다. 쉼 없이 벼를 베는 것보다, 도중에 낫을 갈면서 벼를 베는 것이 생산성이 훨씬 높은 것처럼, 머리를 쉬게 하는 것은 '낫을 가는 행위'와도 같다. 즉, 워라밸 제도를 활성화하는 것은 풍성한 창의력이나 아이디어 산출의 원동력이 된다.

하지만, 우리 기업들의 업무 형태는 워라밸 활성화와는 거리가 멀다. 마치 낫 가는 시간이 아까워 쉼 없이 벼를 베고 있는 듯하다. 상사들의 퇴근하면서 업무 지시하기, 수시로 소집되는 회의, 주말에 카톡으로 업무 점검, 오·탈자 바로잡기 등 구질구질한 지적으로 시간낭비, 퇴근 개념이 없는 동반야간 등으로 조직 구성원들은 '워커홀릭 상태'이다. 이러한 창의력을 고갈시키는 업무 형태로는 글로벌 경쟁에서 더 이상 경쟁력을 가질 수 없다.

이제 우리 중소기업들은 4차 산업혁명, 워라밸 업무 환경, 근로시간 단축, 임금 고공인상 등 사면초가 상태에 놓여 있다. 이러한 난국을 타개하기 위해서는 조직 구성원들의 자율성이나 창의력이 어느 때보다 절실하며, 이를 위해 워라밸 중심의 인사노무관리가 필요하다. 그러나 인력이나 역량, 전문성 등 인프라가 부족한 중소기업들이 워라밸 인사노무관리를 실무적으로 구현하는 데는 실질적으로 많은 고민과 어려움이 따르는 것이 사실이다.

이러한 중소기업들의 문제들을 고민하고 있던 어느 날 저녁, 김현주 박사님께서 너무나 시의적절한 '워라밸 인사노무관리'라는 제목을 제안하였고, 그러면서 본서의 핵심내용들과 기고 자료들을 세심하게 검토하여 주었다. 사실, 이 책은 김현주 박사님과의 공동 저서라고 해도 틀린 말이 아니며, 이 기회에 감사의 마음을 전한다.

이 책은 여타 인사노무 관련 책자들에 비해 다음과 같은 특징들을 가지고 있다.

첫째, 이 책은 워라밸 인사노무관리의 개념을 제시하였고 또한 이를 구현하기 위한 인사노무관리 전체 기능을 하나의 프레임워크로 체계화하였다.

둘째, 기업현장의 다양하고 깊은 체험을 바탕으로, 사업장에서 워라밸 인사노무관리를 실현할 수 있도록 다양한 사례들과 방안들을 포함하고 있고, 독자들의 이해 편의를 위하여 도표나 그림을 많이 활용하고 있다. 특히, 교대근무제의 이해를 높여주는 교대주기 편성 방정식을 처음으로 제시하고 있다.

셋째, 중소기업의 인사노무 부서는 주로 인사발령 등 단순한 '대서방' 역할을 많이 한다. 인사노무 부서가 CEO에게 전략적 지원을 하기 위해서는 변화와 혁신의 주체가 되어야 하고, 이 책은 그 방향을 제시하고 있다.

부족하지만 이러한 특징들이 독자들에게 쉽게 전달되어, 근로시간 단축이나 임금인상 등에 어려움을 겪고 있는 중소사업장이나 인사노무 담당자들에게 조금이라도 도움이 되었으면 더할 나위 없이 좋겠다. 마지막으로 이 책을 집필하는 동안, 끊임없는 기도와 보약을 챙겨주신 누님과 묵묵히 뒷바라지를 하여 준 수림이 엄마에게 고마움을 전한다.

2018년 9월
정학용

Contents

Part 1

워라밸 인사노무관리란 무엇인가?

워라밸 인사노무관리는 조직생활에서 일과 삶의 균형을 지향하는 인사노무관리 활동이다. 워라밸 인사노무관리는 근로시간은 줄이고 임금 수준은 적정하게 보장하여 행복한 일터를 조성하고, 성과 향상과 일하는 문화의 혁신을 통하여 생산성 향상과 전략 목표를 달성하고자 하는 것이다. 이것은 기존의 구성원 간의 끝없는 경쟁과 도태가 반복되는 '냉혹한 인사노무관리'를 극복하고, 구성원을 중요시하는 '워라밸 인사노무관리'로 화합과 행복한 일터를 조성하고자 하는 것이다.

우리는 4차 산업혁명 속에서 그 어느 때보다도 풍요로운 시대에 살고 있다. 원하는 상품은 전 세계 기업들로부터 제공받을 수 있고, 온라인 업체 아마존(Amazon)을 통하면 전 세계 최상의 상품을 최저 가격으로 구입할 수 있다. 낮아지는 진입장벽은 고객들에게 다양한 선택 기회를 제공하고 있다.

역설적이게도 소비자들은 '풍요 속의 빈곤'을 경험하고 있다. 과거에는 신발 한 켤레로 축구도 하고 조깅도 하고 등산도 했지만, 이제는 축구화, 조깅화, 등산화를 모두 갖추어야 한다. 과거에는 TV 프로그램도 지상파 3사만 존재했으나, 지금은 스포츠 채널, 여행 채널, 낚시 채널 등 위성방송에서 선택 가능한 채널만 345개이다. 그렇지만 소비자들은 여기에 만족하지 못하고 더 새롭고, 더 혁신적인 제품과 서비스를 원한다.

이러한 경영환경 변화에 대해, 그동안 '강 건너 불구경하듯' 남의 일인 양 지켜보던 중소기업들도 이제는 더 이상 구경만 할 수 없게 되었다. 그것은 최저임금 고공인상과 사업장의 근로시간 단축이 현안이 되었기 때문이다. 최저임금이 2019년도에는 전년도 대비 10.9%나 올랐으며, 이 경향이 지속되어 조만간 최저시급이 1만 원까지 오를 전망이다. 또한 중소기업들의 가용 근로시간이 휴일근로를 포함하여 1주 52시간으로 줄어들었다. 이제 중소기업들은 〈그림 1-1〉와 같이 사면초가의 경영환경에 직면하게 되었다.

<그림 1-1> 사면초가의 중소기업 경영환경

1) 4차 산업혁명은 '1타 기업'만 살아남는 시대

우리는 4차 산업혁명 시대에 살고 있다. 4차 산업 혁명의 파괴력을 살짝 들여다볼 수 있었던 것이 지난 '알파고 사건'이었다. 우리의 예상 과는 달리, 인간계 바둑의 최고 고수 이세돌 9단이 갓 태어난 인공지능 (AI) '알파고'에게 패했다. 이때 인공지능이 인간생명을 에너지로 이용한 다는 영화 〈매트릭스〉의 설정이 단순한 허구가 아닐 것 같다는 섬뜩 한 생각이 들었다.

4차 산업혁명은 제품 주기를 단축시키고, 혁신을 일상화하며, 일하 는 방식은 다품종 소량생산으로 변화시킬 것이다. 종래 사업장은 두 가지 방향으로 진화해 갈 것이다. 장시간 근로나 단순 반복 작업에 의 존하는 사업장은 컴퓨터나 로봇으로 대체될 것이고, 인간 중심의 사업장은 창의성이나 융합 또는 감성적인 작업 중심으로 변해 갈 것이다. 4차 산업혁명의 빠른 변화나 다품종 소량생산 등 이러한 특징들은 대기업보다 중소기업에게 유리한 측면이 있다.

<그림 1-2> 중소기업의 4차 산업혁명에 대한 인식 및 대응 수준(2016년)

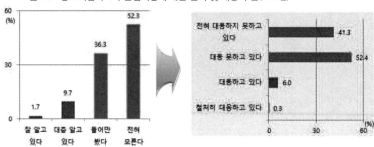

그러나 우리 중소기업들은 4차 산업혁명에 대한 준비가 부족하다. 중소기업 중앙회의 2016년도 조사에 따르면, 중소기업들 중 4차 산업혁명에 대해 대충이라도 인식하고 있는 기업이 〈그림 1-2〉에서 보는 바와 같이 11.4%에 불과하고, 대충이라도 대응하고 있는 기업은 6.3%이었다. 즉, 중소기업 10곳 중에 9곳이 4차 산업혁명을 남의 일로 인식하고 있으며, 1곳만이 제대로 준비하고 있는 것이다.

4차 산업혁명 시대는 과거와 달리, 미리 준비하지 않으면 따라잡기 힘든 '냉엄한' 승자독식 시대이다. 학원 강사의 경우로 예를 들어 보자. 과거에는 일명 '1타 강사'라고 소문이 나면 수강생들이 1타 강사에게 모여들었다. 하지만 1타 강사들이 수용할 수 있는 인원이 제한되어 있기 때문에, 수강생들은 2타 강사, 3타 강사로 이동하여 강의를 들었다. 그리하여 1타 강사의 수입이 2타 강사나 3타 강사와 차이가 그렇게 많지 않았다. 그러나 지금의 온라인 교육환경은 그 상황과 매우 다르다. 이제 1타 강사라고 소문나면, 그 정보가 순식간에 퍼지고, 온·오프라인 강의 및 교재까지 장악하게 된다. 수강생들은 2타 강사 또는 3타 강사에게 강의를 들을 이유가 없다. 그래서 1타 강사가 모든 수입을 독식하게 된다.

지금 기업들이 직면하는 경영환경도 이와 유사하다. 최고의 기술력으로 최상의 제품을 만들어 내는 '1타 기업'이 되지 못하면 생존하기 힘들다. 고객들은 안방에서 상품이나 서비스 정보를 실시간으로 검색하여, '1타 기업'의 제품이나 서비스를 시간이나 장소에 구애받지 않고 구매한다. 지구 반대편에 있는 고객도 우리 고객이 될 수 있다는 것은 '좋은 뉴스'이지만, 반대로 그곳의 '1타 기업'이 우리 고객을 뺏어 갈 수 있다는 것은 '나쁜 뉴스'이다. 따라서 중소기업들은 '1타 기업'이 되기 위해서 혼신의 노력을 해야 한다.

이제 옆 건물에 있는 경쟁기업보다 오래 불을 켜고, 좀 더 낮은 가격으로 제품을 생산하는 패러다임은 한계에 도달했다. 전 세계에는 우리보다 더 낮은 가격으로 더 오래 일하는 기업들이 하늘의 별만큼이나 많다. 그래서 이들 기업보다 더 생산적이고 창의적이며 혁신적인 제품이나 서비스를 만들어 낼 수 있는 방안의 모색이 필요하다.

2) 직원들도 워라밸을 가장 중요시

인간은 마음의 지배를 받는다. 마음이 불편하면 만사가 짜증스럽고, 쉬운 일도 어려워지지만, 마음이 행복하면 아무리 어려운 일도 결국

해 내고 만다. 그렇다고 마음을 떼놓고 다닐 수는 없다. 조직 구성원들이 회사에 출근할 때는 머리와 몸만 오는 것이 아니라 마음도 함께 온다. 따라서 기업의 성과를 높이고 '1타 기업'이 되기 위해서는 구성원들의 마음 관리가 필요하다.

예를 들어, 딸이 유치원에서 학예회 발표가 있는 날이면, 몸은 회사에 있지만 마음은 학예회 발표장에 가 있다. 이런 상황에서 사무실에 앉아 있다고 일이 잘될 리 없고 생산성이 오를 리 없다. 오히려 회사에 출근하기보다 유치원으로 가서 딸이 무용하고 노래하는 모습을 보고 함께하는 것이 직원에게 더 행복하다. 그리고 그 행복한 마음을 사업장으로 가지고 와서 일하면 창의성과 몰입도가 올라가게 된다. 이것이 마음 관리의 필요성이고, 워크 앤 라이프 밸런스, 즉 '워라밸(Work and Life Balance)'을 강조하는 이유이다.

워라밸은 일과 삶의 균형 있는 생활을 추구하는 것이다. 이제 조직 구성원들은 직장 일만큼이나 취미 생활, 가족 생활 등 개인 생활도 중요하게 여긴다. 특히 M(Mobile 또는 Millennium)세대들은 일과 육아의 균형이 깨어지면 과감히 직장을 떠나간다. 과거에는 부서 회식을 퇴근하기 전에 통보해도 아무런 불평 없이 100% 참석했다. 그러나 지금은 부서 회식을 하려면 적어도 1주 또는 2~3주 전에 공지해야 회식이 정상적으로 이루어진다. 이제 워라밸을 고려하지 않으면, 조직을 원만하게 운영할 수 없다.

국내 한 취업 포털 사이트에서 2016년도 구직자 400명을 대상으로 입사 희망 기업의 연봉과 야근 조건에 대해 설문조사를 했다. 구직자들은 연봉을 높게 주고 야근이 잦은 기업(11.8%)보다 연봉은 낮지만 야근이 없는 기업을 선호(22.8%)했으며, 연봉은 중간 정도이고 야근이 적은 기업을 압도적(65.5%)으로 선호했다. 이제 기업들이 구성원들의 워라밸을 생각하지 않으면 우수한 인재를 뽑을 수가 없게 되었다.

어느 책에서 읽은 이야기이다. 두 사람이 논에서 벼를 베고 있었다. 한 사람은 휴식도 없이 열심히 벼를 베었고, 다른 사람은 휘파람을 불면서 휴식을 취하다 어떤 때에는 논둑에서 장시간 앉아 있기도 했다. 그런데 저녁 무렵에 보니, 휴식을 취한 사람이 훨씬 많은 벼를 베었다. 왜 그럴까? 휴식 없이 열심히 일한 사람은 낫이 무뎌져도 낫 가는 시간이 아까워서 무딘 낫으로 열심히 일한 반면, 휴식을 취한 사람은 낫이 무뎌지면 논두렁으로 나와 낫을 갈면서 벼를 벴기 때문에 많이 벨 수 있었던 것이다.

조직 구성원에게 워라밸은 낫을 가는 행위와 같다. 휴식은 신경세포들을 다듬고 관리하는 등 뇌를 힐링하게 만들고 재정비하게 한다. 우리가 휴식과 여행을 마치고 나면 뜻밖에 문제의 해답을 찾게 되는 경우도 이 때문이다. 고대 그리스의 수학자인 아르키메데스가 '목욕통'에서 금관의 불순물을 찾는 방법을 알아냈고, 뉴턴은 '사과나무 아래'에서 만유인력의 법칙을 발견했다. 결국 워라밸은 구성원에게만 필요한 것이 아니라, 기업에게도 꼭 필요한 활동이다. 이제 워라밸과 1타 기업은 불가분의 관계에 있으므로, 중소기업들은 1타 기업이 되기 위해서 워라밸을 높일 방안을 강구해야 한다.

3) 최저임금 1만 원 시대가 도래

최저임금이 가파르게 상승하고 있다. 2019년도 최저임금이 올해보다 10.9% 오른 8,350원으로 결정되었다. 문재인 정부의 정책 공약이 최저임금 1만 원 시대를 열겠다는 것이고, 임기 내(2022년)에 이것을 실현하려면 향후 3년 내에 1,650원이 올라가야 하며, 이렇게 되려면 최저임금은 매년 약 6.2%씩 올라야 한다. 기업이 영속하려면 임금은 생산성의 한도 내에서 책정되어야 하므로, 기업도 생산성을 매년 6.2% 이상 올려야 한다.

최저임금의 목적은 '근로자의 생활 안정', '노동력의 질적 향상', '국민경제의 건전한 발전'을 도모하는 것이다. 근로자가 생활 안정을 이루려면, 한 사람이 벌어서 최소한 두 사람이 생활할 수 있는 최저생계비 이상의 수준이 되어야 한다. 드디어 2019년 최저임금은 당해 연도 2인 가족 최저생계비 1,708,258원(시급 8,173원, 최근 3년간 평균 속도로 인상 가정) 수준을 조금 넘을 전망이다. 이렇게 보면 최저임금 인상이 기업들이 체감하는 것과는 다르게, 근로자의 생활안정이나 노동력의 질적 향상에 크게 이바지하는 수준은 아니다. 결국, 최저임금 인상 문제는 최저임금 액수에 있는 것이 아니라 빠른 인상률과 이에 미치지 못하고 있는 낮은 생산성에 있다.

이러한 최저임금의 고공인상에 대해서는 찬성과 반대 의견이 분분하다. 찬성 의견은 기대이론을 바탕으로 최저생계비 수준을 확보하면 저임금 근로자의 삶의 질이 향상되고 이에 사기가 증가되며 이는 곧 기업의 생산성 증가로 이어진다는 주장이다. 이에 대해 반대 의견은 생산비이론을 근거로 지나친 임금인상은 제조원가를 인상시켜 사업장 경쟁력을 저하시켜 이것이 실업의 증가로 이어진다는 주장이다. 이 두 주장의 진실을 '대박 편의점'[1]과 '마이다스아이티'[2]라는 회사를 통해 알아보자.

서울의 한 편의점은 월 매출 6,000만 원의 '대박 편의점'으로 알려져 있다. 그런데 그 속내를 살펴보면 착잡해진다. 재료비, 수수료, 임대료, 인건비(610만 원) 등을 제외하고 나면 월 370만 원의 순수익이 발생한다. 그런데 아르바이트 3명에 대한 임금이 시급 1만 원으로 인상되면, 인건비가 현재보다 48% 증가하여 수익은 월 100만 원 이하로 떨어지게 된다. 이렇게 되면 사장의 수익이 최저임금 월 209만 원(시급 1만 원)에 훨씬 미치지 못하게 된다. 이렇게 되면 사장은 가게를 운영하는 것보다 월급쟁이로 일하는 것이 낫다는 결론이다. 이렇게 가게가 하나둘씩 문을 닫게 되면, 실업인구는 증가한다.

그렇다고 중소기업에서 지금 도산 위험이 있으니 최저임금을 낮추거나 동결해 달라고 요구하는 것은 현실적이지 못하다. 최저임금 1만 원의 화살은 이미 활시위를 떠났다. 이제 기업에서 해야 할 일은 철저히 최저임금 1만 원 상황하에서 생존하는 방법을 찾는 것이다. 기업 경영에서 시련과 도전은 언제나 있어 왔다. 중소기업청 자료에 따르면, 음식점의 생존률이 창업 1년 뒤 55.3%, 3년 뒤 28.9%, 5년이 지나면 17.7%인 것으로 조사되었다. 그렇다면 생존기업의 비결은 무엇인가? 이를 마이다스아이티라는 기업을 통해 살펴보자.

이 기업은 2000년 31명 직원의 중소기업에서 시작하여, 창업 15년이 지났음에도 도산되지 않고 오히려 현재 600여 명의 중견기업으로 성장

---

1) 김지현, '브랜드 빵집 사장님의 한숨, 최저임금 탓만은 아니다', 《한국일보》, 2017.7.18.
2) [리더스인터뷰] "성장의 핵심은 직원의 행복" 마이다스아이티 이형우 대표, YTN, 2015.7.7.

하여 세계 최고의 건설공학 기술 소프트웨어 기업이 되었다. 이 회사 이형우 대표는 그 비결을 조직 구성원에 대한 행복경영이라고 설명하고 있다. 그는 평소 '경영이란 직원들 각 개인의 행복을 위해 회사를 운영하는 것'이라는 신념을 가지고 있다. 그 결과 구성원들은 회사 성장 동력인 기술 개발로 보답하여 현재 770억 원의 글로벌 매출을 달성했고, 회사는 세계시장 점유율 1위 건축·설계 소프트웨어 업체가 되었다.

최저임금 1만 원 시대, 중소기업들에게는 분명히 어려운 난관임에는 틀림없다. 그러나 극복 불가능한 것도 아니다. 그 답을 마이다스아이티처럼 조직 구성원에게서 찾아야 한다. 구성원들을 행복하게 하면, 그들은 창의력으로, 몰입으로, 생산성으로 보답한다. 따라서 중소기업들은 조직 구성원들에게 행복하게 일할 수 있는 환경을 조성해주어야 한다.

4) 1주 52시간의 근로시간은 위기이자 기회

기업의 활동은 근로시간과 밀접한 관계가 있다. 작업량이 많으면 근로시간을 늘리고, 작업량이 적으면 근로시간을 줄임으로써 시장의 요구에 대응한다. 기업은 통상적으로 근로시간을 길게 하여 장비와 설비의 생산효율을 최대한 높이려고 하지만, 근로자들은 근로시간이 길수록 스트레스나 피로를 많이 느끼게 되고, 안전사고가 일어날 개연성 높아지기 때문에 근로시간을 단축하여야 한다. 그래서 노동운동의 역사는 근로시간 단축의 역사와 맥을 같이한다.

그동안 우리 근로자들은 경제협력개발기구(OECD) 회원국 중에서 장시간 근로로 TOP 2에 들어갈 정도로 '일 벌레'였다. 그 결과 오늘날과 같은 고속 성장의 기적을 이루어 냈지만, 이제 장시간 근로를 통한 양적 성장이 한계에 다다랐다. 이 시대가 요구하는 것은 장시간 근로가 아니라 창의력이나 자율성과 같은 질적 근로이다. 이번에 근로시간이 휴일근로를 포함하여 1주 52시간으로 단축된 것도 이러한 시대적 요구를 반영한 것이다.

근로시간이 단축되면 기업은 여러 가지 난관에 부딪치게 된다. 먼저 생산량이 줄어든다. 생산량은 근로자와 근로시간의 함수이므로, 다른 모든 조건이 동일하다면 <그림 1-3>에서 보는 바와 같이, 근로시간 단축은 생산량 축소로 이어진다. 생산량이 줄어들면, 수익이 하락하고 그러면 근로자들에게 적정한 임금 수준을 보장할 수 없다. 따라서 기업이 근로시간이 단축된 상황에 대응하는 방법은 생산성 향상, 인력 충원 또는 근로시간의 질을 높이는 것이다.

<그림 1-3> 근로시간 단축의 생산량 전달 체계

기업들이 근로시간 단축에 대응하는 방법은 기업전략, 근로형태, 조직문화, 경쟁기업의 동향 등을 고려해야 결정할 수 있게 된다. 그래서 기업들의 대응 방법은 제각각인데, SK는 생산성 향상, 한화는 인력채용, 그리고 삼성은 근로시간의 질 향상 등이다. SK 텔레콤은 근무시간을 통제하는 일률적, 관리적 방식을 지양하고 구성원의 신뢰를 기반으

로 개별적, 자율적 방식으로 바꾸어 일하는 시간을 혁신했다. 이를 위해 자율적 선택근무제를 도입하여 2주 단위로 총 80시간 범위 내에서 업무 성격 및 일정을 고려해 직원 스스로 근무시간을 설계·운영하도록 한다는 정책을 내놓았다.

그리고 인력 채용을 통하여 근로시간 단축에 대응하겠다는 것이 한화그룹이다. 한화그룹은 3조 3교대 주 56시간 체제를 4조 3교대 주 42시간 체제로 전환하고, 기존 급여의 90%까지 보전하며, 근로자를 채용해서 줄어든 근무시간과 생산량을 확보한다고 한다.

한편, 삼성전자는 근로시간의 질을 높이겠다는 방침을 내놓았다. 삼성전자는 사내 헬스장을 이용하거나 흡연과 잡담으로 자리를 비우는 경우엔 출입 기록에 따라 분 단위로 점검하여 근로시간에서 제외하고, 근로시간 단축 이행 여부를 간부들의 평가에 반영한다고 발표했다.

근로시간 단축 시한이 중소기업들에게는 1~2년밖에 없다. 아직 많은 중소기업들이 장시간 근로에 의존하여 경쟁력을 확보하고 있는 상황에서, 근로시간 단축은 마치 격무에 시달려 매우 피곤한 근로자에게 고난도의 사고를 요하는 프로젝트를 부여하는 것과 같이 버겁다. 하지만 중소기업에서 행복한 일터를 조성하고, 성과주의를 운영하며, 일하는 문화를 꾸준히 혁신한다면, 이러한 난제도 풀지 못할 문제는 아닐 것이다.

　이렇게 사면초가의 경영환경을 풀 수 있는 실마리는 어디에 있을까? 그것은 조직 구성원에게서 찾아야 한다. 그렇다고 과거처럼 이들에게 장시간 근로나 낮은 임금을 요구하는 것이 아니다. 이들이 중국을 비롯하여 인도, 베트남 등 저임금 국가들의 가격 경쟁력을 뛰어넘는 월등한 생산성을 올리는 방법을 가지고 있기 때문이다.

　기업에서 구성원들을 몰입시키고 생산성을 향상시키는 방법은 구성원의 수만큼 많고 다양하다. 일반적으로 사용하는 동기부여 방법은 급여 인상, 인정, 개인적 지지, 성장, 존중, 책임감, 인센티브, 일의 진전, 성과, 자율성, 목적 의식, 학습, 권한 이양, 작업장 환경 개선, 승진, 관리 통제, 복리후생, 휴가, 회사 정책 변경 등등 다양하다. 이 중에서 무엇이 구성원들에게 동기를 부여하는지는 지금도 여전히 논란거리이다.

　이러한 다양한 동기부여 방법 중에 금전 보상에 대한 논란만큼 뜨거운 것도 없다. 금전 보상은 중요한 동기부여 수단이라는 견해와 오히려 동기를 해친다는 견해가 존재한다. 전자의 견해에 대해서는 쉽게 이해할 수 있다. 우리는 '돈을 벌기 위해' 일하고 있고, 「근로기준법」에서도 '근로자라고 함은 임금을 목적으로 근로를 제공하는 자'라고 정의하고 있다. 근로자와 임금 관계는 인간과 공기처럼 떼려야 뗄 수 없는 관계이다. 만약 인간과 공기가 떨어지면 더 이상 인간이 아니듯, 근로자가 임금으로부터 떨어지면 더 이상 근로자가 아니다.

따라서 조직 구성원에게 금전 보상은 중요한 동기부여 수단이다. 굳이 인간은 보상을 받거나 처벌을 피하기 위해서 행동한다는 행동주의 철학을 거론하지 않더라도, 우리가 일하는 목적이 돈을 벌어 성공하기 위한 것에 있음을, 스스로가 잘 알고 있다. 또한 매슬로의 욕구단계설(Maslow's Hierarchy of Needs)을 보더라도 가장 기본 욕구인 생리적 욕구나 안전의 욕구를 충족시키기 위해서는 금전 보상이 반드시 필요하다. 따라서 금전 보상은 강력한 동기부여 수단이 된다.

국내 직장인들을 대상으로 한 설문조사에서도 금전 보상이 최고의 동기부여 수단인 것으로 나타났다. 국내 한 취업포털 업체에서 2016년 성인남녀 743명을 대상으로 한 설문조사에서 '일할 때 가장 동기부여가 되는 것'(복수응답) 1위는 '연봉·인센티브'(60.8%)로 나타났고, 상사·동료와의 단합이 잘될 때 일이 잘된다는 '동료관계의 영향'(36.7%), '자율적인 분위기에서 일이 더 잘된다'(27.5%), '잘 쉬어야 일이 잘된다'(24.0%)가 순서대로 그 뒤를 이었다.

다른 한편 금전 보상이 오히려 구성원의 동기를 저해한다는 견해가 있다. 금전 보상은 아무리 많이 하더라도 구성원들을 만족시킬 수 없고 또한 추가적인 보상이 그에 비례하여 직무 만족까지 높여주지 못한다. 즉, 금전 보상은 일정한 수준을 넘으면, 더 이상이 동기요인이 되지 못한다. 동기이론의 대가인 에드워드 데시(Edward L. Deci) 로체스터대학교 교수는 금전 보상은 오히려 동기를 급격히 하락시켜 조직성과에 부정적인 영향을 끼친다고까지 주장한다. 악화가 양화를 구축하듯, 금전 보상은 일을 잘하기 위한 수단인데, 오히려 이것이 목적이 되어 팀워크나 정보공유에 반하는 행동을 서슴지 않고 하게 된다. 경영사상가 다니엘 핑크(Daniel Pink)도 『드라이브』라는 책에서 '모티베이션 3.0'이라는 용어로 내재적 동기의 중요성을 강조하고 있다. 모티베이션 1.0의 시대에서는 생물학적 동기가 사람의 행동을 지배했고, 모티베이션 2.0시대에는 경제적 보상이 중요했다. 그러나 이제 모티베이션 3.0의 시대에는 일이 주는 즐거움 자체, 즉 내재적 동기가 활성화되어야 한다고 한다.

조직에서 어떻게 내재적 동기를 활성화시킬 수 있을까? 이에 대해 에드워드 데시 교수는 내재적 동기부여 요소로 자율성과 도전성 그리고 참여를 제시하고 있다. 조직 구성원이 자기 업무를 주도적으로 하도록 하고, 그 업무에 도전적인 목표를 부여하며, 또한 주인의식을 가지도록 참여를 강화하면 내재적 동기가 활성화된다고 한다.

이상과 같이. 금전 보상과 내재적 만족 모두 동기부여 요소이다. 그렇다면 어느 쪽이 더 효과적인가? 그것은 일률적으로 말할 수 없고, 기업의 임금 수준이나 조직문화, 개인의 가치관 등에 따라 다르다. 우리는 어떤 행동을 해서 원하는 결과가 나타날 때 동기를 부여받는다. 조직 구성원들이 원하는 게 금전 보상일 수도 있고 내면적 만족일 수도 있다. 원하는 것이 금전 보상인 사람에게 내재적 동기부여를 하면 효과가 없고, 반대로 내재적 만족을 원하는 직원에게 금전 보상을 해도 효과가 없다.

그렇다면 우리 중소기업들은 어떻게 접근해야 하는가? 중소기업들의 보상 수준은 그리 높지 않다. 그래서 우선, 적정한 임금 수준의 보장이 필요하다. 일반적으로 적정한 임금 수준은 업계 평균보다 조금 높은 수준인 것으로 알려져 있다. 그리고 나서 자율성, 도전, 참여 등 내재적 만족의 동기부여 활동이 필요하다. 사면초가의 경영환경에 빠져 있는 중소기업들이 의지할 수 있는 곳이라곤 조직 구성원밖에 없으며, 이들을 동기부여시키는 것은 기업의 사활이 걸린 문제이다. 우리 중소기업에게는 임금보상과 내재적 만족, 모두가 필요하다. 그래서 중소기업도 워라밸 인사노무관리가 필요하다.

우리 중소기업들이 사면초가의 경영환경을 헤쳐 나가기 위해서는, 그 중심에 있는 구성원에 대한 동기부여가 필요하다. 경영학계 휴머니스트 제프리 페퍼(Jeffrey Pfeffer) 교수도 "강력한 비즈니스 성과는 직원의 만족, 훈련, 몰입, 참여 및 고객만족으로부터 나온다"라며 구성원의 중요성을 강조했다. 이렇게 조직 구성원들의 중요성을 재발견하고 이들을 동기부여하여 사면초가의 경영환경을 극복하고자 하는 것이 워라밸 인사노무관리이다.

워라밸 인사노무관리는 조직생활에서 일과 삶의 균형을 지향하는 인사노무관리 활동이다. 워라밸 인사노무관리는 <그림 1-4>에서 보는 것처럼, 근로시간은 줄이고 임금 수준은 적정하게 보장하여 행복한 일터를 조성하고, 성과 향상과 일하는 문화의 혁신을 통하여 생산성 향상과 전략 목표를 달성하고자 하는 것이다. 이것은 기존의 구성원 간의 끝없는 경쟁과 도태가 반복되는 '냉혹한 인사노무관리'를 극복하고, 구성원을 중요시하는 '워라밸 인사노무관리'로 화합과 행복한 일터를 조성하고자 하는 것이다.

<그림 1-4> 워라밸 인사노무관리의 운영 프로세스

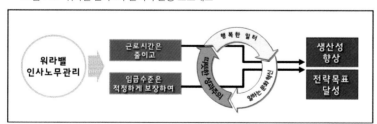

워라밸 인사노무관리는 기존의 '장시간 근로에도 낮은 임금'이라는 개발형 패러다임으로부터 '근로시간은 줄지만 임금은 인상'되는 선진형 패러다임으로 전환하는 것이다. 이러한 근로시간은 줄이고 임금은 인상하는 이율배반적인 경영환경을 극복하기 위해서는 월등한 생산성 향상이 필요하고, 행복한 일터를 조성해야 하며, 따뜻한 성과주의[3]를 도입하고 일하는 문화 혁신을 동반해야 한다. '인사가 만사'라는 점을 다시 한 번 상기할 필요가 있다. 변화와 혁신의 주체로써 인사노무관리 기능이 강조되어야 하며, 이제 과거와 다른 차원의 인사노무관리, 즉 워라밸 인사노무관리를 해야 한다. 워라밸 인사노무관리는 다음과 같은 역할들을 포함한다.

1. 근로시간 단축에 대응하는 기업체의 대응 방안
2. 최저임금 인상 등에 대한 적정한 임금관리
3. 사업장의 행복한 일터 조성을 위한 다양한 방안
4. 따뜻한 성과주의 정착을 위한 체계적인 관리 방안
5. 일하는 방법의 개선 등 변화와 혁신
6. 워라밸 인사노무관리에 기반 형성을 위한 채용관리 전략
7. 간소하고 효과적인 직무관리 방안

사람들은 워라밸 인사노무관리를 일찍 퇴근하고, 복리후생은 향상되며, 경쟁이란 없고, 영원히 행복하게 사는 것으로 오해하고 있다. 이러한 해피엔딩은 동화 속에서나 있지, 실제 기업환경에서는 일어날 수 없다. 오늘날 1타 기업이 독점하는 경영환경에서는 자칫 방심하다가 경쟁

---

[3] 박용만 두산 그룹 회장의 '따뜻한 성과주의' 개념을 응용함. "따뜻한 성과주의란, 구성원 간의 끝없는 경쟁과 도태가 반복되는 '냉혹한 성과주의'에 반대되는 개념으로 구성원들이 스스로 커 가고 또 키워지고 있다는 자긍심을 느끼면서 성과에 기여하는 것을 의미한다."

에서 뒤처지면 그대로 퇴출된다. 워라밸 인사노무관리의 목적은 창의적이고 혁신적인 제품이나 서비스를 지속적으로 만들어 전략 목표를 달성하고 생산성을 향상하는 것이다. 이러한 목적의식과 노력 없이 무조건 일찍 퇴근하고 맹목적으로 행복한 일터를 만들려고 하다가는 '영원히 퇴근하는 일'이 발생할 수 있다. 그럼에도, 일찍 퇴근하지만 임금도 높고 행복한 일터를 만들고자 하는 것이 워라밸 인사노무관리이다.

중소기업은 인사노무관리 인원도 부족할 뿐만 아니라 인프라도 취약하기 때문에 워라밸 인사노무관리 운영이 쉽지 않다. 그렇다고 워라밸 인사노무관리를 포기할 수는 없다. 중소기업도 '근로시간은 줄이고 임금은 인상'하는 이율배반적인 경영환경을 극복해야 되기 때문이다. 이제 중소기업들은 생산성을 고려하지 않으면 성장이나 발전은 고사하고 가만히 머물러 있을 수조차 없게 되었다. 더욱이 중소기업이 중견기업으로 성장하고 글로벌 기업으로 나아가려는 비전을 가지고 있다면 반드시 워라밸 인사노무관리를 운영해야 한다.

1) 제도나 시스템의 설계 단계에서부터 구성원들의 참여 추진

아무리 천의무봉의 제도나 시스템을 구축했다고 하더라도 구성원들의 실행이 뒷받침되지 않는다면 '빛 좋은 개살구'에 불과하다. 필요한 제도나 시스템을 구축하는 것과 그 실행력은 별개이다. 실행력을 강화하는 방법은 제도 설계에 구성원들을 직접 참여시키는 것만 한 것이 없다.

따라서 행복한 일터 조성이나 근로시간 또는 성과주의 제도 등을 설계할 때는 현장 근로자들을 참여시키거나 설계된 내용을 그들에게 충분히 설명하고 피드백을 받도록 해야 한다. 그래야 구성원들이 제도를 신뢰하게 되고 그에 합당한 행동을 하게 된다. 그래서 글로벌 기업들은 제도를 설계하거나 개편할 때 구성원들의 의견을 듣고 있다.

구성원들의 참여를 적극 권장하는 제도로 IBM의 '스피크업(Speak-up)' 제도가 있다. 이는 구성원들의 경험을 활용하자는 취지로 만든 제도로, 근무환경에서부터 회사전략과 정책에 이르기까지 회사의 모든 분야에 대해 의견을 개진할 수 있다. 연평균 1만 건 이상의 건의가 이루어지고 있고, 직원들도 상당히 적극적으로 참여하고 있다고 한다.

하지만 모든 기업이 조직 구성원들에게 이렇게 친절히 설명하거나, 제도 구축에 직원들을 참여시키는 것은 아니다. 특히 중소기업에서는 이러한 절차에 취약하다. 중소기업에는 전문 인력이 부족하고, 인사노무 담당자라고 하더라도 총무나 경영지원 등 다른 업무를 동시에 수행하기 때문에 전문 역량이 취약하다. 또한 사업주의 선호에 따라 인사노무관리 원칙이나 방침이 하루아침에 바뀌기도 한다.

워라밸 인사노무관리를 성공적으로 운영하기 위한 첫 번째 조건은 조직 구성원의 참여이고, 두 번째 조건도 조직 구성원의 참여이다. 행복한 일터 조성이나 일하는 문화 혁신에 필요한 것이 무엇이고 그것을 어떻게 구현할 것인가는 현장에 있는 구성원들이 가장 잘 알고 있기 때문이다. 따라서 제도 설계 단계에서부터 구성원들을 참여시키고 그 내용들을 직원들에게 충분히 설명하며 또 그들의 의견을 반영하여 투명하게 운영할 필요가 있다. 그래야 구성원들이 조직과 제도를 믿고 자신에게 주어진 역할과 책임에 최선을 다하게 된다.

2) 공정하고 투명한 인사노무제도 운영

인사노무관리제도의 운영은 공정해야 한다. 공정성이란 비교의 개념으로 비교 대상들 간의 차별을 하지 않는 것을 말한다. 평가제도로 예를 들자면, 내 편, 네 편에 따라 평가가 달라지거나 근속에 따라 평가를 차별해서는 안 된다. 각자 공헌도를 정확히 평가하여 그에 따라 대우하는 것이다. 정동일 연세대 교수는 "리더에게 요구되는 공정함이란 모든 직원들을 똑같이 대하라는 의미가 아니다. 그보다는 직원들이 가진 업무에 대한 태도나 의욕, 그리고 성장하겠다는 의지에 상응하는 시간과 도움을 주는 것이다"라고 말하고 있다.

우리나라는 유독 순혈주의를 강조하는 기업문화를 가지고 있다. 채용과정에서 여러 직장을 거친 사람들을 다채로운 경험을 가진 사람이라고 보기보다는 조직 부적응자로 보는 경향이 강하다. 또한 경력 사원들도 충성심이나 유능성에 의심을 받으면서 조직에 뿌리 내리기가 쉽지 않다. 이렇게 순혈주의를 강조하는 기업문화에서는 공정성을 지킨다는 것은 말처럼 쉽지 않다. 특히 창업 동료라든가 공채 출신 등을 강조하는 조직문화는 공정성이 취약하다.

하지만 4차 산업혁명의 글로벌 경쟁하에서 기업들이 생존력을 높이려면 다양한 구성원들이 필요하다. 이제 인력의 글로벌 소싱이 보편화되고 있는 상황에서 학교나 동향, 출신 신분 등 사회적 조건에 따라 인사노무관리에 차등하면 조직 경쟁력이 취약할 수밖에 없다. 마치 식물의 동종교배가 환경적응을 취약하게 만드는 것처럼. 조직 내에서 동종교배 리스크를 방지하고 경쟁력을 높이기 위해서는 이종교배를 활성해야 한다. 그 첫걸음은 인사노무관리의 공정성과 투명성 확보이다.

워라밸 인사노무관리는 근로시간을 줄이고 생산성을 높이는 것으로, 특히 장시간 근로에 의존하던 중소기업들은 당분간 다양한 인력 활용이 불가피하다. 외국인 기술자, 경력 입사자, 수시 입사자, 프리랜서, 아웃소싱 등 이들의 공헌이 기업의 경쟁력에 중요한 역할을 하게 된다. 이들이 조직 정착에 성공하는, 즉 이종교배가 활성화되기 위해서는 인사노무제도가 공정하고 투명하게 운영되어야 한다. 글로벌 경쟁환경에서 공정성 마인드는 단순히 조직운영을 원활히 한다는 차원을 넘어 워라밸 인사노무관리의 성패가 걸린 문제로 다루어야 한다.

3) 최고경영층의 지속적인 관심과 격려

중소기업은 CEO의 헌신과 열정을 기반으로 성장한다. 사업장에서 워라밸 인사노무제도의 성공 여부 또한 사업주의 관심에 달려있다. 사업주가 관심을 가지는 제도나 시스템에는 필요한 자원이 쉽게 확보되고 담당자도 제도 발전에 열심히 노력하게 되지만, 사업주의 관심이 적은 제도에는 담당자까지도 동기저하가 되고 결국 가뭄에 시든 꽃처럼 말라 죽게 된다. 따라서 최고경영층에서는 워라밸 인사노무제도의 성공을 위해서 지속적인 관심과 격려를 보내주어야 한다.

제너럴 일렉트릭(GE)의 인재사관학교라고 불리는 크로톤빌(Crotonville) 연수원이 세계 최고 교육기관이 된 계기는 CEO인 잭 웰치의 무한한 관심이 있었기 때문이다. 그는 대규모 구조조정 중임에도 4,600백만 달러를 투자하였고 매주 그곳에 방문하여 강의를 하였다. 그는 크로톤빌을 GE의 변화와 혁신을 실행하고 확산하는 데 플랫폼으로 활용했고, 그 결과 크로톤빌은 세계 최고의 리더십 교육 센터가 되었다.

이처럼 사업주가 워라밸 인사노무관리에 관심을 가지고 지원하는지 여부에 따라 1타 기업이 될지 안 될지가 결정된다. 사실 워라밸 인사노무제도는 손도 많이 가고 비용도 필요로 한다. 사업주가 확신을 가지지 않으면 꽃필 수 없는 제도이다. 따라서 워라밸 인사노무제도가 성공적으로 정착하기 위해서는 사업주부터 이 제도의 필요성을 인식해야 하고 그러한 철학을 직원들과 지속적으로 소통하고 전파해야 한다.

4) Y이론 관점의 조직문화 형성

조직 구성원들은 조직문화 속에서 호흡하고 생각하기 때문에 조직문화와 호응하지 못하는 제도는 성공할 수 없다. 워라밸 인사노무관리도 예외는 아니다. 워라밸 인사노무관리는 자율성, 참여, 화합 등 내재적 동기를 중요시한다. 그런데 워라밸을 강조하면서도 조직구조는 위계 위주로 설계한다든지, 상대평가제도를 도입하여 경쟁을 강조하게 되면 자율성이나 협동하는 문화는 형성되지 않는다. 따라서 워라밸 인사노무관리제도에 성공하려면 조직구조나 시스템 등 조직문화와도 호응해야 한다.

조직문화 형성과 관련한 이론에는 맥그리거의 'X이론'과 'Y이론'이 있다. X이론의 조직문화 속에서는 종업원이 게으르고, 일에 무관심하며, 돈에서 유일하게 동기를 얻는 사람이라고 가정하는 반면, Y이론의 조직문화 속에서는 조직 구성원이 일에서 의미를 찾아내고 스스로 문제를 해결하는 동기를 가지며 자율성과 책임감을 가지고 일한다고 가정한다. X이론의 조직문화에서는 자율성을 허락하지 않는 권위주의적 관리체제나 불신, 권한 집중 등이 형성되는 반면, Y이론의 조직문화에서는 신뢰와 자율성이 강조되고, 권한 위임이 왕성하게 일어나며, 소통과 공정성 등을 중시하게 된다.

Y이론의 조직문화를 성공적으로 구축한 대표적인 글로벌 기업에는 사우스웨스트항공과 스타벅스 그리고 고어(Gore)사 등이 있다. 원래 항공업계는 위계질서가 확실하고 권위적인 조직문화를 가지고 있다. 그럼에도 불구하고 사우스웨스트항공은 그러한 서열문화를 파괴하는 대신 서로 존중하는 문화를 구축하여, 업무나 연봉에 관계없이 모든

직원이 서로 존중하고 존중받는 강한 조직문화를 형성하고 있다.

　사업장에서 워라밸 인사노무관리체제를 구현하기 위해서는 Y이론 관점의 조직문화와 이에 호응하는 시스템 구축이 필요하다. 조직문화를 구축한다든지 바꾸는 것은 쉬운 작업이 아니다. 이는 조직 구성원들의 사고체계를 뜯어고치는 작업으로 시간도 오래 소요될 뿐만 아니라 평가나 보상 등 시스템도 이에 맞게 설계해야 한다. 그리고 무엇보다도 리더들이 몸소 이를 실천하고 의사결정에 반영해야 한다.

Part 2

근로시간 단축에 따른
대응 방안

조직생활은 근로시간을 기반으로 한다. 마치 옷을 지을 때 어떻게 천을 활용하느냐에 따라 옷의 가치가 달라지듯이, 근로시간을 어떻게 운용하느냐에 따라 근로자들의 삶이 달라진다. 그만큼 근로시간은 근로자들의 삶의 질과 밀접한 관계가 있다. 워라밸 인사노무관리의 핵심 주제도 '근로자들의 근로시간과 삶을 어떻게 조화시킬 것인가'이며, 그래서 근로시간의 유연한 활용이나 적절한 휴식시간 확보는 워라밸 인사노무관리를 위해 무엇보다 중요하다.

연장근로시간 등을 포함한 1주 근로 가능 시간이 68시간에서 52시간으로 단축되었다. 이제 우리 근로자들도 장시간 근로 관행에서 벗어나야 한다. 경제협력개발기구(OECD)의 2017년도 고용동향에 따르면 우리나라 근로자들의 연간 평균 근로시간은 OECD 회원국 중에서 멕시코에 이어 두 번째로 긴 것으로 조사되었다. 한마디로 근로시간 운영은 후진국이라는 의미이다. 4차 산업혁명의 글로벌 경쟁 환경에서 1타 기업이 되려면 장시간 근로의 조직문화를 워라밸 향상 조직문화로 전환해야 한다.

근로시간이란 일반적으로 근로자가 사용자의 지휘·명령하에서 근로를 제공하는 시간이다. 근로시간은 근로자가 그의 노동력을 사용자의 처분 가능한 상태로 둔 시간이면 근로시간이며, 실제로 사용자가 근로자의 노동력을 사용하였느냐 여부를 따지는 것이 아니다. 그래서 휴게 시간은 근로시간에 포함되지 않는 반면, 대기 시간은 근로시간에 포함된다.

근로시간관리와 근태관리　　　　　　　　　　TIPS

실무적으로 근로시간관리를 근태(勤怠)관리라고 한다. 이때 근태는 근무태도를 말하는 勤態가 아니라 출근과 결근, 부지런함과 게으름까지 아우르는 勤怠를 말한다. 이는 「근로기준법」상의 근로시간보다 광의의 개념으로, 출근, 퇴근, 결근, 지각, 조퇴, 휴일, 휴가, 출장, 교육, 회의 시간, 대기 시간, 휴직, 복직 등을 포함한다.

조직생활은 근로시간을 기반으로 한다. 마치 옷을 지을 때 어떻게 천을 활용하느냐에 따라 옷의 가치가 달라지듯이, 근로시간을 어떻게 운용하느냐에 따라 근로자들의 삶이 달라진다. 그만큼 근로시간은 근로자들의 삶의 질과 밀접한 관계가 있다. 워라밸 인사노무관리의 핵심 주제도 '근로자들의 근로시간과 삶을 어떻게 조화시킬 것인가'이며, 그래서 근로시간의 유연한 활용이나 적절한 휴식시간 확보는 워라밸 인사노무관리를 위해 무엇보다 중요하다.

그러나 우리 기업들의 근로시간 운용의 특징은 장시간 근로와 낮은 유연성이라고 볼 수 있다. 한국노동연구원의 2016년 근로시간 운용실태 조사에 따르면, 〈그림 2-1〉에서 보는 것처럼 조사 대상 기업 중 연장근로 실시 기업은 43.5%이고, 휴일근로 기업은 32.9%로 두 개 기업 중에서 한 개 기업이 연장근로를 하고 있으며, 3개 기업 중에 1개 기업에서 휴일근로가 일상화되어 있다는 것이다. 연차휴가 사용률은 66.6%로, 우리 근로자들은 매년 평균 9개 정도의 연차를 사용하는 것으로 나타났다. 또한 유연근무제의 활용률이 평균 6.53%로 미국 81%, 유럽 66%에 비해 매우 낮은 것으로 조사되었다.

<그림 2-1> 근로시간 운용 실태조사 결과(2016)

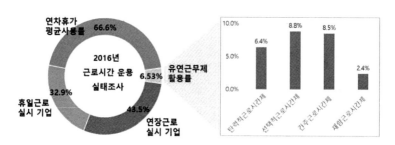

자료 : 한국노동연구원, 근로시간 운용 실태조사(2016)

이러한 높은 장시간 근로나 낮은 유연근무제 활용 문제를 개선하고
또한 근로시간 단축에 대응하기 위해서는 <그림 2-2>와 같이 근로시
간관리제도의 전반적인 개선이 불가피하다. 사업장은 1주 52시간 제도
를 연착륙시키기 위해 먼저 연장근로 관행을 개선해야 하고, 근로자들
의 워라밸 향상을 위해서 다양한 리프레시 제도 도입이 필요하다. 또
한 사업장은 업무 특성에 맞는 유연근무제도를 도입하여 구성원들의
자율성과 창의성을 고양할 필요가 있다. 그리고 2조 2교대 근무제도는
1주 52시간 근로 체제에서는 더 이상 운용이 불가능하므로 3조 2교대
이상의 교대 체제로의 개선이 불가피하다.

<그림 2-2> 근로시간관리제도 개선 방향

중소기업은 인력에 여유가 없고 장시간 근로가 일상화되어 있다. 이
런 상황에서 근로시간 단축 문제는 사업장에게 어려운 과제를 던져주
고 있다. 하지만 이제 장시간 근로로써는 글로벌 경쟁 환경을 극복할
수 없으며, 특히 워라밸 인사노무관리를 운영할 수 없다. 다양한 리프
레시 제도를 도입하고 업무 특성에 맞는 유연근무제도를 활성화하는
등 구성원들의 창의성과 자율성을 강화하도록 해야 한다.

이제 우리는 안방에서 아마존을 통하면 내가 원하는 상품을 전 세계의 브랜드의 물건 중 최저 가격에 최고의 품질을 가진 상품을 구매할 수 있는 시대에 살고 있다. 이러한 글로벌 경쟁체제하에서는 기업들의 장시간 근로를 통한 가격경쟁 모델은 더 이상 유효하지 않다. 미래의 기업들은 창의적이고 혁신적이며 부가가치가 높은 상품이나 서비스를 제공해야 하고, 이러한 상품과 서비스는 구성원들의 철저한 몰입과 협력을 필요로 한다.

그래서 미래 기업들은 근로시간의 양보다는 질을 중시하게 되고, 조직 구성원들이 자신의 근무시간을 선택할 수 있으며, 언제 근무할지, 얼마나 많은 일을 할지도 결정할 수 있도록 하고 있다. 구글(Google)이나 3M이 그렇고, 《포춘(Fortune)》의 100대 기업에 매년 선정되는 소프트웨어 기업 SAS가 그렇고, 아마존에 10억 불에 인수된 온라인 신발 판매기업인 자포스(Zappos)가 그렇다.

이번에 개정된 근로시간 단축도 그동안 기업들의 장시간 근로 의존에서 벗어나, 근로시간의 질적 향상을 전환하라는 경제·사회적 요구를 반영한 것이다. 하지만 이를 당장 실행에 옮겨야 하는 기업 입장에서는 고민이 적지 않다. 직원들의 근로시간 몰입을 이끌어내야 하고, 임금인상 기대도 무시할 수 없으며, 그동안 운영해 온 포괄임금제도의 개선

---

4) 정학용, 「근로시간 단축에 따른 연장근로 관행의 개선 대책」. 월간 《인사관리》, 한국인사관리협회, 2018.5.

도 불가피하다. 이번 근로시간 단축은 기업의 인사노무관리 전반의 튜닝 작업을 요구하고 있다.

1) 근로시간 단축의 핵심은 장시간 근로의 축소이다

(1) 1주가 휴일을 포함한 연속된 7일임을 명시

경제협력개발기구(OECD)의 2017년도 고용동향에 따르면 우리나라 근로자들의 연간평균 근로시간은 OECD 회원국 중에서 두 번째로 긴 것으로 조사되었다. 이러한 우리 근로자들의 장시간 근로는 68시간까지 근로가 가능하다는 행정 해석과도 무관하지 않다.

연장근로는 법정근로시간(1주 40시간, 1일 8시간)을 초과하여 근로하는 것을 의미하며, 「근로기준법」 제53조에 의해 연장근로는 1주간에 12시간 한도로 가능하다. 1주간 근로시간은 법정근로시간에다 연장근로 12시간을 합하여 52시간이다. 그런데 기존의 행정 해석은 연장근로에는 휴일근로를 포함하지 않으므로 1주간 근로시간은 연장근로 52시간에다 휴일근로 16시간(토요일 8시간+일요일 8시간)을 합하여 최장 68시간까지 근로할 수 있다는 것이다.

하지만, 이번 법 개정으로 인해 1주가 휴일을 포함하여 7일이고, 1주간의 연장근로에는 휴일근로를 포함하여 52시간임이 명확해졌다. 이는 근로자들에게는 워라밸 향상을 가져오게 되었지만, 그동안 휴일근로가 많았던 기업의 입장에서는 근무체제 개편이 불가피해졌음을 의미했다.

(2) 근로자들도 관공서의 공휴일을 유급휴일로 향유 가능

우리나라 휴일제도에는 두 가지가 있다. 하나는 달력의 빨간 날, 즉 「관공서의 공휴일에 관한 규정」에 따른 공휴일이고, 다른 하나는 주휴일과 근로자의 날, 즉 「근로기준법」상의 휴일이다. 전자는 공무원들의 유급휴일이고 후자는 근로자의 유급휴일이므로, 그동안 근로자들에게 법적으로 보장된 휴일은 주휴일과 근로자의 날, 두 가지뿐이었다.

하지만, 대부분의 기업들은 관공서 공무원들과 같이 공휴일에도 쉬고 있다. 기업에서 공휴일을 쉬는 형태는 회사규정이나 단체협약 등에서 공휴일을 기업의 휴일로 규정하거나 또는 연차휴가를 대신하여 공휴일을 쉬고 있다. 후자의 연차휴가 대체는 「근로기준법」 제62조에 의거 근로자 대표와 서면 합의만 있으면 가능하다.

우리나라 기업의 99.9%에 해당하는 300인 미만의 중소기업 중에서 다수의 기업들이 후자의 방법으로 공휴일을 쉬고 있다. 그동안 많은 근로자들이 연차휴가를 제대로 사용하지 못하고 있었다는 의미이다. 이제 근로자들에게는 연차휴가 사용으로 휴일이 늘어나지만, 기업의 입장에서는 근로시간이 단축되는 것이므로 이것이 생산성 하락으로 이어지지 않도록 하는 노력이 필요하다.

(3) 휴일근로의 8시간 이내는 50%, 8시간 초과는 100% 할증

사용자는 근로자의 연장근로에 대해 통상임금의 50%를 더해 지급해야 한다. 특히 연장근로가 휴일근로에도 해당한다면 더해 줄 사유가 두 번 발생하게 되므로 통상임금의 100%를 지급해야 한다. 기존 행정

해석은 휴일근로가 8시간을 초과하는 경우에만 연장근로를 인정하여, 휴일근로 및 연장근로 각각 50%를 더하여 100%를 할증하여 지급하는 것이다.

그런데 성남시 소속 환경미화원들은 이러한 행정 해석을 거부하고, 휴일근로가 8시간을 초과하지 않는 경우에도 100%를 지급해 달라는 소송을 제기하였고, 이에 대해 1심과 2심 법원은 이들의 손을 들어주면서, 휴일근로는 연장근로에 해당하므로 100% 지급해야 한다는 판결을 하였다. 현재 대법원 판결만 남겨 두고 있는 상태이다.

하지만, 개정된 휴일근로 할증률은 행정 해석의 입장을 명확히 반영하여, 휴일근로가 8시간을 초과하는 경우에만 100% 인정하도록 하고 있다. 이는 법원의 판결처럼 휴일근로 8시간 이하에도 연장근로를 인정하여 100% 할증하여 지급한다면 기업의 부담이 상당해지므로, 이를 고려한 것이다. 성남시 환경미화원 소송도 개정된 법의 테두리 내에서 결말날 것으로 예상된다.

(4) 근로시간 특례 업종을 26개에서 5개로 축소

「근로기준법」 제59조는 공중의 편의 또는 업무의 특성상 연장근로 및 휴게 시간의 적용 완화가 필요한 26개 업종에 대해 노사간 서면 합의에 따라 근로시간의 특례를 인정하고 있었다. 이 규정은 장시간 근로의 원인을 제공하였고, 근로자들의 과로와 수면 부족으로 사업장의 크고 작은 산재사고 등을 초래한다는 비판을 받아 왔다.

그런데 이번 법 개정을 통해 근로시간 특례 업체가 26개에서 5개로 축소됨으로써, 그동안 장시간 근로에 의존해 왔던 중소기업들은 근로시간 관리 체계의 개선이 필요해지게 되었다. 휴일근로나 야간근로를 위해서는 인력 충원이나 시간제 근로자 활용이 불가피해지고 기존 직원들의 임금인상 요구에도 대응해야 할 것으로 보인다.

2) 근로시간 단축에 따른 임금인상에 대한 대비도 필요하다

임금은 개념상 근로의 대가이므로, 근로시간이 줄어들면 임금도 하락하는 것이 당연하다. 그럼에도 불구하고 왜 기업은 임금하락이 아니라 임금인상을 걱정해야 하는가? 그것은 임금의 하방경직성 때문이다. 가정으로 들어온 임금에는 모두 꼬리표가 붙어 있다. 예를 들면, 큰 딸 등록금, 둘째 아들 학원비, 막내 태권도 수련비, 아파트 구입 융자금 납부 등이다. 임금이 하락한다고 등록금을 줄일 수도, 학원비를 무작정 끊을 수도 없다. 한 번 오른 임금을 내린다는 것은 한 번 오른 상품의 가격을 내리는 것보다 더 어려운 경직성을 가지고 있다.

그렇다고 기업에서는 하방경직성만 염두에 두고 임금을 계속 올려줄 수도 없는 노릇이다. 임금에는 또 다른 양면성이 있기 때문이다. 기업은 임금이 제품이나 서비스의 원가가 되기 때문에 최소화하려고 하고, 직원은 생계비이기 때문에 최대화하려고 한다. 이러한 임금의 양면성은 직원들의 이직 원인이 되고, 기업의 운영적·법률적 리스크를 유발하기도 한다.

그러면 이번 근로시간 단축 조치와 관련하여, 임금의 하방경직성과 양면성 측면에서기업들은 어떻게 대응해야 할까? 즉, 임금 보전은 어느 수준까지 할 것이며, 어떤 방법으로 보전해 주어야 하는가? 임금 보전 수준은 근로시간 단축 전의 임금 수준을 상한선으로 하고, 근로시간 단축으로 인한 임금하락 수준을 하한선으로 하여, 그 사이에서 정하는 것이 합리적일 것이다. 또한 회사의 부가가치 생산성이나 매출액 대비 인건비 비율 그리고 경쟁사의 동향도 고려해야 한다. 나아가 회사의 임금정책을 선도전략으로 할 것인지, 추종전략으로 할 것인지도 결정하고 구성원들과 정보도 공유하며 협조도 구해야 한다.

임금인상분을 보전하는 방법에는 크게 세 가지가 있다.

첫째, 기본급 또는 시급을 인상하는 방법이다. 이는 보전 금액을 기본급 또는 시급에 포함하여 인상하는 것인데, 이때 직급 간 또는 호봉 간 역전 현상이 발생하지 않도록 주의해야 한다. 연봉제는 기본 연봉 인상으로 인한 법정수당 등의 증가를 감안해야 하고, 호봉제에서는 호봉 테이블의 베이스 업(based-up)이 필요한데 이때 호봉 간의 왜곡 현상이 발생하지 않도록 해야 한다.

둘째, 보전수당으로 지급하는 방법이다. 보전금액을 별도로 수당화하는 것으로, 간편하기 때문에 많이 활용하는 방법이다. 하지만, 명확히 수당으로 보전하는 경우라면 보전수당이 통상임금에 추가로 포함되지 않도록 유의해야 한다.

셋째, 인센티브제 도입 등 성과주의 보상제도를 도입하는 방법이다. 성과주의 보상제도는 기본급의 인상율을 성과평가 결과에 따라 차등하는 제도이므로 성과가 좋은 직원에게는 보전수당 이상의 임금을 보상해 줄 수도 있는 제도이다. 이러한 성과주의 보상제도는 목표관리나 평가관리 등이 기반이 되어야 하기 때문에 인사노무관리체계 전반의 변화를 요한다.

3) 포괄임금제도의 개선이 불가피하다

정부에서는 이번 근로시간 단축이 기업의 고용창출로 이어지지 않고 포괄임금제로 흡수되는 일종의 '풍선효과'를 경계하고 있다. 포괄임금제는 연장·야간·휴일 근로수당을 실근로시간과 관계없이 기본급에 포함하거나 고정수당으로 지급하는 방법이다. 따라서 사업장에서 근로시간 단축을 회피하기 위하여 포괄임금제를 활용하여 장시간 근로를 지속할 우려가 있다.

고용노동부에서 운영하고 있는 '포괄임금제 사업장 지도지침'에 의하면, 포괄임금제의 유효 요건은 크게 두 가지로, ① 근로시간 산정이 어려울 것, ② 포괄임금제에 대한 명시적 합의가 있을 것이다.

이러한 요건을 충족시키지 못하는 포괄임금제는 무효가 되며, 무효가 된 부분에 대해서는 「근로기준법」의 강행성과 보충성 원칙에 의해 연장·야간·휴일 근로수당을 지급해야 한다. 따라서 이러한 제재를 받지 않으려면, 사전 점검 및 준비가 필요하다.

우선, 포괄임금제 성립요건을 충족시킬 수 있는 사업장인지 여부를 엄격하게 점검해야 한다. 이제 감시·단속적 성격의 업무가 아니면 포괄임금제 성립요건을 충족시키기가 어렵다고 보아야 한다. 성립요건을 충족하지 못할 경우에는 〈그림 2-3〉에서 보는 바와 같이, 포괄임금제를 개별 임금제로 전환하든지 또는 연봉제를 도입하여 연장근로시간을 흡수하든지 탄력근로시간제 등 유연근로제를 도입하여 연장근로시간에 상응하는 조치를 취해야 한다.

그리고 포괄임금제에 대해 근로자들과 명시적 합의가 있는지도 살펴야 한다. 앞으로는 근로자가 단순히 이의를 제기하지 않았다는 이유로 묵시적인 합의가 있는 것으로 인정되지 않는다. 따라서 근로자들과 명시적 합의가 없다면 회사규정이나 단체협약에 명문화하거나 근로계약서에 명시하여야 한다.

<그림 2-3> 포괄임금제 성립요건 충족여부에 따른 대응 방안

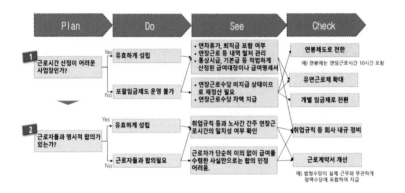

<그림 2-3> 포괄임금제 성립요건 충족여부에 따른 대응 방안

4) 중장기적인 대책도 마련해야 한다

근로시간 단축은 현 정부의 국정운영과제로써 일자리 창출과 자녀 출산 문제 등과 관련이 있기 때문에, 연장근로나 포괄임금제 등에 대한 근로감독이 점차 강화할 것으로 예상된다. 따라서 이에 대한 중장기적인 대책도 마련해 가야 한다.

(1) 연장근로 3단계 관리 방안 마련 필요

이번 근로시간 단축은 연장근로의 축소를 의미한다. 따라서, 불요불급한 연장근로는 축소해야 하고 근로자들을 업무시간에 최대한 몰입하게 하며 관행적인 연장근로를 지양하는 분위기를 마련해야 한다. 이를 위해 <그림 2-4>에서처럼 연장근로 3단계 관리 방안 등이 필요하다.

요건 명확화	승인절차 마련	사후관리
• 연장근로 인정요건 명확화 • 연장근로에 필요한 업무를 하지 않고 회사에 머물렀다는 이유만으로 연장근로 인정불가	• 연장근로를 신청하지 않은 자발적 근로는 연장근로로 보지 않음. • 부서장은 연장근로가 발생하지 않도록 업무조정 등의 조치 필요	• 개인별, 부서별 통계관리 • 부서장은 연장근로 축소 방안, 필요시 조직개편 실시

1단계로 연장근로의 요건을 명확히 해야 한다. 동반 야근을 한다거나 불요불급하지 않은 일상적인 업무의 연장근로는 인정되지 않음을 분명히 하고, 일과시간에 처리하기 도저히 어려운 업무를 중심으로 인정한다.

2단계는 연장근로 승인절차를 마련하는 것이다. 연장근로로 인정받으려면 사전 신청을 하도록 하고 사전 신청하지 않은 자발적인 근로는 연장근로로 보지 않는다. 부서장은 평소 연장근로가 발생하지 않도록 업무 조정이나 코칭 활동을 활발히 해야 한다.

3단계로 사후관리가 이루어져야 한다. 연장근로에 대해 개인별, 부서별 통계를 관리하고 연장근로가 과도한 것으로 드러난 부서는 연장근로 축소 방안을 마련하도록 하며, 회사 차원에서는 합리적인 조직개편도 검토할 필요가 있다.

(2) 결국 직원들의 공감과 참여가 성공의 열쇠

이번 근로시간 단축 관련 법 개정은 기업에게 분명히 어려운 과제를 던져 주고 있는 것은 확실하다. 이러한 난제의 해결을 위해서는 회사와 관리자의 리더십과 함께 현장 직원들의 호응도 뒤따라야 한다. 리더는 회사의 어려움과 위기에 대해서 이해와 협력을 구하고, 노사 간의 한 방향 정렬과 협력을 위해 지속적이고 진정성이 있는 소통을 해야 한다. 이를 통해 실효성 있는 제도의 설계와 운영이 되도록 하여 결국 생산성 향상을 통한 위기극복으로 이어지는 선순환 체계를 구축해야 한다. 이와 같은 리더십 발휘와 직원의 참여를 이끌어 낸다면, 이번 법 개정은 인사노무관리의 위기나 리스크 요인이 아니라 직원들의 창의성과 자율성 제고를 통한 새로운 도약의 기회 요인으로 작용할 수 있을 것이다.

워라밸 인사노무관리의 개념은 일과 삶의 균형을 도모하는 것으로, 그 핵심에는 휴가제도가 있다. 조직 구성원은 휴가제도를 이용하여 가족 돌봄이나 리프레시 활용 또는 역량 계발 등을 하여 삶의 질을 향상시킬 수 있다. 이는 조직 몰입도를 향상하고 창의력을 고양하여 생산성 향상과 전략 목표 달성에 기여하게 된다. 이러한 긍정적인 기능으로 인해, 글로벌 기업들은 휴가제도를 이용하여 복지수준을 한 단계 높이고 있다.

일부 글로벌 기업들이 일과 삶의 균형을 위하여 무제한 휴가제도를 운영하고 있다. 2004년부터 이 제도를 처음 도입한 넷플릭스(Netflix)를 필두로, 제너럴 일렉트릭(GE), 링크드인(Linked in), 버진 그룹(Virgin Group), 크로노스(Kronos) 등 점점 확대되고 있다. 2016년부터 마이타임(My Time)제로 무제한 휴가제도를 도입한 크로노스는 이 제도를 도입한 이후, 직원들의 행복과 몰입이 더욱 상승한 것을 입증했다.[5] 행복한 일터동의 비율이 84%에서 87%로 상승했으며 퇴직률은 6.4%에서 5.6%로 하락했으며, 연간 200~300만 달러에 달하는 휴가비용의 절감도 가져왔다. 그리고 이 제도를 남용한 직원은 없으며, 이 제도 때문에 피해본 고객도 한 명도 없었다고 한다.

휴가는 본래 근로의무가 있는 근로일인데, 법률이나 사용자의 승낙

---

5) 애런 애인(Aron Ain), '무제한 휴가제도를 도입한 크로노스 CEO', 《HBR Korea》, 2017.11-12.

에 의하여 쉬는 날이며, 우리 근로자들의 대표적인 휴가제도가 연차휴가이다. 사용자는 1년간 80퍼센트 이상 출근한 근로자에게 15일의 유급휴가를 주어야 하며, 계속하여 근로한 기간이 1년 미만인 근로자 또는 1년간 80퍼센트 미만 출근한 근로자에게 1개월 개근 시 1일의 유급휴가를 주어야 한다. 즉, 연차유급휴가는 근속 1년이 지나야 발생하게 되는 게 원칙이지만, 기존의 월차휴가제도를 연차휴가제도가 흡수하여 근속 1년 미만의 신입 근로자의 경우 1개월 개근 시 1일의 유급휴가를 인정하고 있다.

사용자는 3년 이상 계속하여 근로한 근로자에게는 〈표 2-1〉에서처럼, 최초 1년을 초과하는 계속 근로 연수 매 2년에 대하여 1일을 가산한 유급휴가를 주어야 한다. 이 경우 가산휴가를 포함한 휴가일수는 25일을 한도로 한다.

〈표 2-1〉 연차유급휴가 일수

근속	1년 미만	1년	2년	3년	5년	10년	15년	20년	21년
연차개수	최대 11개	15	15	16	17	19	22	24	25

사용자는 근로자가 청구한 시기에 연차유급휴가를 주어야 하고, 그 기간에 대하여는 취업규칙 등에서 정하는 통상임금 또는 평균임금을 지급하여야 한다. 다만, 근로자가 청구한 시기에 휴가를 주는 것이 사업 운영에 막대한 지장이 있는 경우에는 그 시기를 변경할 수 있다.

사용자는 근로자 대표와의 서면 합의에 따라 연차유급휴가일을 갈음하여 특정한 근로일에 근로자를 휴무시킬 수 있다. 따라서 중소기업에서는 근로자들에게 구정이나 추석 등의 '관공서 휴일'을 연차휴가로 대체하여 사용하기도 한다. 그러나 취업규칙 등에서 이미 명절이나 하계휴가 등이 유급휴일로 되어 있을 때에는 연차유급휴가로 대체할 수 없다.

연차유급휴가는 1년간 행사하지 아니하면 소멸된다. 다만, 사용자의 귀책사유로 사용하지 못한 경우에는 그러하지 아니하다. 그리고 연차유급휴일에 근로를 하게 되면 연차유급휴일 근로수당이 발생하게 된다. 연차유급휴가일 근로는 휴일근로가 아니므로 할증 없이 통상임금 100%만 지급하면 된다. 연차유급휴가와 달리 연차휴일 근로수당은 3년의 소멸시효가 적용된다.

연차휴가는 보상보다는 리프레시나 창의력 보강을 위해 다양하게 이용할 수 있다. 연차휴가는 많게는 25일까지 되기 때문에 이를 생산적으로 활용하면 해외 체험이나 자기계발 등 삶의 질을 높일 수 있다. 연차휴가를 생산적으로 활용하는 방법에는 연차휴가이월제도, 연차휴가 조기사용제도, 반차휴가제도, 집중휴가제도 등이 있다.

1) 연차휴가이월제도

휴가를 사용하지 못하는 주요 이유가 업무 특성 또는 업무가 많다는 것일 경우, 이때 사용하지 못한 연차휴가는 자동적으로 차기 연도로 이월되게 하는 제도이다. 연차사용촉진에도 불구하고 사용하지 못한 잔여 연차휴가에 대해서 이를 소멸하는 대신 차기 연도로 이월을 인정함. 대신 연차휴가수당 지급은 가급적 자제한다.

2) 연차휴가조기사용제도

신입사원들의 연차휴가 부족을 보완해 주거나, 연차휴가집중사용제도를 활용하고 싶은 직원들에게 차기 연도 사용 연차분 조기 사용을 인정한다. 따라서 차기 연도에 발생할 연차휴가의 50%까지 조기 집행할 수 있도록 한다.

3) 반차휴가제도

가정생활에서 발생하는 단기 긴급업무(예 자녀 학교 상담, 병원 진단 등)의 증가에 대응하여 한나절 연차사용을 인정한다. 따라서 하루분 연차휴가를 반으로 나누어 사용하는 것을 인정한다.

4) 집중휴가제도

연차휴가 적립제도 또는 차용제도를 도입하여, 연차휴가의 연속적 장 사용을 인정하여 육체적·정신적 피로회복을 도모하고 해외 체험이나 역량 계발 등 자기계발에도 활용할 수 있도록 한다.

사용자가 다음의 조치를 취했음에도 근로자가 휴가를 사용하지 아니하면 사용자는 그 사용하지 아니한 휴가에 대하여 보상할 의무가 소멸한다(<그림 2-5>참조).

1. 휴가청구권의 소멸시효기간이 끝나기 6개월 전을 기준으로 10일 이내에 사용자가 근로자별로 사용하지 아니한 휴가일수를 알려주고, 근로자가 그 사용 시기를 정하여 사용자에게 통보하도록 서면

으로 촉구할 것

2. 사용자의 촉구에도 불구하고 근로자가 촉구를 받은 때부터 10일 이내에 사용하지 아니한 휴가의 전부 또는 일부의 사용 시기를 정하여 사용자에게 통보하지 아니하면 휴가청구권의 소멸시효기간이 끝나기 2개월 전까지 사용자가 사용하지 아니한 휴가의 사용 시기를 정하여 근로자에게 서면으로 통보할 것

<그림 2-5> 연차유급휴가 사용 촉구

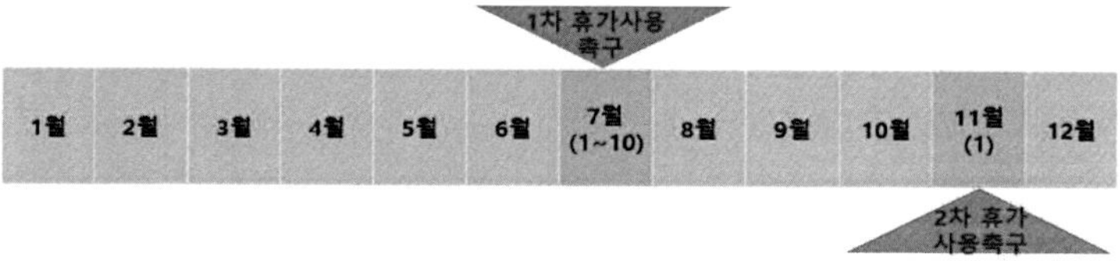
1차 휴가사용 촉구
1월
2월
3월
4월
5월
6월
7월 (1~10)
8월
9월
10월
11월 (1)
12월
2차 휴가 사용촉구

4 유연근무제도 활성화 방안

　사업장에서 근로기간 단축에 대응하여 업무 몰입과 워라밸 향상을 위하여 가장 많이 고려하고 있는 것이 유연근무제도이다. 또한 4차 산업혁명의 진전, 서비스 산업의 확대 등 산업구조의 변화와 기술혁신으로, 근로자들의 직종과 근로형태가 다양화됨에 따라 유연근로시간제도에 대한 요구는 꾸준히 증가하고 있다.

　유연근로시간제는, 사업장 입장에서는 업무량이 다소에 따라 근로시간을 효율적으로 배분할 수 있고, 근로자의 입장에서는 개인의 일정에 따라 근로시간의 조정이 가능하기 때문에 일과 삶의 조화(Work and Life Balance)를 꾀하게 하는 대표적인 제도이다. 이러한 유연근무제도는 업무 집중과 효율성을 가져오고, 생산성 향상, 인재 확보, 이직률 감소 등 많은 장점으로 인해 그 활용이 세계적인 추세이다.

　그러나 우리 기업들의 유연근무제도 활용은 저조하다. 〈그림 2-6〉에서 보는 바와 같이 미국이나 유럽에 비해 그 활용이 미미하다. 하지만, 근로시간 단축이나 임금 상승에 대한 대안, 스마트 기기의 활성화, 젊은 인재들의 워라밸의 요구 등으로 앞으로 활성화가 전망되므로, 기업에서는 이에 대한 사전준비가 필요하다.

<그림 2-6> 국가별 유연근로시간제 활용 현황과 활성화 전망 사유

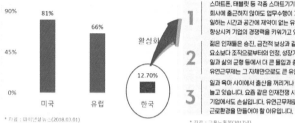

우리가 활용 가능한 유연근무제도는 <그림 2-7>에서처럼 근로시간 및 근무 장소를 기준으로 나누어 볼 수 있다. 근로시간 유연화제도는 시차 출퇴근제, 탄력근무제, 재량근무제 및 시간선택제이고, 근무 장소 유연화제도는 재택근무제, 원격근무제 등이다. 이러한 유연근무제도는 회사의 업무특성과 근로자들의 다양한 욕구와 사정을 감안하여 도입 해야 한다.

<그림 2-7> 유연근무제도의 종류와 특징 및 효과

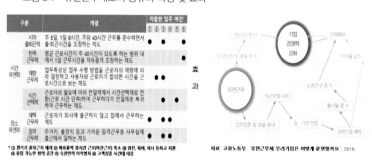

유연근무제도를 도입한 회사들의 성과는 다양하게 보고되고 있다.[6] 여행전문 회사인 하나투어는 시차출퇴근제와 재택근무제를 도입한 결

---

6) 고용노동부, '유연근무제 우리 기업은 어떻게 운영할까요', 2016.

과 직원들의 이직률이 감소하고, 여직원의 고용 증가가 이루어지고 있다. 신한은행은 시차출퇴근제와 원격근무제 및 재택근무제를 시행한 결과, 육아휴직 이후 퇴직 비율이 50% 수준으로 감소하고 있다. ㈜아모레퍼시픽도 시차출퇴근제와 현장출퇴근제를 시행한 결과, 사내 눈치보기 해소 등에 대한 조직문화 개선효과가 있는 것으로 나타났다.

유연근무제도는 워라밸 인사노무관리를 위해서는 반드시 도입이 필요한 제도이다. 조직 구성원들에게 직장과 업무를 우선하여 가정의 희생을 강요하거나 개인의 욕구를 무시하는 조직문화로는 우수인재 확보나 유지가 곤란할 뿐만 아니라 더 이상 조직의 경쟁력을 기대할 수 없다. 따라서 행복한 일터를 만들고 워라밸 인사노무관리를 통한 발전과 지속 성장을 위해서는 유연근무제의 활용이 필수적이다.

1) 탄력적근로시간제

탄력적근로시간제는 업무가 바쁠 때는 근로시간을 늘리고 한가할 때는 줄이는 등 업무 상황에 따라 근로시간을 탄력적으로 운영할 수 있는 제도이다. 계절적 원인 또는 일시적인 업무 증가가 예상되는 경우에는 법 위반이나 연장근로수당 지급 없이 1주 52시간까지 근로가 가능하고 연장근로수당을 지급하는 경우에는 1주 64시간까지 근로가 가능하다.

다만, 탄력적근로시간제는 최대 3개월 단위로 정산해야 하므로 1.5개월 이상 장기간 연장근로가 필요한 경우에는 정산 기간이 3개월을 초과하므로 그 적용에 한계가 있다. 이러한 탄력적근로시간제에는 2주 단위 정산제도와 3개월 단위 정산제도가 있다.

(1) 2주 단위 탄력적근로시간제

2주 단위 탄력적근로시간제는 2주 이내의 단위 기간을 평균하여 1주의 근로시간이 40시간을 초과하지 아니하는 범위에서 특정 주에 40시간, 특정일에 8시간을 초과하여 근로할 수 있는 제도이다.

2주 단위 탄력적근로시간제의 유효 요건은 ① 취업규칙(10인 이상 사업) 또는 이에 준하는 것(10인 미만 사업)에 규정해야 하고, ② 2주 이내 기간에 특정 주, 특정일을 명확히 지정해야 하며, ③ 특정 주의 최대 48시간을 초과하지 못한다는 것이다.

2주 단위 탄력적근로시간제를 운영하는 경우, 1주간 연장근로의 법정 최고 한도는 60시간(=48+12)이 된다.

(2) 3개월 단위 탄력적근로시간제

3개월 단위 탄력적근로시간제는 3월 이내의 단위 기간을 평균하여 1주의 근로시간이 40시간을 초과하지 아니하는 범위에서 특정 주에 40시간, 특정일에 8시간을 초과하여 근로할 수 있는 제도이다.

3개월 단위 탄력적근로시간제의 유효 요건은 ① 근로자대표와 서면 합의가 있어야 하고, ② 서면 합의에는 대상 근로자 범위, 단위 기간, 근로일 및 근로일별 근로시간, 서면 합의 유효 기간이 있어야 하며, ③ 그 기간은 3개월 이내여야 하고, ④ 1주 52시간·1일 12시간을 초과하지 못한다는 것이다.

3개월 단위 탄력적근로시간제를 운영하는 경우, 1주간 연장근로의 법정 최고 한도는 64시간(=52+12)이 된다.

탄력적근로시간제에서는 특정 주 또는 특정일에 법정근로시간(1주 40시간, 1일 8시간)을 초과하여 근로하더라도 연장근로가 아니므로 가산임금을 지급할 의무가 없다. 연장근로수당을 지급해야 하는 경우는 다음 두 가지이다. 첫째, 법정근로시간을 초과하여 근로하기로 정한 주·일에 그 근로시간을 초과하여 근로하는 경우, 둘째, 법정근로시간 미만을 근로하기로 정한 주·일에 그 근로시간을 초과하여 근로하는 경우이다.

2) 선택적근로시간제

선택적근로시간제는 근로자가 시업 및 종업 시각을 자신의 편의에 따라 선택하여 근로하게 하는 제도이다. 책임감이 강하고 자신의 직무를 독자적으로 수행이 가능한 직원의 경우에는 선택적근로시간제도를 부여하여 생산성 향상과 내재적 동기를 강화하는 것도 근로시간 단축에 대응하여 직원 몰입도를 높이는 한 가지 방법이다.

선택적근로시간제에서의 근로자는 1주 40시간, 1일 8시간의 근로시간 제한 없이 자신의 선택에 따라 자유롭게 근무할 수 있으며(완전 선택적근로시간제), 다만, 의무적 시간대(Core Time)나 선택적 시간대를 정한 경우(부분 선택적근로시간제)에는 이에 따라야 한다.

선택적근로시간제에서 연장근로수당 및 야간근로수당을 지급해야 하는 경우는 다음 세 가지이다. 첫째, 1개월간 근로시간 정산 결과 약정한 시간을 넘어서 근로한 경우 또는 선택적 근로시간대에 야간 근로시간(오후 10시부터 오전 6시까지 사이의 근로)이 포함되어 있는 경우, 둘째, 사용자의 사전 요청으로 연장근로를 한 경우. 셋째, 근로자가 연장근로할 것을 사전통지하고, 사용자가 이에 대해 승인한 경우이다. 이러한 경우를 제외하고 근로자가 자발적으로 연장근로나 야간근로를 한 경우는 연장근로수당이나 야간근로수당 지급 대상이 되지 않는다.

선택적근로시간제 도입 시 연차휴가수당 산정은 표준근로시간을 기준으로 한다. 표준근로시간이란 '유급휴가 등의 계산 기준으로 사용자와 근로자 대표가 합의하여 정한 1일의 근로시간'을 말한다.

근로자 대표와 서면 합의 사항   TIPS ⚖

① 대상 근로자의 범위, ② 정산 기간(1월 이내) 및 그 기간에 있어 총 근로시간, ③ 반드시 근로하여야 할 시간대(Core Time)를 정한 경우에는 그 시작 및 종료 시각, ④ 근로자가 그의 결정에 따라 근로할 수 있는 시간대(Flexible Time)를 정하는 경우에는 그 시작 및 종료 시각, ⑤ 유급휴가 부여 등의 기준이 되는 표준근로시간

3) 간주근로시간제(사업장 밖 근로시간제)

간주근로시간제도는 근로자가 출장 그 밖의 사유로 근로시간의 전부 또는 일부를 사업장 밖에서 근로하여 근로시간을 실제적으로 산정하기 어려운 경우에 소정근로시간을 근로시간으로 간주하여 인정하는 제도이다. 사업장 밖에서 근로하더라도 근로시간의 산정이 가능하면 간주근로시간제가 적용되지 않는다.

간주근로시간제에서 근로시간을 산정하는 방법은 '소정근로시간으로 보는 경우', '통상 필요한 시간으로 보는 경우', '노사가 서면 합의한 시간으로 보는 경우' 등 세 가지이다. 이 제도는 근로시간 계산 부분에 한하여 적용되기 때문에 연장근로, 야간근로, 휴일근로 및 휴가 등은 발생하는 경우 그대로 적용된다.

4) 재량근로시간제

전문직 업무 등 업무의 성질에 비추어 업무수행 방법을 근로자의 재량에 위임할 필요가 있는 업무로서 사용자가 근로자 대표와 서면 합의로 정한 근로시간을 소정근로시간으로 인정하는 제도이다. 연구개발직이나 ICT에 종사하는 전문 인력의 경우에는 근로시간 단축에 대해서 재량근로시간제를 도입함으로써 생산성과 워라밸의 두 마리 토끼를 모두 잡을 수 있다.

재량근로시간제에는 두 가지 종류가 있다. 출퇴근시간지정형과 완전

자율근무형이다. 출퇴근시간지정형은 출근시간은 확정하고 퇴근시간은 자율로 운영하든지 아니면 출근시간은 자율로 하고 퇴근시간은 확정으로 운영하는 제도이다. 완전자율근무형은 출퇴근에 대한 아무런 기준 없이 자율적으로 운영하는 제도이다.

재량근로시간제의 임금은 근로의 양이 아니라 질(성과)에 의해 결정된다. 연장근로를 하더라도 근로시간은 노사가 서면으로 합의한 시간을 근로한 것으로 본다. 다만, 연장·야간근로수당 지급은 서면 합의로 정한 근무시간이 1주 40시간을 초과할 경우나 서면 합의로 정한 근무시간 중 야간 근로(22:00~익일 06:00)가 포함하는 경우에 해당된다. 완전자율근무형의 경우 연장근로나 야간근로 문제는 발생하지 않는다. 재량근로시간제 대상 업무는 다음과 같다.

1. 신상품 또는 신기술 연구 개발이나 인문사회과학 또는 자연과학 분야의 연구 업무
2. 정보처리시스템의 설계 또는 분석 업무
3. 신문, 방송 또는 출판 사업에서의 기사의 취재, 편성 또는 편집 업무
4. 의복·실내장식·공업제품·광고 등의 디자인 또는 고안 업무
5. 방송 프로그램·영화 등의 제작 사업에서의 프로듀서나 감독 업무
6. 그 밖에 고용노동부장관이 정하는 업무

근로자대표와 서면 합의 사항 *TIPS*

① 대상 업무 ② 사용자가 업무의 수행 수단 및 시간 배분 등에 관하여 근로자에게 구체적으로 지시를 하지 아니한다는 내용 ③ 근로시간의 산정은 그 서면 합의로 정하는 바에 따른다는 내용

5 교대근무제 개선 방안

1) 개요

우리 주위를 관심 있게 둘러보면, 하루 종일 24시간 근무하는 곳이 많다. 가까이는 24시간 편의점이 그렇고, 병원이 그렇고, 울산에 있는 석유화학단지가 그렇고, 포항과 광양에 있는 철강공단도 그러하다. 왜 이런 곳에서는 24시간 근무를 하는 것일까? 공공의 서비스를 제공하거나 업무특성상 작업을 중단할 수 없기 때문이다.

이렇게 24시간 공장을 운영하는 이유는 기업들마다 제각각이지만, 그 방법은 모두 동일하다. 즉, 교대근무제를 이용하는 것이다. 인간은 육체적·정신적 한계로 인하여 24시간 근무를 지속할 수가 없다. 그래서 근무시간을 늘리기 위하여 고안된 제도가 교대근무제도이다. 교대근무제도라 함은 동일한 업무에 대해 2개 이상으로 근무조를 편성하여, 하루 근로시간대를 두 개 이상으로 나누어 배치하고, 이를 정기적으로 순환하는 제도이다.

우리나라 기업들이 운영하고 있는 교대근무제도 종류는 몇 가지일까? 흔히 사용하고 있는 2조 격일제, 2조 2교대, 3조 2교대, 3조 3교대, 4조 2교대, 4조 3교대 등 6가지 유형만 있을까? 아니다. 답은 교대근무제를 운영하고 있는 기업체 수만큼 많다는 것이다. 상기 6가지 유형은 주로 이용하는 표준모델이고, 기업들은 이 표준모델을 자신의 회사 특성 맞게 다양하게 변형하여 활용하고 있기 때문이다.

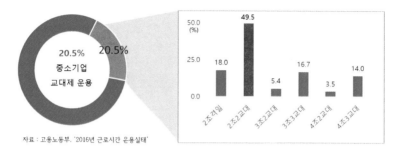

<그림 2-8> 중소기업의 교대근무제 운용 및 유형 비율

자료 : 고용노동부. '2016년 근로시간 운용실태'

　고용노동부의 '2016년 근로시간 운용실태'(<그림 2-8> 참조)에 따르면, 중소기업의 교대근무제를 운용률은 20.5%로 중소기업 5곳 중에 1곳은 교대근무제를 운용하고 있다. 이 중에서 표준모델을 기준으로, 중소기업에서 가장 많이 활용하고 있는 유형은 2조 2교대(49.56%)이고, 그다음이 2조 격일제와 3조 3교대, 4조 3교대, 3조 2교대, 4조 2교대 순이다. 교대근무제를 운영하고 있는 중소기업 2개 중 1개는 2조 2교대 형태로 운영하고 있는 셈이다.

　교대제는 근무조가 많을수록 근무시간이 줄어들고 휴일이 많아지므로 워라밸이 향상되고 근무조가 적을수록 근무시간은 늘어나고 휴일은 줄어든다. 또한 동일한 조에서 교대 수가 적을수록 1일 근로시간이 길어지지만 그만큼 휴일도 길어진다. 예를 들어, 4조 2교대와 4조 3교대를 비교해 보면, <표 2-2>에서 보는 바와 같이, 4조 2교대는 4조 3교대보다 1일 근무시간이 50% 긴 만큼 휴일도 50% 길다. 따라서 3교대제는 상대적으로 휴일수가 적으므로 업무 연속성이 높은 반면 2교대제는 휴일수가 많으므로 워라밸 향상을 가져온다.

<表 2-2> 4조 2교대와 4조 3교대의 근무일 및 휴일 차이

구분	1일 근무시간(a)	1주 근무시간(b)	1주간 근무일 및 휴일 수	
			근무일(c=b/a)	휴일(d=7-c)
4조 2교대	12	42	3.5	3.5
4조 3교대	8	42	5.2	1.8

2) 교대주기 편성 방정식 'WHY'

교대근무제를 설계하려면 <그림 2-9>에서 보는 바와 같이 교대근무제 유형을 정해야 하고, 교대주기 편성표를 작성해야 한다. 교대근무제 유형은 소수정예의 인력 운영 원칙이나 임금 수준 운영 전략, 업무의 집중도, 근로 가능 시간. 경쟁업체의 교대근무 유형 및 노사관계 전략 등에 따라 달라진다. 교대근무제의 조의 개수와 1개 조의 근로시간 그리고 1개 조의 연속 근무시간이 결정되면 이로부터 교대주기(Cycle) 편성표를 작성할 수 있다.

교대주기 편성표는 교대근무일과 비근무일 등 교대주기 등을 나타내는 교대근무 현황표이다. 편성표를 작성하려면 1주기 이내의 근무일수와 휴일수를 파악해야 한다. 그리고 나서 근무환경이 가장 열악한 야간근무조부터 근무일과 휴일을 편성표에 먼저 배치하면 어느 정도 교대근무 편성표가 완성된다. 이때 1주기를 구성하는 근무일과 휴일수를 계산하는 방정식이 'WHY'이다. 즉, 1Cycle = WHY이다.

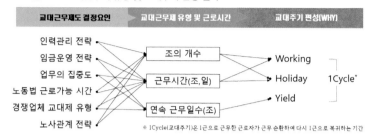

<그림 2-9> 교대근무제 유형 및 교대주기 편성 절차

이를 구체적으로 설명하면 아래와 같다.

$$1Cycle=(W+H)\times Y,$$

W=Working(1일 근무조의 수),

H=Holiday(1일 휴무조의 수),

Y=Yield(근무조의 연속근무일 수),

WY=1Cycle에서 각 조의 근무일수,

HY=1Cycle에서 각 조의 휴일수

예를 들어, 3조 2교대, 4일 연속근무체제로 설계하고자 할 때, 근무일과 휴일수는 각각 며칠일까? 3조 2교대에서 1일 근무조는 2개(W), 휴무조는 1개(H)이고 각 조의 연속근무일은 4일(Y)이다. 따라서 이를 WHY 방정식에 대입하면 다음과 같다.

$$1C=(2+1)\times 4$$

$$1C=12,\ WY=8,\ HY=4$$

즉, 교대주기(1Cycle)는 12일이고, 12일 이내에 각조 근무일은 8일이며, 휴일은 4일이다.

그런데 교대근무제 운영형태에는 <그림 2-10>에서 보는 것처럼, 1일 단위 전일 근무여부와 1년 365일 연속근무 여부를 기준으로 4가지 유형이 있다. 즉, 전일 연속형, 전일 불연속형, 비전일 연속형 및 비전일 불연속형이다. 병원처럼 24시간 1년 내내 운영하는 체계는 전일 연속형이고, 아파트 단지 내 피트니스 센터처럼 아침 6시에 오픈하여 저녁 10까지 운영하면서 1주 6일만 운영하는 것은 비전일 불연속형에 속한다.

여기에 교대주기 편성 방정식인 WHY를 활용하면, <그림 2-10>처럼 다양한 교대근무 형태에 따른 교대주기 편성표의 기초 자료인 근무일수, 휴일수, 근무시간 등을 산정할 수 있다.

<그림 2-10> 교대근무제 유형별 근로일, 휴일 및 근무시간

교대제 유형별 교대제 운영형태에 따른 근로일, 휴일 및 근무시간

교대형태	근무조수	형태	근무일(1주)	전일제(24근무)			비전일제(16시간)		
				근무일(W)	휴일수(H)	근무시간	근무일(W)	휴일수(H)	근무시간
1	2	연속형(7일)	7	3.5	3.5	84	3.5	3.5	56
		불연속형(5)	5	2.5	2.5(+2)	60	2.5	2.5(+2)	40
2	2	불연속형 I	6*	6	1	72	7	0	56
		불연속형 II	5	5	0(+2)	60	5	0(+2)	40
	3	연속형	7	4.7	2.3	56	4.7	2.3	38
		불연속형	5	3.3	1.7(+2)	40	3.3	1.7(+2)	26
	4	연속형	7	3.5	3.5	42	3.5	3.5	28
		불연속형	5	2.5	2.5(+2)	30	2.5	2.5(+2)	20
3	3	연속형	7	7.0	0	56	7.0	0	38
		불연속형	5	5.0	0(+2)	40	5.0	0(+2)	26
	4	연속형	7	5.3	1.8	42	5.3	1.8	28
		불연속형	5	3.8	1.3(+2)	30	3.8	1.3(+2)	20
	5	연속형	7	4.2	2.8	33.6	4.2	2.8	22
		불연속형	5	3.0	2.0(+2)	24	3.0	2.0(+2)	16

* 2조 2교대 연속형은 주휴가 없으므로 운영불가능하므로 불연속형(6일) 기준으로 계산

3) 근로시간 단축에 따른 교대조 전환 방법

이제 근로 가능한 시간이 1주 68시간에서 52시간으로 단축되었다. 근로시간이 52시간을 초과하는 교대근무 형태는 더 이상 운영할 수 없다. 그래서 〈그림 2-10〉을 살펴보면, 1주 52시간 근로시간 체제에서는 2조 교대근무 제도는 일부 불연속형을 제외하고는 적합하지 않다.

문제는 3조 교대근무 체제이다. 3조 근무체제 전일 연속형으로 운영하게 되면 1주 근로시간이 56시간으로 법정근로시간을 4시간 초과한다. 그나마 3조 2교대는 1주 휴일수가 2.3일 확보될 수 있지만, 3조 3교대는 휴일을 가질 수 없다. 근무편성표상으로는 사업장에서 휴게시간을 충분히 보장하여 1주 근로시간을 52시간 이하로 설계하면 3조 근무체제도 운영 가능하다. 하지만, 이렇게 운영하면 연장근로가 상태화되어 법 위반 소지가 있고, 또한 근로자의 건강이나 안전을 취약하게 하므로 문제점이 많다. 특히 3조 3교대 형태는 여유 인력을 보유하고 있지 않은 이상, 휴일 확보가 어려우므로 적합하지 않다.

현재 중소기업들이 가장 많이 활용하고 있는 2조 2교대에서 가장 합법적인 4조 체제로 변경하기에는, 뒤에서 살펴보겠지만 사업장의 부담이 너무 크다. 그래서 과도기적으로 3조 2교대로 전환할 수밖에 없다.

4) 교대제도 전환에 따른 임금 등 관리 방안

2조 교대근무 체제는 3조 또는 4조 체제로 변경해야 한다. 교대근무제를 변경하게 되면, 근로시간이 감소함에 따라 <그림 2-11>에서 보는 바와 임금 하락의 문제와 교대조원 증감의 문제가 발생한다.

2조 2교대에서 3조 2교대 또는 4조 2교대로 개편하게 되면, 근무조가 늘어나므로 근로자의 근로시간이 감소한다. 이와 함께 임금도 감소하게 되는데, 2조 2교대에서 3조 2교대로 전환할 때 임금이 27%가 감소하며, 4조 2교대로 전환하게 되면 60%나 감소하게 된다. 따라서 2조 2교대 체제에서는 과도기적으로 3조 2교대 체제로의 전환이 불가피하고 이에 따라 27%나 감소하게 되는 임금 보전 방안을 강구해야 한다. 이러한 임금 보전 방안에는 시급 인상, 보전수당 신설, 성과보상제도 강화 등의 방법이 있다.

<그림 2-11> 교대근무제 변경에 따른 임금 및 근로시간 감소율

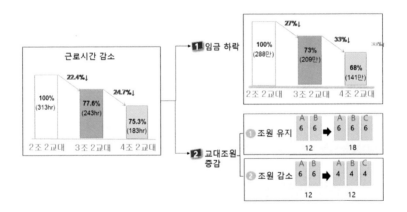

2조 2교대에서 3조 2교대로 전환하려면 1개 조를 늘려야 하고, 4조 2교대로 전환하려면 2개 조를 늘려야 한다. 2개 조를 늘인다는 것은 현재 수준에서 100%를 늘리는 것으로 이것은 감당하기 어렵다. 따라서 2조 2교

대는 3조 2교대로 개편할 수밖에 없다. 이때 1개 조 추가 편성을 할 때, 인원을 채용하여 보강하는 방법과 인원 채용 없이 새로운 조를 편성하여 조원을 감소하여 운영하는 방법이 있다. 전자는 워라밸 지향성을 가지므로 근로자들의 수용성은 높지만 인건비 부담이라는 큰 문제점이 있고, 후자는 근로자들의 근로 강도가 세어지므로 직원들의 반발이 예상된다. 따라서 노사 간의 충분한 검토와 논의를 거쳐 워라밸도 높이고 인건비 부담도 줄이는 방법을 강구해야 한다.

5) 교대근무제도의 적법성 판단

앞서 살펴보았지만, 교대근무제를 운영하려면 검토할 사항이나 고려해야 할 사항이 많다. 하지만 우리 노동법에는 교대근무제도에 대한 언급은 「근로기준법」 제93조 제1호에 '교대 근로에 관한 사항'이라는 한 구절만 언급되어 있다. 이는 법적으로는 교대근무제도라고 특별히 다를 것이 없다는 의미이다.

따라서 교대근무제도를 도입하더라도 「근로기준법」의 근로 조건을 그대로 적용해야 한다. 즉, 1주일에 1회 이상 주휴일을 부여하고, 법정 근로시간을 지켜야 하며, 연장근로시간도 1주 12시간을 초과할 수 없으며, 근로시간 4시간에 30분 이상, 8시간에 1시간 이상의 휴게시간을 부여해야 한다.

다만, 2조 2교대에서 3조 2교대로 개편하게 되면, 근로시간은 줄고 여가는 늘어나, 임금감소가 일어난다. 즉, 근로 조건이 악화되므로 취

업규칙에 불리하게 변경된 규정을 적용해야 하므로, 근로자들의 동의
를 받아서 시행해야 한다.

적법성 판단 시 고려사항 TIPS

취업규칙 등에 제도화	• 근로계약 체결 때, 교대제 근무를 근로조건으로 약정하는 경우 근로자의 동의 필요 • 교대제는 취업규칙의 필수적 기재사항이므로 교대제 도입 또는 변경할 경우에는 취업규칙 변경에 원리 적용
주휴일 부여	• 주휴일이 미리 예측 가능하도록 부여 • 1주일에 1회 이상 계속하여 24시간의 휴식이 부여
법정근로 시간 준수	• 법정 근로시간(휴게시간 제외하고 1주 40시간, 1일 8시간)은 적용 • 계속 근무가 2역일에 걸친 경우에는 시업시각이 속한 날의 1일 근로로 취급함
연장근로의 제한	• 연장근로는 당사자 간 합의가 필요하며, 1주 12시간의 연장근로시간을 초과할 수 없음 • 1주는 7일 기준으로 판단
휴게 및 휴가 준수	• 휴게시간은 근로시간 4시간에 30분 이상, 8시간에 1시간 이상 부여 • 계속 근로 1년에 8할 이상 출근한 경우 15일의 연차유급휴가를 부여(2년 단위로 1일씩 가산, 25일 한도) • 생리휴가, 산전·후휴가 등 법정휴가의 청구가 있는 경우 각각 부여

Part 3

최저임금 인상 등
임금관리 방안

임금관리의 핵심은 적정한 임금 수준 보장이다. 이는 기대이론에 근거한다. 근로자가 노력하면 달성 가능한 성과수준이 주어지고, 그 성과를 달성했을 때 적정한 보상과 그 보상에 대한 만족감이 높다면, 그는 동기부여되어 더욱 몰입하여 한층 높은 성과를 달성하게 된다. 즉, 성과주의의 출발점과 워라밸 인사노무관리의 기반은 적정한 임금 수준의 보장에 있다.

근로 조건의 2대 핵심 이슈는 근로시간과 임금이다. 그중 임금은 사용자에게 생산원가로써 대외 경쟁력의 원천이 되고, 근로자에게는 생계수단뿐만 아니라 사회적 지위가 될 만큼 중요하다. 노사 간 다툼의 근저에는 임금이 깔려 있다. 이번 국회에서 최저임금에 복리후생 항목을 포함하는 것을 입법화하자 노동단체에서는 사회적 대화를 전면 거부했고, 52시간으로 근로시간이 단축될 때 근로자들의 초미의 관심사도 임금하락 여부였다. 근로자들은 높은 임금을 기대하지만, 사업장에서는 근로자들의 기대를 만족시켜 줄 수 없다. 여기에 합리적인 임금관리가 필요하다.

임금관리가 어려운 이유는 임금의 양면성 때문이다. 임금은 기업에게는 제조원가로서 인건비에 해당하지만, 직원에게는 생활을 위한 생계비가 된다. 전자에게는 최소화의 원칙이, 후자에게는 최대화의 원칙이 작용하여 서로 이해관계를 대립되게 하고, 임금관리를 어렵게 한다. 하지만, 이에 대한 해법이 없는 것은 아니다. 그것은 '고임금 저인건비' 정책이다. 임금인상은 동기부여 및 유능한 인재 유입을 촉진하여 높은 생산성을 만들어냄으로써 수익성은 높아지고 인건비는 낮아지게 만드는 것이다.

임금관리의 핵심은 적정한 임금 수준 보장이다. 이는 기대이론에 근거한다. 근로자가 노력하면 달성 가능한 성과수준이 주어지고, 그 성과를 달성했을 때 적정한 보상과 그 보상에 대한 만족감이 높다면, 그는 동기부여되어 더욱 몰입하여 한층 높은 성과를 달성하게 된다. 즉, 따뜻한 성과주의의 출발점과 워라밸 인사노무관리의 기반은 적정한 임금 수준의 보장에 있다.

사업장에서는 인건비가 높을수록 경쟁력이 떨어진다고 생각한다. 하지만 이것은 사실이 아니다. 오히려 임금 수준이 낮을 때 생산성이 떨어지게 된다. 임금이 낮으면 조직 구성원은 전략 목표 달성이나 성과 향상을 위한 노력보다는 사외 활동으로 수입을 늘리는 데 더 관심을 가지게 된다. 또한 임금 수준이 낮으면 구매비리, 판매비리, 채용비리 등 각종 비윤리 행위가 자행된다. 후진국 공무원들의 비리 행위를 뉴스에서 자주 접하게 되는 것도 그들의 임금 수준과 무관하지 않다.

미국의 어느 식료품 할인매장에서 사업장의 성과 부진으로 CEO를 경질했다. 새로 부임한 CEO가 조사를 해보니 매장 관리자들의 임금 수준이 매우 낮았다. 그래서 그들은 매장의 목표 달성보다는 자신 수입 올리는 데 열중하고 있었다. CEO는 경영상태가 좋지 않음에도 불구하고 대폭적인 임금인상을 단행했고, 그 결과 매장 관리자들은 목표 달성과 성과 향상에 관심을 가지게 되었으며, 매장수익도 몰라보게 향상되었다고 한다. 조직 몰입과 성과 향상을 위해서는 적정한 수준의 임금보장이 필요하다.

많은 중소기업 사업주들이 인건비를 비용으로 여기고, 낮을수록 경쟁력이 높아진다고 생각하고, 임금관리를 대부분 아웃소싱하고 있다. 국내 한 취업 포털 사이트에서 2017년 중소기업 인사 담당자 349명을 대상으로 설문조사를 실시한 결과, 신입사원들의 퇴직 사유 1위는 낮은 연봉수준(35.0%)이었으며, 그다음이 업무과다(34.5%), 조직적응부족

(31.4%) 등의 순이었다. 중소기업의 신입사원들은 적은 연봉과 업무과다, 다시 말하면 장시간 근로와 낮은 연봉에 시달리고 있다.

중소기업들은 임금관리에 대한 인식전환이 필요하고, 전략적 활용과 동기부여 기능을 활성화가 요구된다. 이를 위해, 적정한 임금 수준 보장을 바탕으로 다음과 같은 조치들이 필요하다. 직급체계와 승진제도와 정합성을 가지는 임금체계(여기서는 역할급 연봉제)를 설계해야 하고, 근로시간 단축에 대응하는 임금관리 방안도 마련해야 한다. 중소기업에서 많이 활용하고 있는 포괄임금제의 개편도 불가피하게 되었고 최저임금 고공인상에 대해서도 대응이 필요하다. 따라서 중소기업은 세금 및 4대보험 관리는 아웃소싱을 하더라도, 임금의 동기부여 역할까지 도외시하면 안 된다.

2018년도는 사업장에 임금인상의 쓰나미가 몰아닥친 해라고 해도 과언이 아니다. 올해 기업들 인건비 부담이 최저임금 인상 16.4%, 근로시간 단축으로 직원들의 임금인상 요구 가능성 13.1%[8] 등 적게는 16.4%에서 많게는 29.5%까지 전망된다. 이러한 경영여건이 기업들에게는 커다란 시련으로 작용하지만, 한편 이에 슬기롭게 대처하면 도약의 발판이 될 수도 있다. 지금은 위기지만, 장기적으로는 기회가 될 수도 있다는 말이다.

변화관리 분야의 세계적 석학자인 존 코터(John. P. Kotter) 하버드 경영대학원 명예교수는 기업혁신은 위기감을 통해서 이루어진다고 강조하고 있다. 위기감이 없으면 직원들을 혁신이나 변화의 장으로 이끌기가 그만큼 어렵다는 이야기이다. 그렇다면 우리 기업에게는 이번의 근로시간 단축이 경영혁신의 기회인 셈이다. 이를 위해서 리더들은 직원들과 소통하는 노력을 해야 하고 회사 차원에서는 생산성 향상의 선순환 체계 구축을 할 필요가 있다.

---

7) 정학용, '근로시간 단축에 따른 기업들의 임금관리 대응 방안', 《인재경영》, 2018.5.
8) 한국노동연구원은 근로시간 단축 「근로기준법」 개정안 통과 시, 생산직 기준으로 줄어드는 월급수준을 2,963,000원 → 2,575,000원으로 전망하고 있다. 즉, 평균 13.1%의 삭감이 예상된다.

1) 임금은 하방경직성과 양면성이라는 특성을 가지고 있다

우선 리더들은 직원들과 소통을 위해서 이번 근로시간 단축이 기업과 직원들에게 미치는 영향을 명확하게 인식할 필요가 있다. 원칙적으로 임금은 근로의 대가이므로 근로시간이 줄어들면 임금도 하락하는 것이 상식이다. 그럼에도 왜 기업은 근로시간이 단축되었는데 임금인상을 걱정하고 있는가? 그것은 임금의 하방경직성 때문이다. 가정으로 들어온 임금에는 모두 꼬리표가 붙어 있다. 예를 들면, 큰딸 등록금, 둘째 아들 학원비, 막내 태권도 수련비, 아파트 구입 융자금 등등이다. 임금이 하락한다고 등록금을 줄일 수도, 태권도를 끊을 수도 없다. 임금은, 한 번 오른 상품의 가격을 내리기 어려운 것만큼이나 하방경직성을 가지고 있다.

또한 임금은 양면성을 가지고 있다. 임금은 기업에게는 인건비로 제품이나 서비스의 원가가 되기 때문에 최소화할 필요가 있고, 직원들에게는 생계비이기 때문에 최대화 욕구를 자극한다. 이러한 임금의 양면성은 직원들을 이직하게도 하고, 기업의 경영적·법률적 리스크를 유발하기도 한다.

결국 임금관리의 어려움은 이러한 임금의 하방경직성이나 양면성 때문이다. 근로시간이 단축되었음에도 임금을 쉽게 하락시킬 수 없는 것은 임금의 하방경직성 때문이고, 그렇다고 함부로 올릴 수도 없는 이유는 임금의 양면성 때문이다. 따라서 이번 근로시간 단축으로부터 발생하는 임금관리 핵심 이슈는 다음 두 가지이다.

❶ 어느 수준까지 보전할 것인가?
❷ 어떤 방법으로 보전할 것인가?

2) 임금 보전 수준은 임금 지불 능력이나 임금정책 등을 반영해야 한다

어느 수준까지 보전할 것인가? 보전 수준의 최고 상한선은 근로시간 단축 전의 임금 수준이고 최저 하한선은 근로시간 단축으로 인한 임금 하락 수준이다. 결국 이번 임금 보전 수준은 상한선과 하한선 사이에서 결정하게 된다. 이번 근로시간 단축에 대해, 기업들은 어느 수준까지 보전해주고 있을까? 한화큐셀은 3조 3교대 주 56시간제를 4조 3교대 주 42시간 근무제로 전환하고, 기존 급여의 90%까지 보전한다고 발표했고, 신세계는 '9 to 5제'로 주 35시간제로 단축하면서도 임금은 그대로 유지하는 정책(100% 보전)을 밝혔다.

대체적으로 기업에서는 근로시간 단축에 대해 임금의 하방경직성을 감안하여 하락분의 일부를 보전해주는 추세이다. 그렇다면, 어떻게 임금 보전 수준을 90% 또는 100% 등으로 결정할 수 있을까? 그것은 일반적으로 〈그림 3-1〉에서 보는 것처럼 4단계를 거쳐서 결정된다.

<그림 3-1> 임금 수준 결정 프로세스

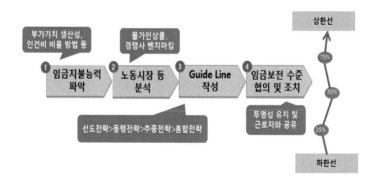

첫 번째, 기업의 지불능력을 파악하는 것이다. 기업의 지불능력을 파악하는 대표적인 방법은 부가가치 생산성 방법과 인건비 비율 방법이다. 부가가치 생산성 방법은 직원 1인당 부가가치 생산성 증가율 범위에서 보전 수준을 결정하는 것이고, 인건비 비율 방법은 최근 5년간 매출액에서 인건비 총액이 차지하는 비율만큼 임금을 보전해주는 방법이다.

두 번째, 노동시장 등을 분석하는 것이다. 이것은 시장의 물가 수준이나 최저임금을 반영하고 경쟁사의 보전 수준 등을 파악하여 참고하는 것이다.

세 번째, 임금정책 가이드라인을 반영하는 것이다. 여기에는 선도전략, 동행전략, 추종전략, 혼합전략 등 4가지가 있다. 선도전략은 경쟁사보다 임금 보전 수준을 높게 하여 외부 우수 인재를 유치하고, 내부의 임금 수준 불만에 대응하는 것이고, 동행전략은 임금 보전 수준을 경쟁사만큼 가져가서 내부 우수 인력을 유지하고 임금 불만에도 대응하는 것이다. 추종전략은 인건비 절약을 위하여 경쟁사보다 임금 보전 수준을 낮게 하는 조치이다. 마지막으로 혼합전략은 우수 직종이나 직무에 대해서는 선도전략, 여타 직종에게는 추종전략 등을 혼합하여 사용하는 것이다.

네 번째, 임금 보전 수준에 대한 결정 과정을 투명하게 유지하고, 임금 수준 관리전략과 가이드라인 등을 직원들과 공유하는 것이다. 그리고 임금관리의 장기적인 측면에서 조직 구성원들의 참여 또는 협조 등이 필요하다.

3) 임금보전 방법은 인사노무관리 전반의 혁신까지 고려해야 한다

이렇게 보전 수준이 결정되고 나면, 그다음은 '어떤 방법으로 보전할 것인가?', 즉 보전 방법을 결정해야 한다. 임금을 보전하는 방법에는 크게 세 가지가 있다.

첫째, 기본급 또는 시급을 인상하는 방법이다. 이는 보전 금액을 기본급 또는 시급에 포함하여 인상하는 것으로 인력 운영 전략이나 임금 형태에 그 방법을 달리한다. 개별 연봉제하에서는 기본급 인상으로 인한 법정수당 등의 영향을 감안한 인상조치가 필요하며, 직급별 연봉제는 최저임금 보전이나 직급 간 임금 왜곡이 발생하지 않도록 주의가 필요하다. 호봉제에서는 호봉 테이블의 베이스 업이 필요하고 이때 호봉 간에도 왜곡현상이 발생하지 않도록 해야 한다.

둘째, 보전수당으로 지급하는 방법이다. 보전금액을 별도로 수당화하는 것으로 간편하기 때문에 많이 활용하는 방법이다. 하지만, 수당으로 보전할 때 보전 수당이 통상임금에 포함되지 않도록 주의해야 한다. 예를 들면, 보전 수당을 특정 시점에 재직 근로자에게만 준다거나 일정 기간 이상 근무한 직원에게만 주는 등의 기준을 설정하면, 보전 수당이 고정성이나 일률성을 충족시키지 못하므로 통상임금에서 제외될 가능성이 높다.

셋째, 인센티브제 등 성과주의 보상제도를 도입하는 방법이다. 성과주의 보상제도는 성과가 좋은 직원에게는 보전수당 이상의 임금을 보상하는 제도이다. 이러한 성과주의 보상제도 도입은 목표 관리나 평가 관리 등이 기반이 되어야 하기 때문에 인사노무관리체계 전반의 혁신을 요구한다.

이러한 임금 하락분을 보전해주는 것은 장기적으로 생산성 동반 노력 없이는 지속될 수 없다. 이를 위해서는 〈그림 3-2〉에서 보는 바와 같이 임금 보전과 함께 생산성 향상의 선순환 체계가 이루어지도록 해야 한다. 법정근로시간 최고 한도인 52시간을 초과하는 근로시간 단축분에 대해서 회사 지불 능력, 노동시장 여건, 임금정책 그리고 직원들의 니즈 등을 반영하여 임금 보전 수준을 결정하고, 그에 대해 다각적인 보전 방법을 강구하여 직원들로 하여금 생산성을 향상시키도록 동기부여해야 한다. 그 결과 기업은 매출이 늘어나고 지불능력을 확보하여 지속적으로 보전 수준을 향상시켜 나가야 한다.

<그림 3-2> 임금보전의 선순환 체계

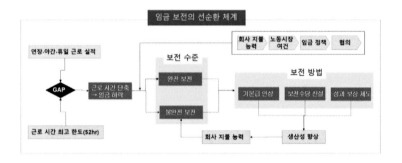

4) 포괄임금제의 개선도 불가피하다

한편, 기업에서는 이번 근로시간 단축으로 인한 정부의 포괄임금제 규제 움직임에 대해서도 대응 방안을 마련해야 한다. 정부에서는 이번 근로시간 단축이 기업의 고용창출로 이어지지 않고 포괄임금제로 흡수되는 일종의 '풍선효과'를 경계하고 있다. 포괄임금제는 연장·야간·휴일 근로에 대하여 실근로시간과 관계없이 기본급에 포함하거나 고정수당으로 지급하는 방법이다. 사업장에서 근로시간 단축을 회피하기 위하여 포괄임금제를 도입 또는 강화하여 장시간 근로를 개선하려는 노력 자체를 하지 않으려 할 수 있다.

정부에서는 이러한 포괄임금제를 필요악으로 치부하고 지난해 10월에 '포괄임금제 사업장 지도지침'을 만들어 일선 행정기관에 배포하였고, 근로시간 단축 시행에 맞춰 현장 단속을 강화할 것으로 전망된다. 그러면 기업 현장에서는 무엇을 어떻게 준비해야 하는가?

고용노동부의 포괄임금제의 유효 요건은 크게 두 가지로, ① 근로시간 산정이 어려울 것, ② 포괄임금제에 대한 명시적 합의가 있을 것으로 한정하고 있다.

이러한 요건을 충족시키지 못하는 포괄임금제는 무효가 되며, 무효가 된 부분에 대해서는 「근로기준법」의 강행성과 보충성 원칙에 의해 연장·야간·휴일 근로수당을 지급해야 한다. 따라서 이러한 제재를 받지 않으려면, 기업은 사전 준비가 필요하다.

우선 기업은 포괄임금제 성립요건을 충족시킬 수 있는 사업장인지를 엄격하게 점검해야 한다. 이제 감시·단속적 성격의 업무가 아니면 포괄임금제 성립요건을 충족시키기가 어렵다고 보아야 한다. 성립요건을 충족시키지 못할 경우, 사업장에서는 포괄임금제를 개별임금제로 전환하든지 연봉제를 도입하여 연장근로시간을 흡수하든지 그렇지 않으면 탄력근로시간제 등 유연근로제를 도입하여 연장근로시간에 대응하는 조치를 취해야 한다.

그리고 포괄임금제에 대해 근로자들과 명시적 합의가 있는지도 살펴야 한다. 이제 근로자가 이의를 제기하지 않았다는 등 묵시적 합의를 했다는 주장만으로 부족하다. 근로자들과 명시적 합의가 없다면 회사 규정이나 단체협약에 명문화하거나 근로계약서에 명시하여야 한다.

5) 향후 기업들의 대응 방안

근로시간 단축은 기업에게 분명히 어려운 과제를 던져 주고 있는 것이 확실하다. 직원들은 하락되는 임금 수준의 보전을 기대하고, 기업은 근로시간 단축을 대체할 직원 채용이나 설비 투자로 인건비 또는 투자비 부담을 안게 된다. 이러한 위기의 해결 방안은 '리더십'과 '현장'에 있다. 리더는 회사의 어려움과 위기에 대해서 직원들과 소통하고 직원들의 이해와 협력을 구하며, 직원들의 의식이나 가치관 또는 사고방식이 리더와 일치하게끔 간단없는 소통을 진행해야 한다.

그리고 위기극복의 관건은 현장 직원들의 참여에 달려있다. 따라서 제도설계나 생산성 향상 방안 마련에 직원 참여를 최대한 유도하여 생산성 향상의 선순환 체계를 구축한다면, 기업들은 이번 위기를 통하여 새로운 도약의 전기를 맞을 수도 있을 것이다.

임금체계는 임금항목의 구성요소들이다. 일반적으로 기본급, 제수당, 법정수당, 상여금 등으로 구성된다. 우리나라 기업들의 임금체계는, 100인 이상 사업장 978개에 대한 조사 결과[9]에 따르면, 기본급 비중은 57.3%이며, 각종 수당이 25.1%, 상여금이 17.6%를 차지하고 있다.

따라서 우리나라 임금체계는 기본급을 어떻게 운영하느냐의 문제로 귀착된다. 기본급은 정상적인 근로에 대한 보상이다. 정상적인 근로에 대한 보상이 무엇을 기준으로 결정하고 조정되는지에 따라 기본급의 모습이 달라진다. 즉, 연공을 기준으로 결정되면 연공급이 되고, 직무가치에 따라 결정되면 직무급, 직무수행능력에 대한 보상이면 직능급, 역할에 대한 보상이면 역할급, 성과에 대한 보상이면 연봉제가 된다. 어떠한 임금체계를 가져가느냐에 따라 구성원의 성과나 동기부여 등에 지대한 영향을 미치게 된다.

워라밸 인사노무관리를 위한 따뜻한 성과주의의 임금체계는 성과관리, 평가관리, 직급체계 그리고 승진관리 등과 정합성을 가져야 한다. 워라밸 인사노무관리는 수평적이고 자율적인 조직문화 구축을 통한 창의력과 변화·혁신 역량을 강화하고 있으므로, 이를 위해 내재적 동기를 부여하고 역량을 강화하는 성과관리와 평가관리의 설계가 필요하

---

9) 강현우, '고용부 제시 '임금체계 개편' 방향' "낮은 기본급 비중 높이고 직무·성과 위주로 개편을'", 《한국경제신문》, 2014.1.23.

다. 그리고 간소한 역할 중심의 직급체계와 승진관리를 설계하였다면 임금관리도 역할급 중심의 간소한 임금체계 설계가 필요하다.

역할급 임금체계는 역할급과 법정수당으로 간소하게 운영 가능하다. 경우에 따라서, <그림 3-3>처럼 역할급과 법정수당, 경영성과금으로 구성할 수 있다. 연공급 체계하에서의 고정성 임금인 기본급, 직책수당, 직무수당과 정기상여금은 역할급으로 통합하고 조직성과에 따라 지급하는 경영성과금과 연장근로 등 법정수당은 그대로 유지하도록 한다.

비록 임금 형태는 개별 연봉제이지만, 개인 평가에 근거한 지나친 개인별 차별화는 지양해야 한다. 물론 개인들의 업무 의욕을 높이기 위해서 개인별 평가에 근거한 보상도 필요할 수도 있다. 그렇지만 그 비중은 집단평가 결과의 반영 비중보다 높지 않아야 한다. 그래서 역할급 연봉제하에서도 개인주의가 최소화되고, 집단지성이나 동료 간 협력은 최대화하는 행복한 일터가 조성되어야 한다.

<그림 3-3> 연공급에서 역할급으로 전환(예시)

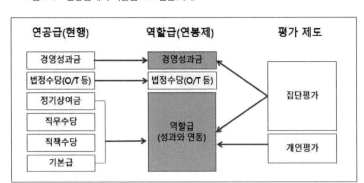

다만, 역할급 연봉제 도입에 따른 구성원들의 성과에 대한 불안감과 수용성을 고려하여, 과도기적 조치로 고과 호봉제를 활용할 수도 있겠다. 이는 직급별 호봉은 유지하지만 매년 자동승급을 폐지하고 성과에 따라 차등승급제를 실시하는 것이다. 그래서 연공급제에 연공성을 줄이는 대신 성과 반영을 점차 늘려 가는 것이다. 어쨌든, 지나친 성과주의의 폐단 방지를 위하여 근로자들 간의 차등은 최소화하도록 한다.

4 포괄임금제 관리 방안[10]

2012년 대선 때부터 시작된 근로시간 단축 논의가 올해로 종지부를 찍고, 금년 7월부터 근로자 300인 이상 기업과 공공기관을 시작으로 주 52시간제 근로체제로 들어간다. 근로자들은 장시간 근로가 줄어들어 워라밸이 향상되는 것에 대한 기대로 마냥 행복할 것 같은데, 실제 표정은 그렇지 않은 것 같다. 기업들은 더 복잡하고 고민이 깊은 표정이 역력하다. 근로시간 단축만 한다고 되는 것이 아니고, 임금 인상을 고민해야 하는 데다 포괄임금 문제까지 겹쳤기 때문이다.

정부는 오는 7월 포괄임금제 규제 지침을 발표한다. 포괄임금제가 노사 간의 뜨거운 감자로 떠오르고 있다. 기업 입장에서는 아무도 도와주는 사람은 없는 대신 계속 압박만 당하는, 그야말로 사면초가에 빠진 형국이다. 지푸라기라도 잡고 싶은 기업주들에게 그 해답은 무엇일까? 그것은 임금이 가지고 있는 동기부여 기능을 활성화하는 것이다.

임금은 단순히 돈이 아니다. 임금은 그 속에 기업전략과, 근로자의 삶, 제품과 서비스 경쟁력이 녹아 있어 특별한 기능을 수행한다. 한 취업 포털 사이트에서 2016년도 직장인들의 이직 사유를 조사한 결과도, 연봉에 대한 불만(61.7%)이 업무에 대한 불만(36.8%)이나 높은 스트레스(31.3%)보다 월등히 높았다. 이처럼 임금 속에는 우수 인재를 유치하고

---

10) 정학용, '근로시간 단축에 따른 포괄임금제 대응 방안', 《인사관리》, 한국인사관리협회, 2018.6.

유지하는 기능도 있는 등 임금관리는 기업이나 근로자에게 매우 중요하며 인사노무관리의 꽃이다.

임금에는 조직의 모든 기능을 압도하는 제왕적 특성이 있다. 상사의 지시에 잘 따르고 동료들과 화합을 이루어내고 밤을 새워 고객의 납기를 맞추어 내는 것은 그 이면에 임금이 있기 때문이고, 기업의 기밀을 경쟁사에 넘기고 조직을 상대로 진정과 소송을 제기하는 것도 결국 임금 때문이다. 이러한 임금은 잘 활용하면 조직을 살찌우고 성장시키는 '보약'이지만, 오용하고 남용하면 조직을 병들게 하는 '마약'으로 돌변한다.

임금을 보약으로 만드는 묘책이 기대이론에 있다. 기대이론의 핵심은 근로자를 동기부여시키려면 적정한 임금 수준을 보장해야 한다는 것이다. 구성원의 목표는 노력하면 달성 가능한 성과 수준이고, 그 성과에 대해 합당한 보상이 이루어지고 그 보상에 대해 근로자가 만족한다면 그는 동기부여되어 더욱 열심 노력하며, 그 결과 한층 높은 성과를 달성하게 된다(<그림 3-4> 참조). 예를 들면, 감나무에 달린 감을 따려는 노력은, 감을 좋아하고 감이 딸 수 있는 높이에 열려 있을 때 하게 된다는 이치와 같다. 기대이론을 적용하면 단기적으로는 비용이 증가하지만 장기적으로는 성과 향상으로 충분히 이득이라는 것이다. 경영 사상가이자 컨설턴트인 톰 피터스(Tom Peters)는 구성원들의 잠재력을 활용하려면 높은 임금을 지불할 것을 요구하고 있다.

<그림 3-4> 기대이론

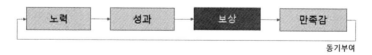

고용노동부의 2017년 '기업체노동비용 조사 시범조사'에 따르면, 상용근로자 10인상 기업체에서 포괄임금제를 도입하고 있는 곳은 52.8%인 것으로 나타났다. 우리나라 중소기업에서 가장 많이 사용하고 있는 임금형태가 포괄임금제이다. 업무시간과 휴식시간의 구분이 어려운 화이트칼라 중심으로 확대되고 있다.

포괄임금제는 연장·야간·휴일 근로수당을 실근로시간과 관계없이 기본급에 포함(정액급제)하거나 고정수당으로 지급하는 방법(정액수당제)이다. 기업체에서 포괄임금제가 확산되고 있는 이유는 임금 계산이 편리하고 초과근로수당을 지급하지 않아도 되기 때문이다. 그런데 포괄임금제와 유사한 연봉제[11]와 미국의 화이트칼라 이그젬프션(White-Collar Exemption)[12]과 같은 제도는 아무런 문제가 없는데, 왜 포괄임금제만 노사 간 '뜨거운 감자'가 되고 있는가?

사실, 임금항목을 어떻게 구성하느냐는 근로계약 당사자 간의 자유이지만, 포괄임금제로 체결하게 되면 다음과 같은 위법 또는 문제점이 있기 때문에 여타 제도들과 차이가 있다.

첫째, 장시간 근로를 고착화시킨다. 이번 「근로기준법」 개정의 취지는 근로자들의 장시간 근로를 줄여서 워라밸을 향상시키자는 것이다. 그런데 포괄임금제를 사용하고 있는 사업장에서는 임금을 근로시간에

---

11) 연봉제도 총액 형태로 임금을 지급한다는 점에서 포괄임금제와 유사하나. 연봉제는 기존의 연공주의 인사 관행의 단점을 보완하고 성과를 기본으로 임금을 책정하여 지급하는 것으로 근로시간이 아닌 성과와 연동하는 제도임. 즉, 근로자 개인의 기업 생산성 기여도와 업무수행 능력을 평가하여 연간임금총액으로 결정하여 지급함으로써 조직 구성원에 대한 동기부여 및 우수인재 확보 및 유지에 기여함.
12) 미국의 '노블레스 오블리주'의 한 측면으로, 연봉 2만 불 이상 고액 연봉의 화이트칼라는 아무리 장시간 근무해도 초과근무 수당을 받지 못하는 제도다. 이들은 근로시간이 아니라 성과에 따라 임금이 결정되기 때문이다.

관계없이 고정급으로 지급하기 때문에 임금부담 없이 근로자들을 장시간 활용할 수 있다. 아는 장시간 근로의 고착화시켜 근로자들의 워라밸 향상을 방해한다.

둘째, 임금 착취의 우려가 있다. 「근로기준법」은 장시간 근로에 대해서는 할증임금까지 부과하며 이를 막고 있다. 하지만 기업은 포괄임금제라는 이유로 연장·야간·휴일 근무수당을 실제 일한 시간에 관계없이 고정급으로 지급하고 있다. 근로자들은 마땅히 받아야 할 임금을 받지 못하게 되고 착취당하게 된다.

셋째, 「근로기준법」에 따른 임금 지급의 원칙에 어긋난다. 통상임금, 평균임금, 최저임금 및 각종 수당 등 「근로기준법」상의 모든 임금은 근로시간을 기준으로 산정한다. 이들 임금은 근로시간이 길면 그만큼 더 지급된다. 하지만 포괄임금제는 근로시간과 무관하게 임금이 책정되므로, 「근로기준법」의 임금지급 원칙을 위반하고 있다.

넷째, 근로계약서 및 임금대장의 부실을 유발한다. 「근로기준법」 제17조에 따르면 근로계약서에는 소정근로시간, 임금 구성 항목, 계산 방법, 지불 방법을 명시해야 하고, 동법 제48조에 의하면 임금대장에는 연장근로, 야간근로 또는 휴일근로를 시킨 경우에는 그 시간 수, 임금 내역별 금액을 기재하여야 한다. 그런데 포괄임금제는 임금 구성 항목이나 근로시간 수가 없고, 있다고 하더라도 실근로시간이 아니기 때문에 이러한 규정을 무력화시킨다.

다섯째, 임금의 동기부여 기능을 활용하지 못한다. 임금의 동기부여 기능은 근로자들에게 적정한 임금 수준을 보장함으로써 근로자로 하여금 더욱 열심히 노력하게 하는 것이다. 하지만 포괄임금제는 근로자들의 임금착취 문제뿐만 아니라 불공정성 시비까지 불러일으켜 임금의 동기부여 기능을 훼손한다.

그런데 기업 현장에서는 이러한 포괄임금제 운영이 보편화되어, 포괄임금제를 운영하면 근로자를 장시간 근로시켜도 괜찮고, 시간외 근로수당을 지급하지 않아도 된다는 인식이 만연하게 되었고, 그 결과 법률위반이라는 죄책감도 미약해졌다. 이러한 탈법적 인식의 확산은 온정적인 대법원 판례에서 비롯되었다. 본래 포괄임금제는 법률이 아니라 대법원 판례로서 인정된 제도이며, 대법원은 사용자의 임금 계산상의 편의를 용인하고, 일정한 요건 아래 포괄임금제를 인정해 왔다. 즉, "임금계산의 편의와 직원의 근무의욕 고취를 위하고, 단체협약이나 취업규칙에 비춰 근로자에게 불이익이 없고, 제반사정에 비춰 정당하다"며 포괄임금제를 인정했다(대법원 1992-2-28 선고 91다 30828, 대법원 1997-4-25 선고 95다 4056).

그러나 포괄임금제에 대한 법원의 이러한 온정적이고 관대한 결정이 저임금·장시간 근로의 무분별한 확산을 가져오자, 대법원은 2010년경부터 포괄임금제에 대해 두 가지 방향에서 엄격한 인정기준을 정립하였다.

첫째는 '근로시간의 산정이 어려운 경우'만 포괄임금제를 허용한다. "감시·단속적 근로 등과 같이 근로시간의 산정이 어려운 경우가 아니라면 달리 「근로기준법」상의 근로시간에 관한 규정을 그대로 적용(중략)되어야 할 것이다"라고 판시하였다(대법 2010.5.13. 선고 2008다6052). 이로써 근로시간 산정이 어려운 경우가 아니라면 포괄임금약정을 유효한 것으로 볼 수 없다는 판례 법리가 만들어졌다.

둘째는 포괄임금제에 관한 '명확한 합의'가 있는 경우에만 그 성립을 인정한다. "포괄임금약정은 (중략) 사용자와 근로자 사이에 그 정액의 월 급여액이나 일당 임금 외에 추가로 어떠한 수당도 지급하지 않기로 하거나 특정한 수당을 지급하지 않기로 하는 합의가 있었다고 객관적으로 인정되는 경우이어야 할 것이다"고 판시했다(대법원 2016.10.13. 선고 2016도1060). 이제 포괄임금제는 '근로시간의 산정이 어려운 경우'뿐만 아니라 '명확한 합의'가 있어야 인정하게 되었다.

현재 포괄임금제를 사용하고 있는 기업에서는 〈그림 3-5〉에서 보는 바와 같이, 먼저 포괄임금제의 유효성 요건을 따져 보아야 한다. 우선, 근로시간 산정이 어려워야 한다. 구체적으로 사업장 밖에서 근로하면서 근로시간을 노동자가 재량으로 결정하거나, 상황에 따라 근로시간의 장단이 결정되는 경우 등이어야 한다. 그리고 업무가 자연조건에 의해 결정되거나 단속적·간헐적이어서 실근로시간 사정이 곤란한 경우이어야 한다. 그리고 근로계약서 등을 통한 명시적 합의가 있어야 한다.

〈그림 3-5〉 포괄임금제 인정요건 및 기업체 대응 프로세스

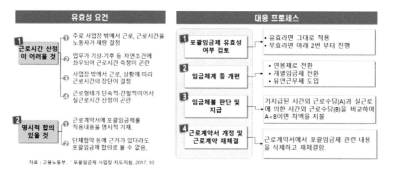

이렇게 사업장의 포괄임금제가 그 유효성 요건을 갖춘 경우에는 그 대로 시행하면 된다. 하지만 유효성이 인정되지 않으면 〈그림 3-5〉의 대응 프로세스에 따라 임금체계 등 개편 작업을 진행해야 한다. 임금 체계 등의 개편 작업 시에는 임금의 동기부여 기능을 살릴 필요가 있 다. 적정 임금 수준을 보장하면 단기적으로는 비용 손실이 발생하지만 장기적으로는 생산성 향상으로 보답받게 된다.

이러한 임금체계 개편에는 세 가지 대안이 있다. 첫째, 현재 포괄임 금제도를 연봉제로 전환하는 것이다. 예를 들면 '연봉에는 월 연장근로 시간 10시간을 포함한다'라는 식으로 전환한다. 전환 후, 월 연장근로 시간이 10시간을 초과하면 그에 대한 연장근로 수당을 지급해야 한다. 둘째, 개별임금제로 전환하는 방법이다. 이것은 현재 임금체계에서 각 각의 법정근로 수당을 살리고, 각 수당에 대해 실근로시간에 따라 지 급하는 것이다. 셋째, 유연근무제도를 도입하는 방법이다. 사업장 밖에 서 근로하여 근로시간 산정이 어려운 경우에는 간주근로시간제도(「근 로기준법」 제58조 제1항 및 제2항)를 활용하고, IT 개발업이나 연구 업무 등 업무 수행 방법을 근로자 재량에 위임할 필요가 있는 업무는 재량 근로시간제(동법 제58조 제3항)를 활용할 수 있다. 또한 계절적 사유로 인하여 연장근로가 발생한다면 탄력적근로시간제(동법 제51조)를 이용 할 수 있다.

포괄임금제가 무효로 되면, 기지급된 시간외근로수당(A)과 실근로시 간외근로수당(B)을 비교하여 A<B이면 그 차액을 지급하여야 한다. 이 때 정액급제의 포괄임금제는 제도가 무효로 되므로, 이미 지급된 임금 총액에 소정근로시간을 나눈 값을 통상시급으로 하며, 여기에 실근로 시간을 곱하여 시간외근로 수당을 산출하여 지급하여야 한다. 마지막

으로 근로계약서나 취업규칙 및 단체협약에 포괄임금제 관련 조항을 삭제하고, 근로계약은 재체결하여야 한다.

현 정부는 근로시간 단축을 통한 워라밸 향상과 고용창출을 국정과제로 삼고 있다. 항간에는 장시간 근로를 부추기는 포괄임금제를 완전히 폐지한다는 소문까지 나돌고 있다. 하지만 여전히 포괄임금제의 효율성을 필요로 하는 개소가 있고, 임금 형태는 경영권의 영역이므로 폐지를 하는 것보다는 더욱 엄격히 하여 운영할 것으로 예상된다. 그래서 장시간 근로의 개연성이 있는 사업장 등은 철저히 감독할 것으로 전망된다.

언젠가 해야 할 일이면 지금하고
누군가 해야 할 일이면 내가 하고
어차피 해야 할 일이면 열심히 하자.

어느 책에서 읽은 글귀이다. 포괄임금제의 개편, 이제는 미룰 때가 아니다. 어차피 해야 할 일이니 제대로 할 필요가 있다. 포괄임금제 개편을 제때에 제대한 모범적 사례가 온라인 상거래 업체인 위메프다.

위메프가 이번에 공식적으로 시간외근로 수당을 기본급에 포함하는 등 임금 삭감 없이 포괄임금제의 폐지를 선언하였다. 위메프는 단기에는 연장·야간·휴일 근로수당의 발생으로 비용이 증가하지만, 장기적으로 시간외근로가 줄어들기 때문에 이익이라고 전망했다. 위메프는 이러한 비용 절감 효과 외에도 적정한 임금인상으로 임금의 동기부여 효과도 배가되어 생산성 증가도 전망된다. 위메프 직원들의 얼굴에는 행복한 표정이 가득할 것이라는 것은 불문가지이다.

5 최저임금 인상에 대한 관리 방안

최저임금제도는 근로자에게 임금의 최저수준을 보장하여 근로자의 생활안정과 노동력의 질적 향상을 기하기 위한 제도이다. 2018년도 이전 4년간 최저임금액의 평균인상률은 7.5%였다. 하지만, 2018년도 최저임금이 7,530원으로, 전년도 대비 16.4%나 상승하여 그동안 평균인상률(7.5%)의 두 배를 넘었다. 앞으로 최저임금 시급이 10,000원이 될 때까지 고공인상은 계속될 전망이다.

이번에 정치권에서는 최저임금의 지나친 인상은 오히려 실업을 증가시킬 수 있다는 반대 의견을 수용하여, 상여금과 복리후생비를 최저임금에 포함시키는 법을 통과시켰다. 이로써 최저임금 항목이 확대되어 사업주 입장에서는 임금인상 압박이 다소 완화되었지만, 이에 대해 찬성 의견 측에서는 법 개정을 개악이라고 하여 파업 등 투쟁을 예고하고 있다. 모든 갈등이 반드시 파국으로 치닫는 것은 아니며, 갈등을 해결하는 과정에서 다양한 의견이나 아이디어들이 백출되고 종합된다면, 더 좋은 제도가 만들어질 수도 있다. 최저임금제도도 예외가 아니다.

1) 최저임금법 위반 여부 판단

최저임금법은 4인 이하 사업장이라도 근로자를 사용하면 적용된다. 근로계약서의 임금을 최저임금액에 미달하는 금액으로 정했다면, 그 부분에 한하여 무효가 되고 최저임금액이 적용된다. 〈그림 3-6〉에서 보는 것처럼, 최저임금 항목진단, 시간당 임금으로 환산, 고시된 최저임금과 비교를 거쳐 최종적으로 최저임금법 위반 여부를 확정하게 된다.

<그림 3-6> 최저임금법 위반 여부 판단 프로세스

첫 번째 단계는 근로자의 임금 총액에서 최저임금 항목 해당 여부를 진단한다. 최저임금 항목 해당 여부는 단체협약·취업규칙 또는 근로계약에 임금항목으로서 지급근거가 명시되어 있거나 또는 매월 1회 이상 정기적·일률적으로 지급하는 임금 또는 수당이면 해당한다.

반면 최저임금에 해당되지 않는 임금 항목은 다음과 같다. 다만 ②, ③번 항목은 향후 매년 제외되는 비율이 줄어들다가 2024년부터는 전액 최저임금 항목에 포함된다.

① 연장·야간·휴일 근로수당 등 소정근로시간 외의 임금
② 상여금 및 이에 준하는 것으로 최저임금액의 월 25% 해당액
③ 식대, 숙박비, 교통비 등 복리후생비로 최저임금액의 월 7% 해당액

두 번째 단계는 최저임금 해당 항목을 시간급으로 환산한다. 최저임금은 시간급으로 산정하기 때문에 연봉, 월급, 주급 또는 일급으로 사용하고 있는 사업장은 시간급으로 환산해야 한다. 즉, '최저임금 시간급=최저임금 해당항목 합계액÷소정근로시간'이다. 이때 소정근로시간

은 법정근로시간 이내이면 그대로 사용하고, 법정근로시간을 초과하면 법정근로시간이 소정근로시간으로 된다. 예를 들면, 사용자와 1일 10시간을 근무하기로 약정되어 있다면, 소정근로시간은 10시간이 아니라 8시간이 되고, 1일 7시간을 근무하기로 되어 있다면, 소정근로시간은 8시간이 아니라 7시간이 된다는 것이다.

그런데 최저임금 시간급 산정 분모의 소정근로시간 산정 기준이 최저임금법(시행령)과 정부고시 기준(<표 3-1> 참조)에서 다르다. 최저임금법 시행령은 '소정근로시간'을 산정 기준으로 하고 있는 반면 정부고시는 '주휴 시간을 포함하는 통상임금 시간'을 기준으로 하고 있다. 그 결과, 정부고시기준과 대법원 판례(대법원 2007.1.11. 선고 2006다64245 판결)간의 차이가 발생되어 기업에게 혼동을 주고 있다. 예를 들면, 월급을 최저시급으로 환산할 때, 그 금액은 정부고시 방법이 대법원 판례 방법보다 적다(<표 3-1> 참조). 즉, 통상임금이 최저임금액보다 낮은 현상이 발생한다. 이때, 연장근로·야간근로·휴일근로 수당은 어느 것을 기준으로 산정해야 하는가? 이에 대해, 대법원 판례는 최저임금이 아니라 「근로기준법」 제56조에 의거하여 통상임금을 기준으로 산정해야 한다고 판시하고 있다(대법원 2017.12.28. 선고 2014다49074 판결).

<표 3-1> 2018년 적용 최저임금 고시 내용

세 번째 단계는 환산된 시간급과 고시 금액을 비교한다. 임금 항목이 법령이나 단체협약 등에서 일정한 금액을 공제하기로 된 경우에는 공제 전 금액과 비교해야 한다. 예를 들면 「소득세법」 기타 사회보장에 관한 법률에 의해 근로소득세, 의료보험료, 국민연금보험료 등을 임금에서 공제하는 경우에 공전 전의 임금을 기준으로 하며, 단체협약이나 취업규칙에 의해 조합비 일괄 공제나 감급의 제재를 받는 경우에도 공제나 감급되기 전의 임금을 기준으로 한다.

네 번째 단계는 최저임금법 위반 여부를 확정한다. 환산된 최저임금 시간급이 고시된 최저임금액 시간급보다 적은 임금을 지급한 경우에는 이는 무효이고, 근로자는 미달한 금액에 대해서 임금청구권을 가지게 된다. 이 경우 사용자는 3년 이하의 징역 또는 2천만 원 이하의 벌금에 처해진다.

2) 사업장 대응 방안

최저임금 고공인상에 대응하기 위한 전략은 사업장마다 다를 수 있다. 최저임금 미만으로 지급하는 사업장은 최저임금 이상으로 해야 하고, 총액은 최저임금 이상이지만 항목 진단 결과 최저임금에 미달하는 사업장은 임금 체계 개편이 필요하다.

임금 체계 개편에는 전략적 대응이 필요하다. 단순히 최저임금 수준을 맞추기 위해 상여금을 조정한다든지 복리후생 수당을 신설하는 행위는 지양되어야 한다. 임금체계 개편은 그 목적을 분명히 하고, 임금의 동기부여 기능이 활성화되도록 해야 한다. 최저임금 이상 사업장의 경우 임금체계 개편 시 상여금, 수당체제 및 호봉제 개편을 하는 등의 대응 방안이 있다.

(1) 상여금 개편

최저임금 고공인상에 대응을 위하여, 상여금을 지급하고 있는 사업장에서는 그 지급 체계를 개편할 필요가 있다. 일반적으로 사업장에서는 상여금을 설·추석 명절과 분기별 또는 격월로 지급하고 있다. 상여금이 최저임금 항목으로 포함되려면 매월 정기적으로 지급되어야 한다. 이때 상여금 체계를 개편하는 방법에는 두 가지가 있겠다.

첫째, 격월 이상의 간격으로 지급하고 있는 상여금은 지급 주기를 매월 단위로 개편한다. 예를 들면 사업장에서 연간 상여금 600%(격월 100%)를 지급하고 있다면, 이를 매월 50%씩 지급하는 것으로 개편하면 상여금이 최저임금에 포함된다. 이 방법은 상여금 항목을 유지하므로 직원들의 수용성을 높일 수 있다.

둘째, 상여금을 기본급에 포함하는 방법이다. 이 방법의 장점은 임금체계를 단순히 하여 관리가 용이하고, 임금의 동기부여 기능도 활성화할 수 있다는 점이다. 다만, 이 방법은 상여금 항목을 폐지하므로, 취업규칙 불이익 변경이 되어 전 직원의 동의가 필요할 수도 있다.

이때 어떤 방법을 사용할 것인가는 사업장의 여건에 따라 다르다. 성과주의를 운영하고 있는 경우에는 둘째 방법이 효과적이지만, 근로자들의 수용성과 임금체계에 큰 변화를 주지 않으려면 첫 번째 방법을 사용해야 한다. 워라밸 인사노무관리를 위해서는 적정한 임금 수준 보장과 따뜻한 성과주의 도입이 필요하다. 따라서 상여금 개편을 계기로 역할급 등 따뜻한 성과주의의 임금체계를 함께 도입하는 것도 좋은 방법이다.

(2) 수당체계 개편

이번 최저임금법 개정의 특이점은 식비, 교통비, 숙박비 등 복리후생비가 최저임금항목에 포함된 것이다. 복리후생비는 성격에 따라 차이는 있지만, 대체적으로 통상임금에는 물론이고 평균임금에도 포함되지 않는다. 그래서 우리 기업들은 수당을 만들 때 가급적이면 통상임금과 평균임금에 포함시키지 않기 위해서 복리후생성 수당을 선호한다. 특히 비과세 항목인 식비, 교통비, 육아 수당 등이 그러하다.

그래서 이번 최저임금법 개정으로 복리후생성 임금 항목 증가가 예상되고, 특히 비과세 항목의 선호도가 높아질 것으로 전망된다. 다만, 이렇게 하면 통상임금이나 평균임금은 낮출 수 있지만, 임금의 동기부여 기능은 약화된다. 즉, 단기적으로 임금인상 영향을 최소화할 수 있지만, 장기적으로 수당체계를 복잡하게 하여 성과주의를 후퇴시키게 된다. 오히려 연장근로수당 등 법정 수당을 기본급에 포함하여 임금체계를 단순화해야 한다.

(3) 호봉제 개편

최저임금의 문제는 주로 저직급·저근속 사원들에게서 발생한다. 이들의 임금 수준이 최저임금과 경계점에 있기 때문에 최저임금의 상승과 이들의 임금 수준은 연계되어 있다. 만약 이들 임금만을 조정하게 되면 고참 사원과의 임금 역전 현상도 일어날 수 있으므로, 자칫 잘못

관리하면 우수 인재들이 임금관리에 불만을 갖고 조직에서 이탈하는 현상까지 발생할 수 있다. 말하자면 '배고픈 것은 참아도 배 아픈 것은 못 참는다' 현상이 일어나게 된다. 이에 대응하는 방법은 조정수당을 활용하는 것과 호봉제도를 개편하는 방법이 있다.

조정수당을 활용하는 방법은 최저임금에 미달하는 금액만큼 조정수당으로 보전해주는 방법이다. 이는 통상임금의 인상 없이 상위 구성원과의 임금격차를 조정할 수 있는 방법이기 때문에, 사업장에서는 이 방법을 많이 사용한다. 하지만, 이 방법은 미봉책에 불과하기 때문에 대상 인원이 적을 때는 유용하지만 인원이 많을 때는 사용하기가 곤란하다.

임금 역전 현상에 대응할 수 있는 또 다른 방법은 호봉제를 개편하는 것이다. 임금체계를 호봉제로 운영하는 이상, 최저임금 고공상승 문제를 해결하는 과정에서 호봉 간 불형평성이 발생하게 된다. 따라서 이 문제를 해결하는 방법은 호봉제 자체를 폐지하고 성과나 역할 또는 직무가치에 따르는 연봉제나 역할급제 또는 직무급을 도입하는 것이다. 다만 이 경우에는 임금을 추가 인상해야 하는 문제점이 있다.

(4) 기타 사항

이번에 최저임금법을 개정하면서 상여금 지급 주기를 용이하게 변경할 수 있도록 취업규칙 변경절차에 대한 특례를 두고 있다. 최저임금 산입 항목으로 하기 위해 1개월 초과 주기로 지급하는 임금은 총액의 변동 없이 매월 지급하는 것으로 취업규칙을 변경할 경우 근로자 의견 청취로 가능하게 했다. 즉, 「근로기준법」 제94조 제2항에도 불구하고 해당 사업 또는 사업장에 근로자의 과반수로 조직된 노동조합이 있는 경우에는 그 노동조합, 근로자의 과반수로 조직된 노동조합이 없는 경우에는 근로자의 과반수의 의견만 들으면 되고 동의까지는 필요 없다.

Part 4

워라밸 인사노무관리 인프라, 채용과 직무관리

임금관리의 핵심은 적정한 임금 수준 보장이다. 이는 기대이론에 근거한다. 근로자가 노력하면 달성 가능한 성과 수준이 주어지고, 그 성과를 달성하면 적정한 보상과 그 보상에 대한 만족감이 높다면, 그는 동기부여되어 더욱 몰입하여 한층 높은 성과를 달성하게 된다. 즉, 성과주의의 출발점과 워라밸 인사노무관리의 기반은 적정한 임금 수준의 보장에 있다.

4차 산업혁명 시대의 글로벌 경쟁 환경에서 구성원들의 중요성이 다시 부각되고 있다. 이제 새로운 아이디어나 창의력이 기업 경쟁력의 핵심적 요소가 되고 있으며, 이에 따라 기업경영에서 자본이나 기술보다 우수한 인재를 더욱 중요시하고 있다. 그래서 우수한 인재 확보 노력은 '인재 전쟁'을 방불케 하고 있다. 특히 개인별 근로시간을 단축해야하는 상황에서 근로시간의 총량을 유지하기 위해서는 인력 채용이 불가피하며, 우수 인재 채용을 위한 전략적 접근이 필요하다.

채용관리는 전략 목표를 달성하고 행복한 일터 구현을 위하여 적합한 인력을 확보하는 활동이다. 워라밸 인사노무관리를 위하여 채용의 중요성은 아무리 강조해도 지나치지 않다. 채용은 기업의 비전과 전략 목표를 달성하고, 미래의 먹거리를 만들며, 경영성과를 올리고 행복한 일터를 만드는 데 가장 중요한 요소이기 때문이다. 행복기업의 대명사 마이다스아이티의 이형우 CEO는 다음과 같이 채용의 중요성을 강조하고 있다.

"경영에서 가장 중요한 분야는 인사다. 하루 대부분 시간을 인사에 사용하고 있다. 그런데 만약 인사 중에서도 한 가지 분야만 선택하라고 한다면 주저 없이 채용을 선택할 것이다. 그만큼 올바른 채용이 중요하며, 경영과 인사에 있어서 채용이 전부라고 해도 과언이 아니라는 것을 말씀드리고 싶다."

근로시간은 줄여야 하는 반면, 생산성 향상에는 한계에 직면한 사업장에서 성공적인 워라밸 인사관리를 위하여 선택할 수 있는 대안은 인력채용이다. 그렇다고 인력채용을 함부로 할 수 없다. 사업장에서 구성원이 증가하게 되면 채용이나 교육에 따른 비용발생, 조직 커뮤니케이션 증가, 해당 부서의 업무 성과 일시 저하, 조직 갈등 증가 등 부작용도 발생하기 때문이다. 특히 우리처럼 고용조정이 비탄력적인 노동시장에서의 인력채용은 신중하고 엄정하게 이루어져야 한다.

그러나 중소기업들의 인력채용 실태는 '쉽게 채용하여, 어렵게 관리'하고 있는 실정이다. 대한상공회의소 연구에 따르면, 중소기업의 일반적인 채용절차는 '원서접수 → 서류전형 → 면접전형 → 최종합격'으로 이루어지고, 대기업과 달리 채용과정에서 인·적성검사가 생략되는 경우가 많으며 친인척을 우선하거나 연고주의에 따른 채용이 많다고 한다. 그 결과 대졸 신입사원 10명 가운데 3명이 1년 이내에 직장을 그만두고 있다.[13] 그 주요 사유는 직무 적응 실패(49.1%), 급여 및 복리후생 불만(20%), 근무환경 불만(15.9%) 순이다. 다시 말하면 기업은 직원을 채용할 때 직무역량을 제대로 파악하지 않았거나, 신입사원의 조직 적응 지원을 충분히 하지 않고 있는 등 쉽게 채용하여 관리에 어려움을 겪고 있다.

대부분의 인사노무관리제도는 간소할수록 좋다. 하지만, 그 예외가 바로 채용분야이다. 채용절차는 어렵고 까다로워야 하고, 어떠한 경우에도 채용 기준을 낮추어서는 안 된다. 채용과정이 어렵고 힘들수록 회사와 지원자 간의 적합성도 더 잘 파악하게 되고, 지원자는 자신 열정과 노력을 많이 투입하게 되므로 회사를 긍정하게 되고 애착을 더

---

13) 한국경영자총협회의, '2016년 신입사원 채용 실태조사'.

가지게 된다. 이렇게 해서 입사하게 되면, 회사에 대한 자부심과 열정이 높게 되고, 조직문화도 긍정하면서 잘 적응해 간다.

채용관리의 원칙은 '어렵게 채용하여, 쉽게 관리'하는 것이다. 그래야 향후 코칭이나 교육훈련이 원활하게 되고, 행복한 일터 구현을 위한 워라밸 인사노무관리도 쉬워진다. 워라밸 인사노무관리를 위한 채용관리는 〈그림 4-1〉에서 보는 바와 같이, 사전에 워라밸 조직문화에 맞는 구직자들이 지원할 수 있도록 임직원 추천제의 모집활동을 강화하고, 조직문화나 업무적성을 파악하기 위해 인·적성 검사도 실시한다. 또한 구직자의 직무능력이나 전문지식, 태도의 심층적 판단을 위해 실무면접도 도입한다. 입사 후에는 전략적 오리엔테이션을 실시하는 등 사후 관리도 강화한다.

<그림 4-1> 워라밸 인사노무관리를 위한 채용관리

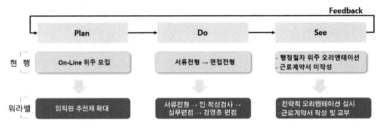

중소기업들이 4차 산업혁명, 최저임금의 고공인상, 근로시간 단축 등 어려운 경영환경 속에서 이를 극복할 수 있을지 여부는 적정 인력 확보에 달려있다. 따라서 우수인력 채용이 힘들다고 채용기준을 낮춘다거나 채용절차를 생략해서는 안 된다. 채용관리가 엄정해야 나중에 인력관리가 쉬워진다. '쉽게 채용하여 어렵게 관리하는 것'보다 '어렵게 채용하여 쉽게 관리하는 것'이 워라밸 인사관리를 위하여 바람직한 방향이다.

1) 모집활동

채용과정에서 모집활동은 면접활동 못지않게 중요하다. 모집활동은 회사가 필요로 하는 사람들을 유인하는 과정으로 후보자들의 질과 양을 좌우한다. 모집활동의 효과성을 높이기 위해서는 모집 대상자를 명확히 하여 모집 방법을 확정하고, 모집 시기를 정하는 등 체계적인 접근이 필요하다.

모집활동의 핵심은 모집방법에 있다. IT기술 발달로 공개 채용 중심에서 온라인 모집으로, 모집 방법의 중심이 바뀌고 있다. 기업체들의 모집활동은 '온라인 지원 → 공개채용 → 직원 추천=헤드헌터 → 학교 추천' 순으로 이루어지고 있다. 하지만 모집활동에 대한 만족도는 직원 추천 제도가 가장 높고 그다음이 인터넷 채용이며 공개채용의 만족도가 가장 낮다. 기업체에서 이루어지고 있는 모집활동은 〈그림 4-2〉에서 보는 것처럼, 비효과적으로 이루어지고 있는 것이다.[14]

---

14) 정학용, 황규식, 『인사노무관리 리스크 매니지먼트』, 간디서원, 2017.

<그림 4-2> 채용지원 방식과 모집활동 만족도 간 미스매칭

채용지원 방식		모집활동 만족도
1위 : 온라인 지원(39.5%)		**1위 : 임직원 추천제(88%)**
2위 : 공개 채용(13%)	**미스매칭**	2위 : 인터넷 채용(54%)
3위 : 임직원 추천(3.4%)	◄───►	3위 : 채용전문 업체(51%)
3위 : 헤드헌터(3.4%)		4위 : 캠퍼스 리쿠르팅(43%)
5위 : 학교 추천(2.7%)		5위 : 공개 채용(40%)

자료 : 잡플래닛, '10만 건 면접 후기 분석'(2015)

자료 : 최병권 외 1인, '글로벌 선진기업에서 배우는 핵심인재 확보 전략'(2007)

모집활동에서 가장 만족도가 높은 것이 임직원 추천제이다. 그 이유는 추천자들이 이미 능력이나 적성이 조직문화나 직무에 맞는 후보자를 추천할 가능성이 높고, 후보자 입장에서도 지원할 회사의 비전과 핵심가치, 전략이나 수행 업무에 대해서 사내 추천자를 통해 충분히 파악 가능하기 때문이다. 이런 임직원 추천제는 채용 효과성뿐만 아니라 채용 비용도 저렴하다. 따라서 기업에서는 임직원 추천 채용제도의 활성화가 필요하고, 이를 위해 임직원들의 추천 성과를 승진이나 포상 제도 등과 연계하는 유인책도 필요하다.

채용과정에서 경쟁력을 가지려면, 응모자들에게 충분한 정보를 제공해야 하지만, 정보의 전략적 활용도 필요하다. 경쟁사보다 좋은 제도를 홍보하는 것도 우수 인력을 유치하는 데 많은 도움이 된다. 일례로, 대기업의 계열사인 P연구소는 국내 여타 민간 연구소보다 늦게 출범하여 우수 인력 확보에 불리했다. 하지만 P연구소는 자신에게 유리한 정보, '연구기관들 중에는 자본금이 가장 많다', '직원들의 성장을 적극 지원해 준다', '안정적 조직문화' 등을 전략적으로 홍보하였다. 그 결과 우수한 인력 유치에 성공하였으며, 현재 유수의 민간 연구원으로 자리잡게 되었다. 이때 기업정보가 절대 거짓되거나 과장되어서는 안 된다.

직무 중심으로 모집하는 경우에는 직무기술서와 직무명세서를 이용하여 구체적으로 상세하고 정직하게 정보를 홈페이지 등에 공개하는 것도 한 가지 방법이다.

중소기업의 고민은 우수한 인력들이 지원을 하려 하지 않고 입사하더라도 회사를 대기업으로 가기 위한 징검다리로 생각한다는 점이다. 그래서 고급 인력을 불러들이거나 유지하기가 힘든 중소기업은 봉제사업으로 30년간 흑자경영을 일구어낸 장석주 사장의 말을 귀담아 들을 필요가 있다.[15]

> "어려운 집안 형편으로 인해 비록 대학 진학은 못 했지만 성장 잠재력을 가진 젊은이들, 혹은 고교 시절 학업을 등한시해 대학진학에는 실패했지만 뒤늦게 철들어 발전 가능성을 보여주는 젊은이들을 선호할 수밖에 없었다. 비록 지금은 미숙하고 부족한 점이 많지만 새로운 업무에 대하여 열심히 배우려고 하는 열의가 있다면 충분히 발전할 가능성이 크다고 본다."

모집활동은 등산을 하기 위한 산을 정하는 것처럼 중요하다. 중소기업은 글로벌 기업이나 대기업에서 하는 모집 방법을 따라 할 필요는 없다. 사업장 업무 특성이나 조직문화를 고려하여 가장 적합한 모집 방법을 활용하여 채용활동에 임하면 된다. 인력 확보와 유지가 어려운 중소기업은 대기업으로 가기 위한 과정으로 생각하는 고급 인력보다는 경력단절 여성이나 중장년층을 채용하는 편이 좋은 대안이 될 수 있다.

---

15) 장석주, 『30년 흑자경영』, 생각의 나무, 2008, p.101.

2) 서류전형

서류전형은 학력, 경력, 자질 등을 이력서와 각종 제출서류를 통하여 파악함으로써 지원자들 중 적합 인력을 가려내는 절차이다. 즉, 서류전형은 응모자들에게는 입사를 위한 1차 관문인 셈이다.

서류전형의 핵심은 '제출서류는 간소하게, 서류심사는 폭넓게'이다. 서류를 제출할 때 증빙 등 추가 필요 서류는 최소화하여 지원률을 높이도록 해야 하고, 증빙에 필요한 추가 서류는 서류전형 합격자에 한해 추후에 제출하도록 하면 된다.

최근에 많은 기업에서 〈그림 4-3〉처럼 바이오 데이터 테스트(Bio Data Test) 제도를 운영하고 있다. 바이오 데이터 테스트는 기업 내에서 고성과자와 저성과자가 차별적으로 가지고 있는 사회경험, 흥미, 생활방식 등을 심사기준화하여 기업 적합 인재 여부를 심사하는 방법이다. 지원자의 이력서와 자기소개서 등에 기술된 바이오 데이터 내용을 심사기준과 비교하여 적합 여부를 따지게 된다.

<그림 4-3> 서류전형 선발 기법 및 평가내용

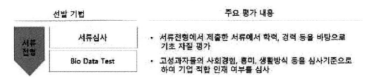

그러나 서류전형을 지나치게 계량화하면 특이 인재들이 서류전형에서 탈락하거나 학력이 좋지 않은 인재들의 취업이 어려워지는 현상이 발생하게 된다. 그래서 요즘 정부와 공공기관으로부터 블라인드 채용제

도를 도입하고 있다.

블라인드 채용의 핵심은 서류 작성 과정에서 학교, 출생지, 사진 등 업무 수행과 무관한 요소를 삭제하고, 실력 중심으로 선발하는 제도이다. 블라인드 채용 도입은 차별 없이 공정한 기회를 제공할 수 있다는 점, 실력 중심의 채용이 이루어지고 특이 인재 선발이 가능하다는 점 등의 장점이 있는 반면, 첫인상 또는 운에 의해 당락 결정, 새로운 스펙 시장 탄생 우려 및 면접에 너무 많은 에너지를 소비하게 된다는 등의 단점도 있다.

블라인드 채용은 인재 성격에 따라 전략적으로 활용할 필요가 있다. 특이 인재를 채용할 때는 블라인드 방식을 활용하고, 전문 인력을 채용할 때는 오픈 방식(전통적 방식)을 활용하는 것이다. 예를 들면, 글로벌 가수인 '싸이'와 같은 특이 인재를 뽑고자 할 때는 학교 성적이나 출결사항은 아무런 도움이 안 된다. 반면, 회계장부를 검토하고, 법인카드 실적을 조사하는 회계나 재무 전문가를 뽑고자 할 때는 학교 전공이나 성적 그리고 출결사항 등으로 선발해야 채용의 타당성을 높일 수 있다.

3) 인·적성 검사 실시

최근에 기업들이 선발 도구들을 다양화하고 있는데, 그 대표적인 것이 인·적성 검사의 도입이다. 요즘 시행되는 인·적성 검사는 심리기법, 뇌 과학, 행동 과학 등의 발달에 힘입어 정확도가 높고 신뢰성도 우수

할 뿐만 아니라 온라인 진행으로 진행 절차도 간소하며 비용도 저렴하다.

인·적성 검사에는 인·적성 검사를 포함하여 흥미 검사, 상황판단 검사, 정서역량 검사 등이 있다. 인성 검사는 개인의 인성이 조직 적응, 팀워크 형성 등에 중요한 영향을 미치기 때문에 지원자의 전반적인 기질 및 성향이 인재상이나 역량 부합하는지를 평가하는 것이다. 적성 검사는 해당 직무에서 요구하는 능력을 개인이 얼마나 보유하고 있는가를 측정하는 것으로 언어·수리·공간지각 등의 기초 직무능력을 평가하는 것이다. 이를 보완하여 흥미 검사나 상황판단 검사 또는 정서역량 검사 등도 실시할 수 있다.

인·적성 검사를 도입하는 목적은 사업장 문화에 부적합한 인력을 가려내는 것이다. 강한 고정관념이나 편협적인 사고를 가지고 있는 지원자들은 인·적성 검사에서 극단적으로 반응하는 경향이 있다. 이들은 조직 화합에 문제를 일으킬 가능성이 높다. 따라서 인·적성 검사를 통하여 이러한 극단적인 사고를 가진 지원자를 가려낼 수 있다.

워라밸 인사노무관리는 구성원들에게 자율성, 도전성, 참여 등 적극적이고 긍정적 마인드를 가질 것을 요구하고 있다. 인·적성 검사는 이러한 내재적 동기를 가지고 조직에 잘 적응할 수 있는지를 평가하는 것이기 때문에 그 중요성은 날로 증가하고 있다. 그래서 대부분의 글로벌 기업들은 〈표 4-1〉에서처럼 인·적성 검사를 실시하고 있다.

<표 4-1> 국내 주요기업들의 인·적성 검사 내용

회사명	명칭	과목	문항수	시간(분)
삼성	GSAT(Global Samsung Aptitude Test)	언어논리, 수리논리, 추리논리, 시각적 사고, 상식	160	140
현대차	HMAT(Hyundai Motor group Aptitude Test)	언어이해, 논리판단, 자료해석, 정보추론, 공간지각	110	145
LG	LG(LG way Fit test)	언어이해, 언어추리, 수리력, 도형추리, 도식적 추리, 인문역량	125	115
SK	SK SKCT(SK Competency test)	인지역량, 실행역량, 심층역량	90	95
CJ	CJ(CJAT + CAT)	판단력, 추론, 문장이해, 응용계산력, 공간지각, 인문소양 등	95	55

* 자료 : 한경메거진, '주요기업 인적성검사 총정리', 2017.9.18

4) 실무면접

지원자의 자질이나 가치관이 워라밸 조직문화에 적합한지 아닌지는 매우 중요한 문제다. 어떤 지원자를 합격시키느냐에 따라 조직에 생기를 불어넣어 주기도 하고, 반대로 조직을 긴장하게 하고 반목과 갈등을 불러오게 할 수도 있다. 지원자의 이러한 자질은 서류전형이나 인·적성 검사로써는 파악하는 데 한계가 있어서 면대면의 면접을 통할 필요가 있다. 다만, 20~30분 정도의 경영층 면접만으로 사업장에 필요한 전문성이나 자질 등을 보유하고 있는지 평가하는 것은 힘들다. 그래서 좀 더 심층적이고 현업 지향적인 실무면접이 필요하다.

실무면접은 지원자와 함께 일할 동료들이 중심이 되어, 해당 분야의 전문성과 자질, 인간관계 등을 평가하는 절차이다. 면접이란 지원자가 실제 업무를 처리할 역량을 가지고 있는지, 조직문화에 적합한지, 다른 사람들과 잘 어울릴 수 있을 것인지를 확인하는 과정이라고 볼 때, 실무면접은 그 타당성이 가장 높다.

실무면접 프로세스는 일반적으로 실무면접 위원장이 지원자를 환영하는 등의 오프닝(Opening)으로 시작한다. 그리고 '사례 및 문제지 제공 → 발표 → 평가' 순으로 진행한다. 경영층 면접보다 비교적 자유스럽고 부드러운 분위기 속에서 진행하여 다양한 상황에 대한 지원자의 역량을 평가할 필요가 있기 때문이다. 제대로 역량은 갖추고 있는지, 가치관은 적합한지, 업무 태도는 어떤지, 인간관계 등 동료로서 받아들여도 손색이 없는지를 평가할 수 있어야 한다.

실무면접은 장래에 같이 근무할 동료들이 면접위원이 되기 때문에 '매의 눈'으로 지원자를 평가하게 된다. 잘못 채용하게 되면 그 부담이 온전히 그들에게 떨어지기 때문에 조직에 적합한 인력을 뽑고자 하는 동기가 가장 강하다고 볼 수 있다. 이러한 실무면접은 지원자들의 조직 적합성을 높이게 되고, 장기근속을 유도하게 된다.

5) 경영층 면접

채용절차의 핵심은 경영층 면접이다. 좋은 인재를 뽑고자 하는 동기가 가장 큰 최고 경영자들이 참여하게 되고, 또한 그들은 워라밸 인사노무관리에 적합한 인재를 가장 잘 평가할 수 있는 사람이기도 하다. 지원자는 경영층 면접이 최종 관문이므로 최고의 태도와 열정을 보이게 된다.

경영층 면접은 최고경영층과 임원들이 주축이 되어, 서류전형, 인·적성 검사 및 실무면접 결과를 바탕으로 후보자의 핵심 가치와 조직 적합성 등 종합적인 평가를 하는 자리이다. 진행 절차는 〈그림 4-4〉에서 보는 바와 같이 면접 준비, 오프닝 및 주요사항 확인, 인터뷰 실시 및 평가 순으로 진행된다.

　최고 경영자가 참여하는 경영층 면접의 중요성은 아무리 강조해도 지나침이 없다. 실무면접을 생략하는 기업이라도 경영층 면접은 실시해야 한다. 최고 경영자의 참여는 채용관리의 중요성을 알려주고, 면접 진행 과정에서 발생할 수 있는 한계점들을 보완할 수 있기 때문이다. 특히, 워라밸 인사노무관리를 위한 내재적 필요 자질들, 즉 자율성, 도전성, 참여, 신뢰 등은 교육훈련으로도 바꾸기 어려운 부분이므로 채용 과정에서 해결해야 한다. 이것이 경영층 면접의 가장 중요한 역할 중에 하나이다.

〈그림 4-4〉 최고경영층 면접 프로세스(예시)

면접 진행 절차	주요 내용
면접 준비	• 전 단계 평가 결과(인·적성검사, 실무면접 등)를 확인하고, 지원서 등 인터뷰 사전 준비 사항을 점검
Opening 및 주요사항 확인	• 면접 주관자는 지원자를 환영하고, 인터뷰 절차를 간단히 소개 • 지원자에게 자기 소개를 부탁. 구체적인 면접에 들어가기 전에, 지원자의 주요 경력이나 특이 사항을 확인
인터뷰 실시	• 구조화 된 면접이면 각 면접 위원별 평가요소에 대해서 순차적으로 질문 • 회사의 핵심가치나 조직문화에 적합한 인력인지 그리고 회사 성장 발전에 기여할 수 있는 인물인지 등을 종합평가
평가 및 Closing	• 회사 소개와 더불어, 지원자에게 질문 기회를 줌. 그리고 결과 확인 등 다음 단계를 안내 • 마지막으로 감사 인사로 마무리 • 척도에 따라 인터뷰 내용을 평가하고, 다른 평가자들과 합의, 선발 여부를 결정

중소기업에서 면접의 효과를 높이기 위해서는 최고 경영자가 참여하는 경영층 면접을 도입해야 하지만, 또한 면접 진행을 구조적 방식으로 하는 것이 도움이 된다. 구조적 방식의 면접에는 완전 구조적 방식과 반구조적 방식이 있다. 대량 채용에서는 완전 구조화 면접을 진행하는 것이 효과적이지만, 소수 인력이나 핵심 인력 채용을 위한 면접에서는 평가에 필요한 질문 방향 정도만 사전에 준비하고, 구체적인 질문은 평가자 재량에 따르는, 상황에 따라 대응하는 반구조화 면접이 적당하다.

TIPS

- 완전 구조적 면접: 사전에 질문 내용과 표현을 구조화시켜 놓고, 정해진 순서에 따라 지원자에게 질문하는 방식.
- 반구조화 면접: 평가에 필요한 질문 방향 정도만 사전에 준비하고, 구체적인 질문은 평가자 재량에 따르는 방식.

1) 전략적 오리엔테이션(Orientation) 실시

직원이 회사에 가지는 첫인상은 입사하고 첫 며칠 혹은 몇 주에 결정된다. 오리엔테이션 기간 동안에 강력한 첫인상이 형성된다는 것이다. 첫인상의 효과는 무척 강력함에도 회사들은 이를 제대로 관리하지 않고 있다. 마치 비싸게 구입한 명화를 구석에 방치하고 있는 것과 같다. 대부분의 회사는 오리엔테이션 기간 동안 사원 복지와 행정 절차 등에 관해 길게 설명하는 것으로 허비한다. 그 결과는 아래 사례처럼 우수 인재 퇴직이나 조직 로열티(Loyalty) 저하로 나타난다.

많은 이직 인터뷰(Exit Interview)에서 내가 귀에 못이 박히도록 들었던 말은 "입사 첫날 또는 몇 주 동안 회사는 저를 맞이할 준비가 전혀 되어 있지 않은 것 같았습니다. 입사 첫날부터 저에게 신경을 써주는 사람이 전무했죠"이었다. 그것은 퇴직자의 근속연수와 상관없이 공통적으로 나온 답변이었다.[16]

워라밸 인사노무관리를 위해서는 오리엔테이션을 전략적으로 활용할 필요가 있다. 신입사원들의 도전정신과 열정을 불어넣어 주고, 그들이 중요한 존재라는 느끼게 해 주어야 한다. 이를 위해 사업장에서는

---

16) 케더린 지아칼론(Katherine Giacalone), '신입사원 오리엔테이션 준비요령', Expert consulting, 2009.6.

오리엔테이션의 중요성을 인식하고, 전략적 오리엔테이션이 되도록 적절한 역할 배분도 이루어져야 한다.

예를 들면, CEO는 회사의 미션과 비전 그리고 핵심가치와 전략에 대해서 충분히 설명하고 공유하여 신입사원들과 교감해야 한다. HR 부서는 워라밸 인사노무관리 정책, 절차, 안전 등을 다루고, 교육 부서는 회사의 역사, 문화, 교육 일정 수립을 맡으며, 관리자는 업무 관련 주제를 다루는 것이 바람직하다.

신입사원들이 오리엔테이션을 통하여 조직에 대한 이해를 높이고, 열정과 주인의식을 가지고 각자 소속 부서로 돌아가도록 해야 한다.

2) 근로계약서 작성 및 교부

임금이나 근로시간은 근로자들에게 가장 중요한 근로 조건이다. 이러한 중요한 근로 조건은 근로 관계를 시작하는 근로계약 체결부터 명시하여야 하고, 이후 근로 조건을 변경하는 경우에도 지속적으로 명시하여야 한다. 따라서 사업장은 근로시간이 단축되거나 최저임금이 인상되면, 이를 근로계약서에 반영하여야 한다.

근로계약서는 근로자가 사용자에게 근로를 제공하고 사용자는 이에 대해 임금을 지급함을 목적으로 체결된 계약으로, 근로자의 임금이나 근로시간 등 근로 조건을 정한 문서이다. 근로계약서는 노사 당사자 간에 임금체불이나 해고 등 분쟁이 발생하면, 그 해결에 가장 기본이 되는 서류이기 때문에 기업 입장에서는 반드시 갖추어야 하며, 근로계약서에 명시하여야 할 근로 조건은 다음과 같다.

1. 임금
2. 소정근로시간
3. 제55조에 따른 휴일
4. 제60조에 따른 연차 유급휴가
5. 그 밖에 대통령령으로 정하는 근로 조건

사용자는 임금의 구성 항목·계산 방법·지급 방법을 포함하여 명시된 서면을 근로자에게 교부하여야 한다. 사용자에게 근로계약서 명시 및 교부 의무를 부여하는 이유는 근로자의 기본적인 근로 조건인 임금과 근로시간에 대해서 부당한 근로계약 체결을 방지하기 위해서이다. 한편, 사업장에서도 근로자에게 명확한 근로 조건을 제시하면 장래 임금을 둘러싼 사용자와 근로자의 다툼을 예방하게 되므로 이는 곧 행복한 일터 구축을 위한 것이다.

그러나 사업장에서 서면 근로계약서를 체결하는 비율은 취약하다. 고용노동부에서 2017년 하반기 음식점 등 3,002개 사업장에 기초고용질서 위반 여부를 점검한 결과, 근로계약서 미작성 기업으로 61.2%나 적발되었다. 즉, 우리나라 중소기업들 5개 업체 중에 3개 업체에서는 아직 근로계약서를 작성하고 있지 않다는 것이다. 사업장에서 이렇게 근로계약서를 체결하지 않는 것이, 사업주에게 유리한 것으로 오해하고 있다. 즉, 사업주는 임금 등 근로 조건을 지키지 않더라도 근로자가 입증하기 곤란하기 때문에 고용노동청에 신고하기가 어렵다고 생각한다. 하지만, 근로계약서를 작성하지 않으면 사업주에게도 불리하다. 우선, 근로자를 근로계약 위반으로 해고할 경우, 근로계약서가 없으면 사실 입증이 곤란하여 부당해고가 될 가능성이 높다. 또한 근로자에게 포괄임금으로 지급하기로 약속했음에도 사용자는 이를 입증할 수 없기 때문에 연장근로수당 등을 지급해야 한다.

따라서 사전에 근로계약서를 서면으로 작성하여 근로 조건 내용을 명확하게 해 두면, 불필요한 다툼이나 법률적 분쟁을 피할 수 있다. 따라서 사업주는 상당한 시간적·금전적 지출을 막을 수 있다.

사업장에서 제품과 서비스를 만들고, 생산성을 향상하며, 성과를 높이는 등의 일은 모두 직무수행을 통해 가능하다. 조직은 직무의 역할과 책임으로 이루어진 유기체이며, 직무수행은 시간·일·사람의 조합이다. 그래서 직무수행의 생산성을 향상하려면 근로시간을 줄이거나 일을 효율적으로 하거나 사람의 수를 줄여야 한다. 그런데 근로시간이나 사람의 수는 일의 양이 줄어들면 따라서 줄어든다. 결국 생산성 향상은 일을 어떻게 줄이느냐 또는 어떻게 효과적으로 수행하느냐의 문제이고, 그래서 직무관리가 중요하다.

직무관리란 직무목적을 달성하기 위해 직무와 인력 요건을 명확히 하고, 동기부여 방안을 관리하는 활동이다. 직무관리의 출발점은 직무분석이다. 직무분석으로부터 직무내용과 직무수행에 필요한 자력요건을 분석하면 불필요한 업무를 폐지하고 업무를 간소화할 수 있다. 그 다음에는 조직 구성원들이 직무를 행복하게 수행할 수 있도록 직무설계를 한다. 이러한 직무분석과 직무설계를 바탕으로 직무가 요구하는 역량과 자질이 직무 수행자가 보유한 역량·자질과 서로 매칭되도록 배치전환도 이루어진다.

일하는 시간은 줄이고 생산성 향상을 이루어내는 워라밸 인사노무관리의 바탕에는 직무관리가 있다. 구성원들은 자신의 직무를 통하여 변화와 혁신을 이루어 내고 생산성 향상과 전략 목표를 달성한다. 직무분석이나 직무설계가 제대로 되지 않고 직무배치에 문제가 있으면 성과 향상은 일어날 수 없고, 워라밸 인사노무관리도 실현할 수 없다.

마치 사막을 횡단하는 사람에게 낙타가 필요하듯이 워라밸 인사노무 관리에는 직무관리가 필요하다.

우리나라 기업들의 직무관리는 잘되고 있을까? 한국경영자총협회에 서 2016년도 조사한 바에 따르면 〈그림 5-1〉에서 보는 바와 같이 대기 업에 비해 중소기업의 신입사원 퇴직률이 월등히 높다. 중소기업에는 3명이 입사하면 그중 1명은 1년 이내 퇴직하고 있으며 퇴직 주요 사유 가 적성에 맞지 않는 직무(22.5%)와 조직 부적응(19.2%)이다. 즉, 직무 미 스매칭 등 직무관리가 잘 이루어지 않고 있다는 의미이다.

<그림 4-5> 중소기업 대졸 신입사원 퇴직률과 퇴직사유(2016년)

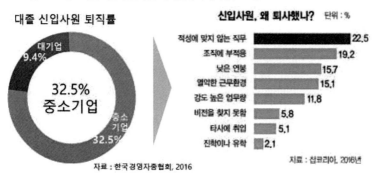

이렇게 중소기업 사업장에서 직무관리가 제대로 되지 않는 것은 직 무관리 활동이 생각보다 복잡하기 때문이다. 모든 업무를 직원들과 인 터뷰, 설문조사 등으로 분석하여 체계화하고 그리고 환경변화에 따라 직무내용을 지속적으로 개정해야 한다. 또한 이를 채용, 평가, 교육훈 련 등 여타 인사노무관리 기능과 연계해야 한다. 이러한 작업은 인사 노무관리 전문가에게도 쉽지 않다. 하물며 인사노무관리 전문가도 부 족하고 인프라도 열악한 중소기업의 직무관리 활동은 거의 없다고 해

고 과언이 아니다.

그렇다고 직무관리 활동을 포기할 수는 없다. 워라밸 인사노무관리를 위해서는 직무관리 활동이 꼭 필요하다. 모든 사업장에는 직무가 존재하는 이상 어떤 형태로든 직무관리를 해야 하고, 그 방향은 간소한 직무관리가 되어야 한다. 워라밸 인사노무관리를 위한 직무관리는 중소 사업장의 여건에 맞게 간소화하면 된다. 우리 사업장에는 어떤 업무(직무)가 중요하고, 그 직무를 수행하려면 역량은 어떻게 육성해야 하는지 등을 중심으로 정리하고 또한 환경변화에 맞게 변화와 혁신을 꾀해 나가면 된다. 또한 조직 구성원들에게도 정기적 직무이동 희망조사가 필요하며, 이를 적정하게 반영하여 주기적인 배치전환이 이루어져야 한다.

5 직무분석은 변화와 혁신의 첫 단계

직무관리의 첫 단계가 직무분석이다. 직무분석은 향후 직무평가 및 직무급 운영 그리고 직무설계 및 보직부여 활동의 바탕이 되고, 평가와 승진, 교육훈련 등과 연계되어 활용될 때 직무관리 활동은 완성된다. 워라밸 인사노무관리 구현을 위한 직무분석은 불필요한 직무를 폐지하여 업무 수행절차를 간소화하고 이를 통해 업무시간은 줄이고 생산성은 높이는 것이다.

직무분석은 직무를 효과적으로 수행하기 위한 일의 특성과 그에 필요한 자격요건 등을 분석하는 활동이다. 직무분석에서 두 가지 요소가 있다. 하나는 조직에서 필요한 직무를 분석하여 정리하는 것이고 다른 하나는 이를 수행하는 데 필요한 인적요건을 요약, 정리한 것이다. 중소기업의 직무분석은 이 둘을 통합하여 직무 프로파일 형태로 간소하게 운영한다.

직무 프로파일은 직무 본연의 목적과 일에 대한 내용 그리고 필요 역량을 요약·정리한 형태이다. 일의 내용을 정리한 것을 직무기술서 (Job Description)라고 하고, 일하는 사람의 요건을 정리한 것을 직무명세서(Job Specification) 라고 하는데, 직무 프로파일은 이 둘을 통합하여 〈그림 4-6〉처럼 구성한다.

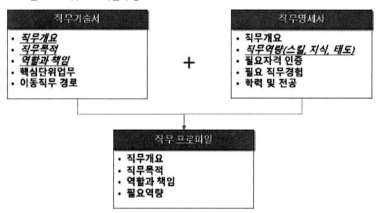

<그림 4-6> 직무 프로파일 구성

직무 프로파일 작성 절차는 다음과 같다. 첫 번째, 직무목적을 명확히 한다. 두 번째, 이를 달성하기 위하여 필요한 역할과 책임을 분석하고, 이를 잘 수행하기 위한 지식, 기술, 태도 등 필요역량을 확정한다. 직무 프로파일의 개념은 직무수행에 필요한 역량을 보유하고 있으면 그 역할과 책임을 성공적으로 수행하게 되고 그러면 직무목적을 달성하게 된다는 것이다. 따라서 직무 프로파일의 구성 요소는 직무개요, 직무목적, 역할과 책임 및 필요 역량이다.

직무 프로파일 작성 사례는 <그림 4-7>와 같다. 우선, 직무개요는 직무명과 소속으로 구성된다. 직무목적은 직무활동을 통해서 회사 또는 조직목표에 기여코자 하는 목적을 말한다. 역할과 책임은 직무목적을 달성하기 위한 핵심적인 업무 요소와 이를 수행하기 위하여 필요한 활동들로 설정한다. 필요역량은 당해 직무를 성공적으로 수행하기 위하여 보유해야 할 지식, 기술, 태도 그리고 자격증을 기술한다. 사업장은 이러한 직무 프로파일을 주기적으로 진단하여 불필요한 업무를 폐지하고, 업무수행 절차를 간소화하여 업무 생산성을 높이도록 해야 한다.

<그림 4-7> 인사관리직무 프로파일 작성(예시)

직무 프로파일

1. 직무개요

직무명	인사관리직	소속	경영지원본부

2. 직무목적

인적자원에 대한 기초관리(직무, MBO, 다면고과, 인사평가)와 운영관리(채용, 조직, 승진 및 역량, 상벌 등 관리 및 교육훈련) 활동을 통하여 회사의 경영전략 밀 사업전략 실행에 기여한다.

3. 역할과 책임

① 채용관리
 - 수시지원자에 대한 채용 DB를 지속적으로 관리하여. 채용 소요 발생 시 즉시 연결한다.
 - 인터넷 등에 모집광고를 게재하고 응모자 연락, 평가표 작성, 면접 등의 업무를 수행한다.
② 다면평가 관리
 - 평가계획을 입안하고, 예외자 등을 조사하여 평가운영에 반영한다.
 - 평가자를 무작위로 선정, 평가 결과 분석 뒤 건의, 구성원 각자에게 피드백 조치를 한다.
③ 승진관리
                    ~ 이하 생략 ~

4. 직무역량

지식	기술	태도	자격증	기타(유관 부서)
· 인사관리, 노무관리 지식 · 민법, 노동법, 규정 · 문제해결력	MS Office 작성 능력(특히 Access 운영능력 필요)	실행력, 협조성, 책임감, 커뮤니케이션	· 공인노무사 · 인적자원관리사 · 경영지도사	· 경영기획실 · 법무실, 감사실

이렇게 작성된 직무 프로파일은 직무급, 채용, 성과관리, 평가, 승진, 교육훈련 등에 연계해야 한다. 즉, 직무 프로파일에 정의된 역량을 갖춘 직원을 채용하고, 주어진 역할과 책임을 집중적으로 수행함으로써 성과를 달성하고, 그러한 성과를 평가하여 연봉과 승진에 반영함으로써 직원들에게 그러한 직무와 직무역량에 관심을 갖도록 하는 것이다.

1) 직무설계

워라밸 인사노무관리가 생산성 향상과 전략 목표 달성을 목적으로 할 때, 이를 위해서 직무와 구성원 간의 매칭이 중요하다. 구성원들이 많다고 해서 창의적인 제품이나 서비스가 나오지 않고, 직원들에게 자율적으로 업무하라고 한다고 자율성이나 창의성이 높아지는 게 아니다. 구성원들의 창의성을 고양하고 생산성을 높이기 위해서는 인간본성에 대한 성찰이 있어야 하고, 이러한 성찰의 결과를 직무관리에 반영하는 것이 직무설계이다.

직무분석을 통해서 '직무'의 종류와 내용이 분석되었다면, 그다음은 그 직무를 효과적으로 수행할 수 있도록 직무내용을 설계하여 '사람'에 맞게 직무를 조정하는 일이 필요하다. 이렇게 '직무'를 '사람'에게 매칭하는 작업이 직무설계다. 직무설계란, 직무수행자에게 만족을 느낄 수 있도록 직무내용과 수행방법을 조직하는 활동으로, 전통적 방법과 통합적인 방법이 있다.

전통적인 방법은 직무 전문화이고, 통합적인 방법에는 직무확대, 직무순환, 직무충실, 직무특성이론 등이 있다. 성공적인 직무설계는 조직의 경제적 목표달성뿐만 아니라 직무만족, 동기부여, 인간성 회복 등 역량 향상과 개인 목표 달성도 동시에 가능하게 한다. 따라서 성공적인 직무설계가 없이는 워라밸 인사노무관리가 어렵다. 이러한 직무설계 방법 가운데 창의적이고 생산적으로 일하게 동기부여를 하는 대표적인 직무설계방법이 직무특성 모델(Job Characteristics Model, JCM)이다. JCM은 조직 구성원에게 업무를 수행하는 과정에서 책임감, 의미, 자율성을 느끼게 하고 성장 욕구까지 채워준다.

JCM은 〈그림 4-8〉처럼, 핵심직무 차원이 주요 심리 상태를 유발하여 직원들을 동기부여하여 높은 성과와 품질, 직무만족을 가져오게 한다는 것이다. 이때 성과는 직원의 성장욕구의 강도에 비례한다.

(1) 기술 다양성(Skill Variety)

직무에 다양한 기술과 재능을 사용할수록 기술 다양성 차원은 높다. 조직 구성원 자신의 다양한 능력 발휘가 가능하면 성취감과 일의 의미를 느끼게 되고 결국 직무만족과 높은 성과로 이어지게 된다.

(2) 과업 정체성(Task Identity)

수행 직무가 업무의 일부분이 아니라 독립된 전체 업무일수록 과업 정체성이 높다. 예를 들어, 총무지원 직무의 경우, 단순히 부족 물품을 구매만 할 것이 아니라 구성원들의 기호를 고려하여 물품을 구매하고, 향후 만족도까지를 조사하여 물품구매 계획을 수립한다면 정체성이 높아진다.

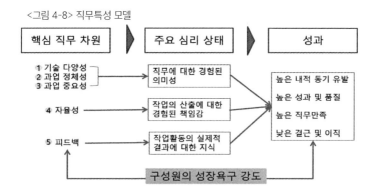

<그림 4-8> 직무특성 모델

| 핵심 직무 차원 | 주요 심리 상태 | 성과 |

1 기술 다양성
2 과업 정체성
3 과업 중요성 → 직무에 대한 경험된 의미성

4 자율성 → 작업의 산출에 대한 경험된 책임감

5 피드백 → 작업활동의 실제적 결과에 대한 지식

높은 내적 동기 유발
높은 성과 및 품질
높은 직무만족
낮은 결근 및 이직

구성원의 성장욕구 강도

(3) 과업 중요성(Task Significance)

과업 중요성은 수행 직무가 다른 사람에게 중요한 영향을 주는 정도를 말한다. 사실 조직에서는 그 나름의 중요성을 가지고 있지 않은 직무는 없다. 따라서 구성원들이 자신의 업무 중요성을 느낄 수 있도록 리드할 필요가 있다.

(4) 자율성(Autonomy)

자율성은 직무를 수행하는 데 자유와 독립성을 말한다. 보조업무나 지원업무에 대한 지나친 통제를 삼가고, 그 업무수행 방법에는 자율성 범위를 넓혀줄 필요가 있다.

(5) 피드백(feedback)

피드백은 직무 수행 결과에 대해 직접적이고 분명하게 정보를 주는 것을 말한다. 구성원들에게 동기부여를 함에 있어 업무수행 결과에 대한 즉각적인 피드백은 매우 중요하다.

결국, 워라밸 인사노무관리를 위한 직무를 설계할 때는 단순히 기능별로 직무를 쪼개기보다는 직무를 수행하는 과정에서 역량 향상과 동기 강화 및 성과 향상이 이루어지도록 기술 다양성, 직무 정체성 및 중요성을 느낄 수 있도록 설계하는 것이 중요하다. 그리고 업무수행 과정에서 자율성을 보장하고 즉각적인 피드백을 할 필요도 있다.

2) 배치전환

최근 최저임금의 고공인상에 대해, 기업들이 대응할 수 있는 방안 중 하나가 '고임금 저인건비' 전략이다. 사업장들이 줄어드는 근로시간을 확보를 위해서 단시간 근로자 등 비정규직 인력을 무작정 채용하는 것이 아니라, 구성원들의 임금은 높임과 동시에 생산성도 높여 인력채용요인을 줄여 총 인건비는 낮추는 것이다. 이러한 전략이 효과를 발휘하려면 전략적인 이동배치가 필요하다. 즉, 성과를 낼 수 있는 적정 인력을 적재적소로 배치전환하는 것이 가능해야 한다.

배치는 신규 채용된 직원이 기본교육을 수료한 후 처음 부서 및 직무를 부여받는 것을 말하고, 배치전환은 이미 각 부서에 보직되어 각자의 고유 직무를 수행하고 있는 직원의 부서 또는 직무를 변경하는 것을 말한다. 배치전환은 직급의 변경 없이 보직을 바꾸는 수평적 직무이동으로, 전보, 전직, 파견근무 등이 있다.

배치전환은 직무 상호간의 유기적 관계를 이해하도록 하여 각 부문 간의 협력을 촉진하고 직원들의 다방면 경험, 지식 등을 쌓게 하여 인재양성을 도모한다. 또한 장기보직으로 인한 외부 거래선과 불필요한 유대나 조직의 허점을 이용한 부정을 예방하기 위해서도 정기적 직무이동이 필요하다.

　배치전환은 여러 루트로 진행될 수 있다. 사업장에서 전문성을 강화하는 전략이면 직무이동을 최소화해야 하지만, 멀티 플레이어(Multi-Player)로 양성하려면 〈그림 4-9〉처럼 구성원들에게 다양한 보직경험을 부여해야 한다. 중소기업처럼 인력이 부족한 사업장은 조직 구성원들을 멀티 플레이어로 양성할 필요가 있다. 이를 통해 구성원들에게는 다양한 보직 경험으로 잠재역량을 계발하고 자신에게 맞는 전문 분야를 확인하게 함과 동시에 사업장에게는 각 부문 간의 협력을 용이하게 하고 인력운용의 유연성을 높이도록 한다.

〈그림 4-9〉 멀티 플레이어 직무이동(예시)

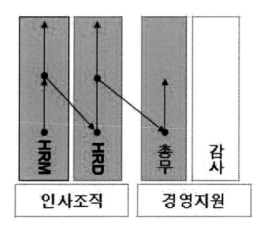

그러나 실제 경영현장에서는 배치전환이 효과적으로 일어나지 않는다. 그것은 부서 이기주의로 인하여 각 부서에서는 우수한 인력을 내놓으려고 하지 않기 때문이다. 실제 직무이동은 부서의 문제인력을 방출하는 수단으로 이루어지고 있으며, 이러한 행태는 조직의 성장과 발전을 저해한다.

배치전환을 효과적으로 하기 위해서는 그 이동원칙을 명확히 하고 이를 철저히 준수할 필요가 있다. 일반적으로 배치전환의 원칙에는 적재적소의 원칙, 인재 육성의 원칙, 그리고 보직 최소기간 원칙 등이 있다.

(1) 적재적소의 원칙

직무가 요구하는 기본 자격요건과 각 개인의 기본자력 및 적성을 고려하고 또한 가능한 본인의 희망과도 일치하도록 직무를 부여하는 것이다.

(2) 인재육성의 원칙

직무이동은 경력을 개발할 귀중한 기회이므로 장래에 인재를 육성한다는 계획 아래 체계적으로 추진되어야 한다. 이것은 제너럴리스트(Generalist, 다방면에 만능인 사람)로 육성할 것인지 스페셜리스트(Specialist, 한 분야의 전문가)로 육성할 것인지에 따라 다르다. 〈그림 4-9〉는 '1당 3' 원칙에 따라 인당 최소한 3개 보직의 제너럴리스트 육성을 위한 기준이다.

(3) 보직 최소기간의 원칙

특정 직무에 보임되어 정상적인 업무수행 능력을 발휘하려면 최소한의 기간이 필요하기 때문에 '동일한 직무에 2년 이상', 또는 '동일 소속 3년 이상' 근무 등의 원칙이 필요하다. 그래서 직무이동으로 전문성 확보에 소홀함이 없도록 해야 한다.

(4) 배치전환의 정당성 요건

기업에서 배치전환은 경영권에 속하므로 원칙적으로 상당한 재량권이 인정된다. 그러므로 조직 구성원들의 배치전환은 사업장의 필요에 따라 재량껏 할 수 있다. 하지만, 권한남용이 일어나서는 인된다.

판례는 정당한 권한 행사여부를 〈그림 4-10〉[17]처럼 업무상 필요성과 근로자 생활상의 불이익을 비교형량하고 있다. 즉, 정당한 배치전환은 업무상 배치 변경의 필요성이 인정되고, 구성원 선택에도 합리성이 있어야 한다. 반면, 배치전환이 근로자가 통상 감수 수준을 현저하게 벗어난 업무수행 관련 불이익을 포함하거나 규정상의 동의 또는 협의 절차를 무시한 경우 등은 권한남용으로 된다.

---

17) 정학용, 황규식, 『인사노무관리 리스크 매니지먼트』, 간디서원, 2017.

<그림 4-10> 배치전환의 정당성 판단 기준

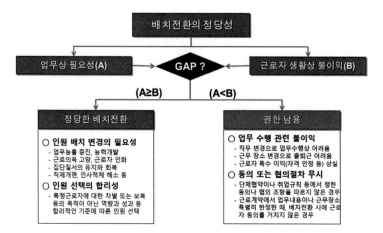

따라서 조직 구성원들의 배치전환은 재량권이 인정되지만, 인원 배치 변경의 필요성 및 그 대상자의 선택 합리성이 있어야 한다. 배치전환에서 업무수행과 관련하여 불이익을 주기 위해서나 직무이동에 대한 동의나 협의 절차를 무시하면 권한남용으로 그 조치는 무효가 된다.

Part 5

행복한 일터 조성

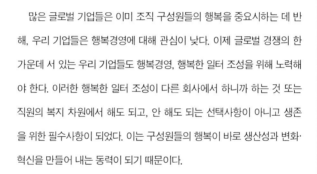

많은 글로벌 기업들은 이미 조직 구성원들의 행복을 중요시하는 데 반해, 우리 기업들은 행복경영에 대해 관심이 낮다. 이제 글로벌 경쟁의 한가운데 서 있는 우리 기업들도 행복경영, 행복한 일터 조성을 위해 노력해야 한다. 이러한 행복한 일터 조성이 다른 회사에서 하니까 하는 것 또는 직원의 복지 차원에서 해도 되고, 안 해도 되는 선택사항이 아니고 생존을 위한 필수사항이 되었다. 이는 구성원들의 행복이 바로 생산성과 변화·혁신을 만들어 내는 동력이 되기 때문이다.

인간행동의 근원이 행복추구에 있음은 많은 철학자들이 증명하고 있다. 고대 철학자 플라톤이나 아리스토텔레스의 '행복론'으로부터 '최대 다수의 최대 행복'의 공리주의 그리고 버트런트 러셀에 이르기까지 많은 철학자들이 행복을 거론했다. 그만큼 삶에서 행복이 중요하다는 이야기이다. 하물며 인간을 가장 합리적으로 분석하고 있는 경제학에서조차 인간의 행동 기준을 행복 또는 효용으로 보고 있다.

그런데 기업현장에 오게 되면 상황은 달라진다. 기업은 분업을 바탕으로 효율성과 예측성을 중요하게 여겨, 행복이나 존중, 자율성 등 감정적인 요소는 비효율적인 것으로 간주한다. 과학적 관리법의 창시자 테일러(Frederick Winslow Taylor)는 모든 업무는 간단하고도 반복적인 동작만 있을 뿐이고 감정적 요소를 배제할 때 가장 효율적으로 된다고 했다.

그러나 글로벌 경쟁과 4차 산업혁명은 테일러의 경영 패러다임을 바꾸게 될 것이다. 미래에는 테일러식의 규칙적, 반복적으로 처리하는 업무는 로봇이 대신하고, 인간은 창의적인 제품 개발이나 혁신을 담당하게 될 것이다. 이제는 분업이나 반복적인 동작으로는 부가가치를 생산해 낼 수 없고, 창의성이나 혁신을 바탕으로 다른 업종 간 교류나 기술융합 등이 부가가치를 생산해 낸다. 이러한 창의성이나 혁신은 조직 구성원에게 자율성이나 도전감 또는 참여 등 감정적 요소를 고려할 때 더욱 활성화된다. 이를 위해서 기업들은 인간존중 경영을 해야 하고,

행복한 일터를 조성해야 한다.

뇌 과학적으로도 행복은 업무몰입을 통하여 생산성 향상에 기여하는 것으로 증명되었다. 우리 뇌는 좌우로 구분되어 있으며, 좌뇌는 이성을, 우뇌는 감성을 담당하고 있다. 우뇌 활동을 자극하면, 대뇌피질을 강화하여 감정조절 기능이 발달하게 되고 창의력과 집중력이 향상된다. 이러한 우뇌 자극 활동의 대표적인 방법이 행복을 느끼게 하는 것이고, 이는 행복 호르몬인 세로토닌이 분비시켜 창의력과 몰입이 고양되고 업무 생산성을 향상시킨다.

그래서 경쟁력 있는 글로벌 기업들은 조직 구성원들의 행복을 경영의 중요한 요소로 다루고 있다. 《포춘》의 100대 기업에 매년 선정되는 소프트웨어 기업인 SAS의 짐 굿나잇(Jim Goodnight) 회장은 회사 설립 초기부터 일과 삶의 균형을 강조해 왔으며 직원의 행복을 경영의 가장 중요하게 생각하고 있다. 스타벅스의 창업자인 하워드 슐츠(Howard Schultz)도 "직원이 행복해야 고객도 행복하다"라고 말하며 직원들의 행복을 최우선적으로 고려하고 있다. 자포스의 CEO 토니 셰이(Tony Hsieh)는 "직원이 먼저 행복해야 하고, 행복하면 성과로 이어진다"라고 하며 직원이 행복을 가장 중요한 가치로 여긴다.

그렇다면 우리 직장인들의 행복지수는 얼마나 될까?

글로벌 리서치 기업인 스웨덴의 '유니버섬(Universum)'이 2016년도 전 세계 직장인들의 행복지수를 조사한 결과, 한국은 전 세계 57개국 중에서 최하위권인 49위인 것으로 나타났다. 직장인 행복지수가 가장 높은 나라는 덴마크이고, 중국(27위)이 미국(36위)과 일본(47위)보다 높게 나왔고 우리나라는 이보다 낮은 49위를 차지했다(<표 5-1> 참조). 우리의 경제 규모가 세계 11위인 점을 고려한다면, 직장인들의 행복지수는 많이 부족한 편이다,

<표 5-1> 2016년도 국가별 직장인 행복지수

순위	1	2	27	36	47	49	57
국가	덴마크	노르웨이	중국	미국	일본	한국	가나

* 출처 : 유너버섬 홈페이지

국내 민간경제연구소에서 실시한 조사결과도 이와 크게 다르지 않게 나왔다. LG경제연구소의 2007년 조사결과에 의하면, 우리 직장인들의 행복지수는 100점 만점에 51.5점이었고, 항목별로는 동료관계(57.2점)가 가장 높았고, 일과 삶의 균형(45.8점)이 가장 낮았다. 한편, 삼성경제연구소에서 실시한 2014년도 조사에서도 직장인들의 행복지수는 100점 만점에 55점으로 나타났고, 항목별로 업무 자신감(74점)이 가장 높고, 걱정·불안 등 에너지(44점)가 가장 낮은 것으로 나타났다.

많은 글로벌 기업들은 이미 조직 구성원들의 행복을 중요시하는 데 반해, 우리 기업들은 행복경영에 대해 관심이 낮다. 이제 글로벌 경쟁의 한가운데 서 있는 우리 기업들도 행복경영, 행복한 일터 조성을 위해 노력해야 한다. 이러한 행복한 일터 조성이 다른 회사에서 하니까 하는 것 또는 직원의 복지 차원에서 해도 되고, 안 해도 되는 선택사항이 아니고 생존을 위한 필수사항이 되었다. 이는 구성원들의 행복이 바로 생산성과 변화·혁신을 만들어 내는 동력이 되기 때문이다.

그러면 우리 기업들이 행복한 일터 조성을 위해 어떤 노력을 하여야

하는가? 이에는 일부 기업들이 행하고 있는 모델이나 활동들을 참고해 볼 만하다. 이에는 행복한 일터 모델(GWP), 고몰입 작업시스템, 감사나눔 활동, 카페테리아식 복리후생제도 운영 등이 있다.

2 행복한 일터 모델(Great Work Place, GWP)

《포춘》은 1998년부터 매년 GWP(Great Work Place, 행복한 일터) 100대 기업을 선정·발표하고 있다. 2017년 GWP 1위 기업은 구글로, 작년에 이어 연속 6년째이다. GWP는 1980년대 초 로버트 레버링(Robrt Levering)이 초일류기업들이 가진 공통점을 찾기 위해 시작한 연구이다. 그는 근 20년의 장기간 연구를 통하여 행복한 일터에서는 상사와 경영진에 대한 신뢰가 높고, 업무에 대한 자부심이 강하며, 즐겁고 보람 있게 일한다는 공통점을 발견했다.

다시 말해, 행복한 일터는 특별한 제도나 급여수준에 의해 결정되는 것이 아니라 조직 구성원 간 신뢰를 바탕으로 한다. GWP의 핵심요소는 신뢰(Trust), 자부심(Pride), 재미(Fun)이다. 신뢰(Trust)는 구성원과 경영진(또는 리더) 간의 관계로서, 조직 내 다수의 구성원들이 자신의 상사와 경영진에 대해 높은 신뢰를 보인다. 자부심(Pride)은 구성원과 업무 간의 관계로서, 자신이 맡고 있는 업무에 대해 전문성이 높고, 자부심과 긍지도 강하다. 재미(Fun)는 구성원과 동료 사이의 관계로서, 서로 격려하고 힘을 북돋아 주어 동료와 신바람 나게 일한다.

행복한 일터를 만들기 위한 가장 핵심적인 요소는 신뢰이며, 리더의 역할이 중요하다. 신뢰, 자부심, 재미는 상호보완적으로 작용하기 때문에 한 가지 요소라도 제대로 실천하면 서로 선순환을 거쳐 조직 전체가 행복한 일터로 변할 수 있다. 각각 요소에 대한 실천 사례는 〈그림 5-1〉과 같다.

<그림 5-1> GWP 모델

		GWP를 위한 구체적 활동(예시)	
신뢰 (Trust)	리더와 구성원 간 관계	• 리더의 솔선수범, 존중, 경청 • 감사와 칭찬 일상화	
자부심 (Pride)	업무와 관계	• 업무 중요성과 의미 인식 • 학습/성장 지원	
재미 (Fun)	동료와 관계	• 배려와 협조 • 관심, 위로, 격려	

GWP(Great Work Place)*

이렇게 구성원들이 신뢰를 가지고 행복하게 일하는 조직은 재무적 성과도 뛰어나다는 것이 GWP 연구소의 연구 결과이다. 이에 따르면, 1998년부터 2009년까지 GWP 100대기업과 100대 상장사, S&P500지수 및 러셀3000지수의 평균 수익률을 비교한 결과, GWP 100대 기업이 10.3%로, 100대 상장사 기업 6.44%, S&P500 2.95%, 러셀3000 3.27%보다 실적이 월등히 높은 것으로 나타났다.

결국, 조직 구성원들이 행복하게 일하게 되면 그것이 수익으로도 직결됨을 알 수 있다. 이제 직원들을 행복하게 하는 것을 단순히 리더의 개인 성향에 따라 해도 되고 안 해도 될 일로 볼 것이 아니라 조직 경쟁력 차원에서 반드시 필요한 일로 봐야 한다. 그래야 근로시간은 줄이고 적정한 임금 수준을 보장하는 워라밸 인사노무관리가 가능해진다.

3 고몰입 작업 시스템(High Involvement/Performance Work System)

조직 구성원들은 일과 조직에 대한 몰입이 최대화될 때, 최고의 생산성을 만들어낸다. 구성원의 몰입과 생산성은 높은 상관관계를 가지며, 구성원들의 몰입이 최대화되도록 지원하는 것이 고몰입 작업 시스템이다. 고몰입 작업 시스템은 다양한 특징들을 가지고 있지만, 제프리 페퍼(Jeffrey Pfeffer) 미국 스탠퍼드대 석좌교수는 그 특징을 7가지로 제시했다. 그것은 ① 고용안정성, ② 신중한 채용, ③ 자율경영팀과 의사결정의 분권화, ④ 조직성과에 연계된 비교적 높은 수준의 보상, ⑤ 교육훈련에 대한 투자, ⑥ 신분차별 제거, ⑦ 재무제표 및 기타 경영정보에 대한 조직원들 간의 공유이다.

이 작업시스템은 업무 몰입 환경을 조성하여, 구성원에게는 능력 발휘와 자아실현의 기회를 제공하고, 기업에게는 성과 달성과 생산성 향상이 가능하도록 한다. 이를 통해 기업은 행복한 일터를 조성하게 되고 또한 대외 경쟁력도 높이게 된다. 특히 고임금의 선진국 기업들이 저임금 대량생산 체제의 개발국 기업들로부터 차별적 우위를 점하고, 생산성을 월등히 높여야 할 때 필요하다. 이는 선진 기업들이 저임금 기업들에게 대응하기 위한 전략이기도 하다.

① 고용안정성

기업에서 구성원을 매우 중요시한다는 신호가 고용 보장이다. 구성원들이 존중받을 때 자신들의 지식이나 역량을 생산성 향상을 위해 몰입하게 된다. 이때 성과를 내지 못하고 효과적으로 협력하지 못하는 직원까지 고용을 보장하는 것은 아니다.

② 신중한 채용

기업은 필요한 자원을 확보하기 위하여 채용에 많은 투자를 하여야 한다. CEO가 직접 채용에 참여하고, 선발 과정을 장기화하더라도 조직문화에 적합한 자원을 뽑아야 한다.

③ 자율경영팀과 의사결정의 분권화

구성원들에게 일과 회사에 대해 높은 수준의 몰입을 유도하기 위하여 팀 중심으로 조직을 편성하고 팀에 많은 권한을 위양해야 한다. 이를 통해 팀 중심의 시너지가 활성화되어 좋은 아이디어와 혁신이 일어나도록 해야 한다.

④ 조직성과에 연계된 비교적 높은 수준의 보상

무조건 높은 수준의 임금을 지급하는 것이 아니라 성과와 연계하여 보상해야 한다. 이때 개인별 성과보다는 조직이나 팀 성과에 연동하여야 한다. 그리고 구성원들의 공헌을 이끌어 내기 위하여 가능한 한 높은 임금을 지급해야 한다.

⑤ 교육훈련에 대한 투자

고몰입 작업시스템은 구성원들의 역량을 최대한 활용하자는 것이다. 이를 위해 구성원의 교육훈련에 투자해야 한다. 그러면 그는 중요한 존재로 인식하게 되고, 기업 목표 달성을 위해 기꺼이 헌신하게 된다.

⑥ 신분차별 제거

조직 구성원의 주인의식을 높이기 위해서는 상·하 간 신분상의 차별을 없애야 한다. 예를 들면, 복장, 호칭, 사무실 배치, 임금 격차 등에서의 신분차별과 기타 장애 요인을 제거해야 한다. 그리고 서열을 배제하고 좀 더 수평적인 문화를 만들어야 한다.

⑦ 재무제표 및 기타 경영정보에 대한 조직원들 간의 공유

기업이 보유하고 있는 재무정보, 회계정보, 인사정보, 핵심전략 등을 조직 구성원들과 공유할 때 구성원들이 질 높은 의사결정을 할 수 있다. 그리고 중요한 정보공유는 구성원을 신뢰하고 있다는 신호를 보내는 것이다.

이러한 고몰입 작업시스템의 요소들은 서로 보완적이기 때문에 동시에 설계하는 것이 효과적이다. 예를 들면, 신중한 채용을 통해 뽑은 직원에게 높은 임금을 보장하고 교육훈련하면 주인의식이 높아진다. 이러한 구성원에게 충분한 정보를 제공하고 자율성을 보장한다면 높은 생산성을 달성할 수 있다. 그런데 일곱 가지 요소 중 하나의 요소만 실행한다면 오히려 경쟁력을 떨어뜨릴 우려도 있다. 예를 들면, 높은 임금을 주고 뽑은 구성원에게 충분한 정보나 자율성을 보장하지 않는다든지, 또한 직급 간 차별이 높거나 집권화되어 있다면 이들의 창의성이나 아이디어를 활용할 수 없게 되므로 자원 낭비가 발생하게 된다.

　인간의 행복은 조건이 아니라 어떤 관점에서 보느냐에 달려있다. 보지도 듣지도 말하지도 못하는 헬렌 켈러는 "나는 나의 역경 때문에 나 자신과 천직을 발견하여 감사하다"며, 역경을 극복하고 훌륭한 저술가 및 사회사업가가 되었다. 남아공 흑인 대통령 넬슨 만델라는 46세 때부터 27년간 수감생활을 했음에도 "사형수가 되지 않은 것에 감사하다"고 하며 자신이 꿈과 함께 생활한 결과, 인류의 스승이 되었다. 이처럼 뛰어난 업적을 성취한 사람들은 '자신에게 없는 것을 불평한 것이 아니라, 자신에게 있는 것을 감사'하며, 이를 활용하는 사람들이었다.

　감사나눔 운동의 원리도 이와 같다. 감사나눔 운동은 자신에게 없는 것에 대해 불만·불평하는 것이 아니라 현재 상황을 긍정하고 늘 감사하는 태도를 견지한다. 기업에서 감사나눔 운동은 일상에서 감사를 실천하고, 칭찬과 격려를 통해 전 직원의 긍정 마인드를 높여 사업장을 행복한 일터로 만드는 활동이다. 이 운동은 2010년 손욱 전 농심 회장이 오프라 윈프리의 감사 노트에서 아이디어를 얻어 처음 시작했다. 감사나눔 운동은 실천하기도 쉽고 효과도 크기 때문에, 포스코 그룹, 킨텍스, 삼성중공업 등 기업체를 비롯하여 포항시와 광양시 그리고 검찰청, 군부대, 학교 등 사회 전반으로 확산되고 있다.

　감사나눔 운동은 이를 습관화하는 것이 중요하다. 평소 동료들의 말이나 행동에 관심을 가지고 관찰하며 감사거리를 찾고 발견하여 감사의 표현을 하는 것이다. 감사나눔 운동이 활발하게 일어나고 있는 포스코 ICT는 감사나눔 운동을 '행복나눔 125'로 이름하고 조직문화화하여 실천하고 있다. '주 1회 착한 일하기', '월 2회 독서하기', '매일 5가지 감사하기' 등이 그것이다(<그림 5-2> 참조).

<그림 5-2> POSCO ICT 감사나눔 운동(사례)

행복나눔125

1 선행
· 착한일 하기(주1회)
· 봉사하기(월1회)

2 독서
· 월 2권 독서하기
· 토론하여 소통

5 감사
· 매일 5가지 감사하기
· 매주 감사문자 보내기
· 매월 감사편지 쓰기

*자료 : POSCO ICT 홈페이지

또한 킨텍스의 감사나눔 운동은 '1일 1개 감사하기', '1주 1개 선행하기', '1달 1권 책 읽기', '1분기 1회 사회봉사'로 실천되고 있다. 한편 포항시는 행복도시 구현을 위하여 시민대상 감사활동이나 '100감사 공모', '감사 둘레길 조성' 등의 활동을 실천하고 있고, 교도소에서는 교정 활동의 일환으로 재소자 대상으로 감사 쓰기를 하고, 학교에서는 친구, 부모님께 감사 쓰기 등 인성교육 프로그램으로 운영하고 있다.

감사나눔 운동은 구성원들에게는 주인의식 등 긍정성을 향상시키고, 행복감을 높이며, 동료들 간의 관계를 향상시켜 높은 성과를 달성하게 한다. 즉, 감사나눔 운동은 동료나 타부서 직원과 소통과 협력을 원활하게 만든다. 그러면 자연스럽게 아이디어 교류나 협업이 활성화

된다. 이는 결과적으로 전략 목표 달성과 생산성 향상으로 이어진다. 미국 캘리포니아 대학교에서 '감사노트'에 대한 임상실험 결과, 감사나눔 운동이 조직 구성원을 더 열정적이고 긍정적으로 만들었다. 또한 자신감을 향상시키고 유머감각까지 생기게 하는 등 놀라운 변화 10가지를 밝혀냈다. 그뿐만 아니라 행복과 성공의 세계적 권위자 숀 아커(Shawn Achor) 하버드대 심리학 교수는 하버드 비즈니스 리뷰에서 행복한 직원은 생산성 30%, 영업성과 37%, 창의력 3배, 직무 몰입도는 10배 높다는 것을 밝혀냈다. 따라서 감사나눔 운동은 사업자의 행복한 일터 조성에 중요한 역할을 할 수 있음을 알 수 있다.

감사노트의 놀라운 변화 10가지(캘리포니아 대학교 임상실험 결과)

TIPS

1. 낙천적인 성격으로 변했으며, 열정적으로 활동하게 되었다.
2. 스트레스를 이기는 힘이 이전보다 커졌다.
3. 힘든 일을 처리하는 데 자신감이 붙었다.
4. 숙면을 취하게 되었으며 눈에 띄게 건강해졌다.
5. 다양한 것에 흥미가 생겼으며 열린 시각으로 상황을 보게 되었다.
6. 주위 사람들로부터 유머감각이 생겼다는 이야기를 듣는다.
7. 결단력이 강해졌고, 체계적으로 일 처리를 한다는 이야기를 듣는다.
8. 다른 사람들로부터 관대하고 친절한 사람이라는 평판을 얻었다.
9. 인생의 목표를 다시 세웠으며, 그것을 위해 노력하게 되었다.
10. 가족관계가 돈독해졌다.

감사나눔 운동을 조직문화로 정착시키고자 했던 시도가 모두 성공한 것은 아니다. 감사나눔 운동의 성공은 감사습관 형성 여부에 달려 있다. 감사나눔을 1회성의 캠페인으로 해서는 성공할 수 없고, 늘 실천함으로써 마음의 근육을 만들어야 한다. 즉, 습관화되어야 효과가 있다. 매일 1감사를 쓰든, 5감사를 쓰든, 100감사를 쓰든, 꾸준한 습관화가 중요하다. 오세천 행복나눔125컨설팅 본부장은 감사나눔의 습관화를 위하여 3가지 성공요인을 제시하고 있다.[18]

첫째, 톱 리더의 솔선수범이다. 조직문화는 경영자의 경영방식, 즉 리더십에 따라 좌지우지된다. 그래서 경영자가 회사방침이나 자신의 행동을 통하여 실천의지를 드러내지 않으면 직원들도 변화하지 않는다. 톱 리더 스스로 '내가 바뀌어야 일터도 바뀐다'는 신념을 가지고 솔선수범해야 한다.

둘째, 불씨 육성을 해야 한다. 불씨란 감사나눔을 실천하면서 변화의 기적을 체험하고, 그 감동을 가정과 일터로 전파하면서 변화를 촉진시키는 사람을 말한다. 불씨들의 감동이 가슴에서 가슴으로 전해져 고동칠 때 비로소 가까운 주변부터 변화가 생기고 점차 큰 불길로 번져 나간다. 특히 조직의 리더는 이런 불씨를 육성, 발굴하고, 꺼지지 않도록 보호, 칭찬, 격려하면서 정성스럽게 살려 나가야 한다.

셋째, 자율실천을 해야 한다. 행복나눔125는 정신문화운동이다. 따라서 강요하면 역작용이 생길 우려가 크다. 그렇다고 방임해서도 안 된다. 따라서 스스로 실천할 수 있도록 여건과 분위기를 조성하고 의사결정 과정에 참여하도록 하는 등 효과적인 방법을 조직의 상황에 맞게 적용해야 한다.

감사하는 마음은 상대를 존중하고 배려하고 사랑하는 마음을 바탕

---

18) 오세천, '행복나눔 체질화 3가지 성공요인', 《감사나눔신문》, 2016.1.1.

으로 하기 때문에 경쟁적이고 위계적인 조직문화에서는 그 실천이 쉽지 않다. 이러한 사업장의 장애요소를 극복하기 위해, 리더의 솔선수범과 불씨 육성이 필요하고, 무엇보다도 강요가 아닌 자율실천이 중요하다. 그래서 감사나눔 운동이 조직문화가 되어, 이를 통해 사업장이 서로 존중하는 행복한 일터가 되도록 해야 한다.

1) 선택적 복리후생제도(카페테리아식 복리후생제도)

선택적 복리후생제도란 개인에게 지급된 비용 범위 내에서 선호와 욕구에 따라 복리후생의 항목과 수준을 선택할 수 있도록 한 제도다. 선택형 복리후생제도는 직원들에게 복지 선택 기회를 넓혀, 계층이 다른 직원들의 다양한 욕구를 충족시킬 수 있기 때문에 많은 기업체에서 도입하고 있다. 예를 들어, 젊은 계층은 육아보조나 주택지원을 원하지만 선배 사원은 건강 지원이나 노후 생활 지원을 원한다. 또한 남자들은 활동적인 스포츠를 원하고 여자들은 미용을 선호한다. 선택적 복리후생제도는 비용 증가를 최소화하면서 이러한 각자 다양한 니즈의 충족을 가능하게 한다. 따라서 선택적 복리후생제도는 조직 구성원들의 워라밸을 향상시키고 행복한 일터 조성의 제도적 기반이 된다.

선택적 복리후생제도의 유형에는 선택항목 추가형, 패키지형 및 소비계정형이 있다. 선택항목 추가형은 복리후생 항목을 기본항목과 선택항목으로 운영하면서 기본항목은 전체 직원에 지급하고 선택항목은 각자 기호에 따라 선택하도록 하는 제도다. 패키지형은 다양한 복리후생 항목을 패키지화하여 선택하도록 하는 제도이며 소비계정형은 개인에게 비용을 지급하고 항목 선택은 전적으로 직원에게 일임하는 제도다. 상세한 내용은 아래 <표 5-2>와 같다.

---

19) 정학용, 황규식, 『인사노무관리 리스크 매니지먼트』, 간디서원, 2017.

도입 초기에는 선택항목 추가형을 많이 활용했으나 점점 발전할수록 소비계정형을 많이 이용하고 있다. 특히 이용의 편의성 때문에 인력 운영이 제한적인 중소기업에서는 소비계정형을 선호한다.

<표 5-2> 선택적 복리후생제도의 유형과 주요 내용

회사명	명칭	과목	문항수	시간(분)
삼성	GSAT(Global Samsung Aptitude Test)	언어논리, 수리논리, 추리논리, 시각적 사고, 상식	160	140
현대차	HMAT(Hyundai Motor group Aptitude Test)	언어이해, 논리판단, 자료해석, 정보추론, 공간지각	110	145
LG	LG(LG way Fit test)	언어이해, 언어추리, 수리력, 도형추리, 도식적 추리, 인문역량	125	115
SK	SK SKCT(SK Competency test)	인지역량, 실행역량, 심층역량	90	95
CJ	CJ(CJAT + CAT)	판단력, 추론, 문장이해, 응용계산력, 공간지각, 인문소양 등	95	55

* 자료 : 한경매거진, '주요기업 인적성검사 총정리', 2017.9.18

2) 근로자 지원 프로그램(EAP) 운영

근로자 지원 프로그램(EAP)은 업무수행에 지장을 주는 근로자 개인 문제(건강 문제, 부부·가족생활 문제, 알코올·약물 문제 등 업무 성과에 영향을 미치는 모든 문제)의 해결을 지원해 주는 제도다. EAP 제도는 근로자에게는 업무 저해 요인을 해결하고 일과 삶의 균형을 유지하도록 도와주고, 기업체에게는 산업재해 감소, 사기 진작, 창의적 업무 환경 조성 등으로 행복한 일터 조성의 기반이 된다.

근로자 지원 프로그램은 부부 관계나 자녀 양육 등 생활 지원 서비스, 스트레스 해소 등 건강 증진 서비스 및 약물 남용 등 위험 관리 서비스로 나눌 수 있다. 각 서비스별 주요 내용은 아래 〈표 5-3〉과 같다.

<표 5-3> 근로자 지원프로그램별 주요 내용

구분	주요 내용
선택항목 추가형	• 공통으로 최소한의 복리후생 항목을 제공하고, 비용 범위 내에서 자신이 원하는 추가 항목을 선택하도록 하는 제도 • 선택적 복리후생제도의 가장 일반적인 형태로 개인의 필요성을 최대한 충족시킬 수 있으나 많은 복지 항목을 일일이 선택해야 한다는 번거로움이 있음
패키지형	• 다양한 복리후생 항목을 패키지로 구성하여 제공하고 직원들이 그중 자신에게 맞는 패키지를 선택하게 하는 제도 • 선택의 번거로움이 있을 수 있고, 직원들의 니즈를 충족하기엔 부족할 수 있으며, 패키지 구성에 비용이 많이 들 수 있음
소비계정형	• 개인에게 지급된 범위 내에서 자신이 원하는 항목을 자유롭게 선택하도록 하는 제도 • 개인의 니즈는 충분히 만족시킬 수 있으나 회사 업무나 복리후생제도가 지향하는 바와 무관한 항목을 다수가 선택할 가능성이 높다는 문제점이 있음

지원 프로그램을 운영하는 방법은 회사의 규모나 경제적 여건, 노사관계 등에 따라 다양하게 운영되고 있다. 일반적으로 사내 모형(사내 상담실 등 운영), 외부 모형(외부 전문기관에 상담 의뢰), 협회 모형(협회의 소속사들끼리 맴버십으로 운영), 노동조합 모형(노동조합에서 운영) 등이 운영되고 있다. 우리나라의 경우 대기업은 사내 모형으로, 중소기업은 외부 모형으로 주로 운영하고 있다.

3) 복리후생제도 만족도 조사

직원들의 회사 복리후생제도에 대한 만족도 조사는 복리후생제도의 문제점과 개선 필요성을 파악하여 복리후생제도의 만족도를 높여 업무 생산성 향상, 핵심 인력의 확보·유지 및 노사관계 안정화에 기여하기 위한 것이다.

조사는 간단한 방법으로 진행하면 된다. 전체 구성원을 대상으로 업무에 부담을 느끼지 않을 정도로 <표 5-4>처럼 간단하게 설문지를 작성하여 온라인을 통해 조사토록 한다. 매년 정기적으로 조사하여 직원들의 니즈 변화나 제도 개선 필요성 등을 파악하도록 한다.

복리후생제도 만족도 조사 결과에 대해 전체 구성원과 공유하며, 그 결과를 바탕으로 중장기 복리후생제도의 발전 방향을 만들어가도록 한다. 그리고 직원들의 의견을 반영하여 복리후생제도의 개선을 추진하고, 직원들의 의견을 반영하지 못하는 경우에는 가급적 상세하게 그 사유를 설명하고 양해를 구하도록 한다.

<표 5-4> 만족도 조사(예시)

구분	설문 내용	비고
실태	• 복리후생제도의 전반적인 만족도 • 향후 도입이 시급한 제도 • 경쟁사 대비 복리후생제도 만족도	• 5점 척도와 주관식으로 설문지 구성 • 5점 척도(예시)
내용	• 가장 만족하는 항목 • 가장 만족도가 낮은 항목 • 모든 항목에 대한 만족도 조사	- 5점 : 매우 그렇다 - 4점 : 그렇다.
방법	• 회사의 직원 만족도 향상 노력 정도 • 이용 절차의 만족도 • 담당 부서의 태도와 친절도	- 3점 : 보통이다. - 2점 : 그렇지 않다. - 1점 : 매우 그렇지 않다.
기타	• 복리후생제도에 대한 건의사항이나 바라는 점	

Part 6

따뜻한 성과주의

워라밸 인사노무관리는 근로시간은 줄이고 임금 수준은 적정하게 보장하여 생산성을 향상시키고 전략 목표를 달성하는 것이다. 이는 늦게까지 일한 직원보다는 근로시간은 짧고 생산성이 높은 직원을 우수하게 평가하고, 근로시간이 많은 사람보다 성과가 많은 구성원에게 임금인상이나 승진 등 혜택을 주는 방식이다. 이러한 생산성 향상 활동은 재무 성과로 이어져 적정한 임금 수준 보장의 원동력이 된다. 따라서 워라밸 인사노무관리는 성과주의를 기반으로 한다.

1 연공주의에서 따뜻한 성과주의로 전환

사업장에서 전략 목표 달성과 구성원 육성은 필수 활동이다. 기업은 전략 목표를 달성하지 못하면 비전을 성취할 수 없고, 성장과 발전도 멈추게 된다. 또한 구성원들을 육성해야 변화와 혁신을 이룰 수 있고, 4차 산업혁명을 선도할 수 있다. 이러한 활동을 체계적으로 관리하기 위해서 성과주의 시스템 운영이 필요하다. 그래서 도요타(Toyota)나 사우스웨스트항공(Southwest Airlines), SAS 등 글로벌 기업들은 성과주의를 지속적으로 운영하고 있다.

성과주의는 인사노무관리의 중심에 성과를 두고, 성과 중심으로 사고하고 행동하는 것이다. 즉, 성과 기준으로 인사평가를 하고, 성과가 높은 직원을 승진시키며, 성과에 따라 연봉을 책정하고, 성과 향상을 위해 교육훈련을 하는 시스템이다. 따라서 성과주의 시스템은 〈그림 6-1〉에서 보는 것처럼 목표관리, 평가관리 및 보상관리로 이루어진다. 연봉제로 대표되는 이러한 성과주의는 호봉제나 고정 상여금 등 연공주의를 극복하는 데 기여하였다.

<그림 6-1> 성과주의 운영 프로세스

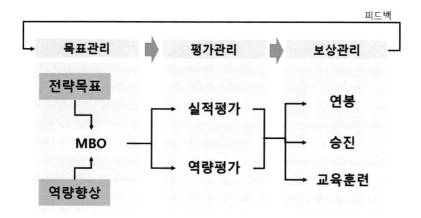

워라밸 인사노무관리는 근로시간은 줄이고 임금 수준은 적정하게 보장하여 생산성을 향상시키고 전략 목표를 달성하는 것이다. 이는 늦게까지 일한 직원보다는 근로시간은 짧고 생산성이 높은 직원을 우수하게 평가하고, 근로시간이 많은 사람보다 성과가 많은 구성원에게 임금인상이나 승진 등 혜택을 주는 방식이다. 이러한 생산성 향상 활동은 재무 성과로 이어져 적정한 임금 수준 보장의 원동력이 된다. 따라서 워라밸 인사노무관리는 성과주의를 기반으로 한다.

하지만, 성과주의가 지나치면 성과 향상보다는 오히려 성과를 가로막는 부작용으로 작용한다. 즉, 지나친 성과주의가 문제이다. 지나친 성과주의는 조직 구성원들 간 과도한 경쟁을 부추기고, 중요한 자료나 아이디어를 공유하지 않는 모럴 해저드도 은밀하게 책동한다. 그 결과 '업무 생산성 하락 → 성과저조 → 임금하락 → 관리감독 강화'로 이어지고, 직원들은 자율성, 도전정신 및 참여 저조 등 악순환에 빠지게 된다.

이러한 지나친 성과주의의 폐해를, 후지쯔(Fujitsu) 직원 조 시게유키는 '후지쯔 성과주의 리포트'를 통해서 잘 지적하고 있다. 그는 조직에서 성과주의는 구성원 간의 과도한 경쟁을 부추기고 단기 성과주의를 강조하여 직원들 사이에 불만, 질투, 이직률 급증 그리고 매출 저조 등의 결과를 초래하게 된다고 밝히고 있다. 성과주의 폐해 사례는 멀리 일본으로까지 갈 필요가 없다. 현 정부가 들어서자마자 공공기관의 성과주의 제도를 폐지한 것도 조 시게유키가 지적한 폐단과 맥을 같이 한다.

그렇다면 조직에서 성과주의 인사관리는 필요 없는 것일까? 그렇지 않다. 성과주의는 성과를 중심으로 구성원들의 몰입을 유도하므로 성과주의 인사노무관리는 필요하다. 다만, 구성원을 수단시하는 경쟁지향적 성과주의가 아니라, 구성원을 목적적 존재로 생각하는 따뜻한 성과주의가 필요하다. 그래서 따뜻한 성과주의는 직원들에게 성과와 역량 마인드를 독려하고, 기존의 연공서열이나 학력, 조직 파벌 등 불합리한 인사 관행을 대체할 수 있는 대안이다. 특히 근로시간이 단축되고 임금이 고공인상되고 있는 상황에서, 이를 극복할 수 있는 유일한 돌파구가 생산성 향상, 즉 성과달성이다.

그러나 우리 기업들의 성과주의는 전략 목표 달성이나 구성원들의 역량 향상과는 거리가 있다. 그동안 기업들이 생각하는 성과는 근로시간에 비례한다는 패러다임, 즉 일찍 출근하고 늦게 퇴근하는 '장시간 근로'='성과'로 생각해왔다. 그래서 밤늦게까지 일하는 직원은 성실하고 일에 대한 열정이 높은 것으로 인식한 반면, 자신의 일을 집중적으로 빨리 끝내는 직원들에게는 그리스·로마신화의 프로크루스테스의 침대처럼 오히려 다른 업무를 부여하여 근로시간을 늘렸고, 이것은 이들의 사기를 저하시켰다. 이러한 근로시간 중심의 인사노무관리는 성과 향상 동기를 무디게 했고, 특히 근로시간이 단축되고 임금이 고공인상되는 상황에서는 더 이상 설 자리가 없게 되었다.

이제 우리 기업들의 성과주의는 근로시간 중심에서 탈피해야 한다. 글로벌 혁신기업들은 이미 구성원들을 근로시간으로부터 자유롭게 하여 성과를 창출하고 있다. 구글은 직원들이 근로시간 중 20%를 창의적인 일에 자유롭게 사용하도록 하고 있고, 3M은 근로시간의 15%를 혁신적인 활동에 자유롭게 사용하도록 하고 있으며, 자포스는 근로시간의 10~20%를 구성원들 간의 교류를 위해 활용하도록 하고 있다. 이러한 기업들은 근로자들에게 근로시간의 자율성을 부여하면 몰입이나 창의성이 높아져 생산성이 증가한다는 원리를 활용하고 있는 것이다.

기업들의 성과주의는 그 폐단을 막기 위해 워라밸 인사노무관리와 조화를 이루는 따뜻한 성과주의로 나아가야 한다. 이를 위해서는 〈그림 6-2〉에서 보는 바와 같이, 조기 출근·늦은 퇴근 등 근로시간 중심

---

20) 출처: 위키백과

의 관리에서 전략 목표 달성을 위한 코칭 중심 성과관리가 이루어져야 하고, 근로시간이나 업무태도 중심 평가에서 전략 목표 달성 등 성과와 연계된 합리적이고 공정한 평가가 이루어져야 한다. 또한 호봉제 중심의 임금체계는 성과급이나 인센티브 중심으로 전환이 필요하지만 차등 폭은 최소화되도록 한다. 그리고 연령이나 근무 연수가 높은 직원이 승진하는 것이 아니라 업무 실적이나 역량 발휘가 높은 직원이 승진하도록 해야 한다.

<그림 6-2> 근로시간(연공) 중심에서 따뜻한 성과주의 인사노무관리로 전환 필요

중소기업들도 워라밸 인사노무관리가 필요하며 이를 위해서 따뜻한 성과주의를 설계·운영하여야 한다. 우리 중소기업들은 아직도 근로시간 중심의 인사노무관리를 수행하는 곳이 많다. 이제 근로시간을 줄이고 일하는 문화를 혁신하며 생산성을 높이는 활동이 선택사항이 아니라 필수사항이 되었다. 그래서 중소기업의 성장과 발전은 성과주의 성공과 궤를 같이한다고 해도 과언이 아니다. 다만, 중소기업들은 체계적인 성과관리를 위한 조직이나 인력 및 전문성에서 취약한 점과 향후에도 지원 인력이나 관리 역량을 확대하기가 어렵다는 점을 고려하여 성과주의 시스템을 간소하게 설계하고 지속적으로 운영할 필요가 있다.

　사업장 성과관리는 〈그림 6-3〉에서 보는 바와 같이 목표관리, 역량 관리, 코칭으로 구성된다. 즉, 목표 수준이 높고, 전문성이 우수하며 열정적인 태도를 가지고 있으면 성과는 높아질 수밖에 없다. 다만, 성과관리가 개인 이기주의에 함몰되지 않도록 하기 위해서는 코칭이 뒷받침되어야 한다.

<그림 6-3> 성과관리 요소

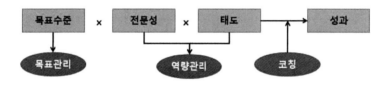

1) 목표관리(MBO, Management By Objectives)

　성과관리가 사업장 목표를 달성하도록 체계적으로 관리하는 것이라면, 그것을 실행하는 방법이 목표관리제도(MBO, Management By Objectives)이다. MBO는 비전 달성을 위해 전략 목표를 부문별, 팀별, 개인별로 배분하고, 조직 구성원들이 그것을 실현할 수 있도록 체계적으로 관리하는 활동이다. 그래서 MBO는 성과주의의 가장 본질적인 활동이다.

MBO의 중요성은 개인 목표 및 역량 향상을 전략 목표와 연계하는 데 있다. 이를 연계하는 방법에는 직무 프로파일을 활용하는 것과 직접 작성하는 것이 있다. 전자의 방법은 <그림 6-4>에서 보는 바와 같이 '부문목표 → 팀 목표 → 팀원 MBO'의 단계로 이루어진다. 직무 프로파일의 역할과 책임 업무를 어떻게 달성할 것인가를 정하는 것이 MBO 내용이 되며, 자신에게 부여된 MBO를 수행하면, 그것이 바로 전략 목표를 달성하게 되는 것이다. MBO 진행 프로세스는 목표설정, 중간면담, 목표달성으로 이루어진다. 그리고 이러한 프로세스 전 과정에서 리더의 코칭이 수시로 일어난다.

<그림 6-4> 인력채용에 대한 MBO 설정방법(예시)

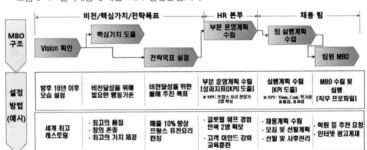

(1) 목표설정

조직 구성원이 수행하는 업무는 '기본업무'와 '개선업무'로 나눌 수 있다. 개선업무는 기본업무를 개선·변화·혁신하거나 새로운 업무를 수행하는 것이다. 전략 목표를 달성하는 데는 이 두 가지 업무 모두 필요하므로, 조직 구성원의 목표업무는 기본업무와 개선업무로 한다. 이 두 업무 간의 비중은 고직급으로 갈수록 개선업무를, 저직급으로 갈수록 기본업무를 많이 하도록 조정하는 편이 좋다.

워라밸 인사노무관리는 일하는 시간은 줄이고 성과는 높이는 것이므로, 일하는 시간을 줄이기 위해서는 불필요하거나 비효율적·낭비적 업무를 폐지하거나 개선하는 활동이 필요하다. 따라서 워라밸 인사노무관리의 성패는 개선업무를 얼마나 효과적이고 지속적으로 추진하느냐에 달렸다.

기본업무와 개선업무의 목표내용 설정에는 직무 프로파일을 활용한다. 기본업무는 〈그림 6-5〉에서 보듯이 직무 프로파일의 역할과 책임 업무를 그대로 활용할 수 있다. 하지만, 개선업무는 직무 목적을 효율적으로 달성하기 위하여 역할과 책임 업무의 프로세스를 개선하거나 또는 부서 전략 목표를 효과적으로 달성할 수 있도록 일하는 방식을 개선하는 것이다. 이에는 개선이나 혁신 마인드를 가지고 접근해야 한다.

MBO의 운영 방식은 다양하지만, 지양해야 할 방식은 사전 목표 설정 없이 운영하는 것이다. 즉, 목표 설정을 사전에 하지 않고, 연말의 업무 결과를 MBO 양식에 맞춰 제출하는 경우이다. 이것은 무늬만 MBO이지 사실상 MBO가 아니다. 이러한 현상은 MBO제도를 관리할 역량이 부족하거나 최고 경영층에서 MBO에 대해 관심이 적은 경우에 나타난다. 그 결과 핵심 활동인 성과관리, 즉 도전적 목표설정이나 코칭 등이 생략된 MBO는 개인별 차등을 위한 평가 자료로만 활용된다. 목표는 사전적 개념이지 사후적 개념이 아니므로, 이러한 성과관리 방법은 MBO 방식이 아니다. 이러한 운영방식의 MBO는 마치 동물원 우리에 곰 인형을 넣어 놓고 진짜 곰이라고 우기는 것만큼이나 본래 MBO제도와 차이가 있다.

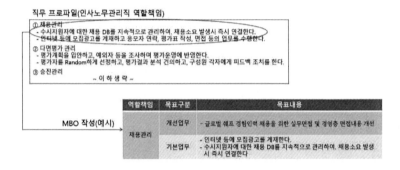

목표설정은 사전에 이루어져야 한다. MBO는 단순히 목표만 달성하기 위한 것이 아니다. 이는 상하 간 소통을 활성화하고, 코칭을 통하여 도전정신이나 참여가 일어나도록 하는 등 성과주의를 강화한다. 무엇보다도 목표를 사전에 설정해야 도전적인 목표를 정할 수 있고, 그래야 목표달성 과정에서 창의력이나 개선 마인드가 발휘되고 역량이 향상된다.

한편, 이러한 목표설정 방법은 간소화해야 한다. 전략 목표에 따라 정해진 팀 목표는 직무를 기준으로 개인에게 배분한다. 팀원은 배분된 업무를 직무 프로파일에 따라 기본업무와 개선업무로 나누어 MBO를 작성한다. 따라서 전략 목표만 결정되면 무리 없이 개인 MBO까지 설정될 수 있도록 체계적이고 간소한 MBO제도가 되어야 한다.

(2) 목표면담 및 목표실행

MBO에서 목표면담은 대단히 중요하다. 리더가 구성원에게 조직이 원하는 것이 무엇인지, 또한 기대 수준은 얼마큼인지를 알려주고, 목표달성을 위해서 조직 구성원이 어떤 역량을 계발해야 하는지 등에 대해서도 의견을 나누게 되기 때문이다. 목표면담 과정은 리더와 팀원 간 가장 본질적인 소통의 자리이며, 리더는 이 소통을 통하여 자율, 도전, 참여 등 팀원의 내재적 동기를 이끌어낸다. 따라서 목표면담은 위라밸 인사노무관리의 중요한 도구이다. 마치 축구 시합에서 감독이 승리하기 위해서 선수들과 작전회의를 여는 것과 같다.

목표면담은 계획면담, 중간면담 및 평가면담으로 이루어진다. 계획면담은 팀원의 연 목표계획과 도출할 성과를 확인하고, 그에 따른 평가 기준을 합의하는 과정으로 이 과정에서 도전적 목표설정이 이루어진다. 그리고 중간면담에서는 그동안 성과 계획에 따른 실적을 점검하고, 향후 기대되는 성과 수준과 이를 달성하기 위한 코칭을 제공한다. 마지막, 평가면담에서는 평가 기준에 따라 산정한 점수를 납득시키고, 차기 성과 향상을 위하여 피평가자의 분발 의지를 촉구하게 된다.

이러한 목표면담 과정을 충실하게 운영하기 위해서는 리더와 팀원 간의 사전 준비가 필수이다. 리더는 목표면담 과정에서 사업장의 비전과 전략 목표, 〈그림 6-6〉의 MBO 계획서, 평소 모니터링 내용, 전년도 MBO 실적 등을 준비하여 직원이 설정한 목표내용이 상위 목표와 연계되어 있는지, 합리적인지, 또는 실현가능성이 있는지를 점검해야 한다. 그리고 부서 특성을 반영한 평가항목 및 가중치의 조정도 이 단계에서 일어난다.

MBO 계획서

대상기간	소속	성명	부서장	
'19.1.1~'19.12.31	경영지원본부	이 인사		(인)

역할책임		수행내용	달성목표	가중치
채용 관리	개선 업무	프랑스 요리 전문가 2명 채용 및 Orientation 실시	목표인원 달성도	30%
	기본 업무	• 자원 배출기관 및 인터넷 채용공고 게재(1/3) • 서류전형 실시 및 결과 통보 (1/15) • 실무면접 자료 정리 및 면접 위원 전달, 면접 실시(1/25) • 전형자료 정리, 면접평가표 작성, 경영층 면접 실시(2/1)	채용예정인원의 3배 수의 응모인원 확보	15%
다면 고과	개선 업무	• 전략목표 달성을 지원할 다면고과 항목 개정 • 다면고과 양식 개선(2장 -> 1장)	고객만족도(10%) 전략연계성(10%)	20%
	기본 업무	2019년도 다면평가 계획을 수립하고 12월 10일까지 결과를 급여담당자에게 연결한다.	즉시성(5%) 정확성(5%)	10%
승진 관리		~ 이 하 생 략 ~		~
합계				100%

한편, 팀원은 자신의 역할과 책임단위 업무의 기본업무와 개선업무를 설명하고, 목표설정 내용, 세부일정, 중간산출물, 애로사항 등을 준비하고, 성과 창출에 필요한 사항과 지원 사항을 요청한다. 이러한 면담 과정에서 상하 간의 이해의 폭을 넓히는 계기를 만들 수 있고, 구성원은 업무추진 동기가 활성화되며, MBO에 대한 수용도도 높아진다.

목표면담을 마치게 되면 조직 구성원은 확정된 MBO를 실행하게 된다. 목표 실행 도중에 장애물이나 돌발상황이 발생하면, 구성원은 언제든지 리더의 코칭을 활용하도록 한다. 수시면담을 통해서 환경변화나 장애요인을 리더와 공유하고 코칭을 통하여 스스로 더 나은 성과창출 방법을 찾도록 한다.

2) 역량관리

팀원의 성과는 목표수준뿐만 아니라 역량과도 함수관계이다. 사업장에서 성과 달성을 하려면, 구성원들의 역량을 향상시켜야 한다. 하지만, 많은 사업장에서 성과 달성을 중요하게 생각하면서도 그 기반이 되는 구성원들의 역량 향상에는 시간·비용·프로그램·업무 공백 등의 우려로 무관심하다. 근로시간은 줄어들고 혁신적인 제품이나 서비스를 요구하는 경영환경에서, 이러한 관리방식은 개선이 필요하다. 이제 구성원들을 중요시해야 하고, 특히 이들로부터 열정과 창의력, 상상력을 발휘하도록 하는 역량 향상 활동에 더욱 관심을 가져야 한다.

역량이라 함은 직무 역할을 잘 수행할 수 있는 능력으로, 우수 성과자가 보이는 지식, 스킬 및 태도이다. 축구 경기로 예를 들어 보자. 축구 경기의 목표는 많은 골을 넣는 것이다. 이때 직무 역할은 전반적인 기술들, 드리블, 슛, 코너킥 방법들이고, 이러한 기술들 중에서 최고 선수가 보이는 민첩한 드리블 기술이나 효과적인 슛 방법이 역량에 해당한다. 즉, 역량은 성과 중심적이며, 목표와 연결되어 있다. 직무수행 내용을 설명하는 것이 직무분석이듯이, 역량을 체계적으로 설명하는 것은 역량 모델링이다.

역량 모델링은 일반적으로 리더십역량, 직무역량 및 공통역량으로 구성된다. 리더십역량은 전략 목표 달성을 위해 단위조직을 관리, 지도하는 데 요구되는 책임감, 인재육성, 전략기획, 리더십 등을 말한다. 직무역량은 해당직무를 수행하는 데 요구되는 업무 능력, 지식, 태도 등이고, 공통역량은 전 직원이 공통으로 보유해야 할 역량으로 사업장의 핵심가치를 근간으로 정의되는 역량이다.

중소기업에 유용한 역량 모델링은 간소하게 만들어 효율적으로 운영해야 한다. 그래서 역량 모델링을 만들 때, 사업장에 있는 각종 역량요소들을 정리하여 활용하면 된다. 즉, 경영이념·인재상·핵심가치는 '공통역량'으로, 리더십은 '리더십역량'으로, 그리고 직무 프로파일에 있는 역할과 책임 및 직무역량은 '직무역량'으로 전환할 수 있다. 역량모델링은 간소한 운영 및 집중도를 고려하여 각 역량별 3~5개 항목으로 선정하는 것이 적당하다. 구성원들의 역량평가를 위한 단계는 일반적으로 가장 많이 활용하고 있는 5등급 척도이다. 척도 작업에는 행위평정척도법(BARS, Behavior Observation Scales)방식을 활용하면 도움이 된다.

행위평정척도법 TIPS

이상적인 과업 형태에서부터 바람직하지 못한 형태까지 몇 개의 등급으로 구분해, 각 등급마다 중요 행위를 명확하게 기술한 뒤에 피평가자의 행위 정도를 측정하는 방식이다.

역량항목	역량정의	BARS				
		저조	미흡	보통	우수	매우 우수
도전추구	실패를 두려워하지 않는 진취적인 자세로 과감히 도전한다	위험이 적고 달성하기쉬운 목표 수준을 이야기한다	중간	다소 높은 목표를 설정하고 목표 달성을 위해 노력한다	중간	Stretch Target를 설정하고 실패를 두려워하지 않는 자세로 과감히 도전한다

역량의 중요성은 사업장 구성원들의 행동을 통일시키는 데 있다. 예를 들면, "지금 바빠요?"라는 동료의 질문에 반응하는 방법은 역량에 의해 결정된다. 즉, 협조성이 공통역량이나 직무역량에 포함되어있다면 "예, 바빠요"라는 대답 대신에 "뭘 도와 드려요?"라는 반응이 나올 것이다. 성공한 기업들은 구성원들과 역량을 잘 공유하고 있다. 구성원들에게 역량을 내재화시키고, 이를 행동으로 실천하게 함으로써 아무리 어려운 환경에서도 역량이 업무에 적용하고 있다.

역량 모델링은 성과관리뿐만 아니라 평가, 승진 등 성과주의 운영에 유용한 도구일 뿐만 아니라 채용이나 변화·혁신을 위해서도 중요하므로 워라밸 인사노무관리를 위해서도 중요하다. 특히, 채용할 때 사업장의 워라밸 조직문화를 실천할 수 있는지 여부는 공통역량으로 확인할 수 있다. 그리고 역량 모델링은 어떤 행동이 높은 성과(High performance)를 달성하는지도 알려주기 때문에 자기계발 자료로도 유용하다.

3) 코칭

(1) 코칭을 통한 의사소통

리더가 조직 구성원들에게 어떤 리더십을 보이느냐에 따라 구성원들의 성과 수준은 달라진다. 마치 축구경기에서 감독의 좋은 리더십이 없으면 승리하기 힘들듯, 성과관리에도 리더의 좋은 리더십이 없으면 목표를 달성하기 힘들다. 리더는 구성원들에게 자율, 도전, 참여 등 내재적 동기를 부여할 수도 있고, 지시, 통제, 문책 등 외재적 동기를 부여할 수도 있다. 리더들에게는 품이 많이 드는 내재적 동기는 '멀고', 하기 쉬운 외재적 동기는 '가깝다'. 그래서 내재적 동기를 활성화하는 코칭 리더십은 시간과 노력이 많이 들고 기술적 테크닉까지 요구하는 등 그 과정이 쓰다. 하지만 그만큼 그 열매는 달다는 점을 기억해야 한다.

코칭이란 평소 대상자를 유심히 관찰(모니터링)하여, '적절한 질문 → 대답 → 경청 → 다시 질문'하여 스스로 해결방법을 찾아내도록 하는 방법이다. 코칭의 힘은 상대방에게 문제를 해결할 수 있는 역량이 있다는 것을 환기시키고 상대의 잠재 에너지를 이끌어내는 데 있다. 이러한 과정에서 개인은 목표 성취에 필요한 자신감과 열정이 충만하게 되고, 능력과 잠재 역량을 최대한 발휘하게 된다.

코칭이 이루어지는 프로세스는 〈그림 6-7〉에서 보는 바와 같이 모니터링을 바탕으로 질문, 대답 그리고 경청, 질문, 대답 식으로 순환된다. 코칭의 핵심 요소는 경청이다. 경청은 질문을 통하여 상대방에게 말을 하게 하고, 그 말을 귀 기울여 들으며 상대가 왜 그렇게 생각하는지 또는 상대방의 의도를 알아내는 과정이다. 그래야 상대방의 속마음과 동기를 알게 되고 제대로 된 코칭을 할 수 있기 때문이다. 이렇게 해야 상대방은 공감을 하면서 자발적인 협력을 아끼지 않는다.

〈그림 6-7〉 코칭을 통한 의사소통과 권위적인 의사소통

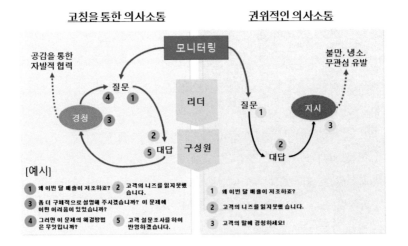

반면 권위적인 의사소통에는 경청이 없다. 리더는 굳이 팀원의 이야기를 듣지 않아도 답을 안다. 그래서 팀원은 그냥 지시에 따르기만 하면 된다. 이런 식으로 업무가 진행되면, 팀원은 리더와 생각이 다를 경우 불만을 가지게 되며 향후에는 무관심하고 냉소적인 태도를 가지게 된다. 이러한 조직문화에서는 팀원의 창의력이나 아이디어 도출은 고사하고, 리더가 없거나 지시를 하지 않으면 복지부동하게 되는 현상이 자리 잡게 된다.

그래서 글로벌 기업 대부분은 리더십 교육을 코칭 능력 배양에 초점을 두고 있으며, 현대 경영학의 아버지로 불리는 피터 드러커(Peter Drucker)는 최고의 커뮤니케이션 능력을 경청이라고 했다. 경영의 달인 마쓰시타 고노스케는 초등학교도 제대로 나오지 못한 단점을 극복하기 위하여 어떤 사람이 무슨 말을 해도 주의 깊게 경청한 덕에 일본 최고 경영자의 지위에 오를 수 있었다고 한다.

성과관리 과정에서 별도의 코칭 시간이나 단계가 있는 것은 아니다. 목표면담 과정이나 새로운 업무나 직책을 부여할 때, 업무계획을 세울 때 또는 프레젠테이션이나 중요한 미팅을 하기 전 등 리더십 발휘가 필요한 조직의 과정에서 코칭의 기술을 활용하면 효과적이다, 코칭 과정에서 중요한 것은 리더의 오픈 마인드다. 리더는 더 깊은 이해를 위해 구성원들의 업무 수행 방법이나 애로사항에 대해 얻을 수 있는 사실과 견해에 귀를 열어야 한다. 경청하고 토의해야 한다. 이러한 프로세스를 통하여 구성원들은 업무역량이 향상되고, 짧은 시간 동안 더 높은 성과를 도출하게 된다.

(2) 효과적인 결재 방법

리더는 늘 바쁘다. 팀 성과를 관리하고, 고객을 만나고, 경영회의에 참석하고, 타부서와 업무협의 하는 등 시간에 쫓긴다. 이러한 활동 중에서 리더가 반드시 구성원과 대면해야 하는 시간이 있는데, '결재시간'이다. 요즘 온라인 결재방식이 늘어나고 있지만, 여전히 대면결재가 필요하다. 리더는 어떻게 하면 효과적으로 결재시간을 활용할 수 있을까?

리더는 결재시간을 통하여 팀원에게 비전이나 철학을 전달하고, 전략 목표를 공유하며, 역량이나 태도 그리고 장단점을 파악한다. 그래서 결재시간은 MBO의 진척사항이나 문제점 그리고 애로사항을 확인할 수 있는 등 모니터링이나 직접 코칭에 가장 알 맞는 시간이다.

그러나 우리 사업장에서 이루어지는 결재시간은 이러한 코칭활동과 사뭇 다르게 진행된다. 결재시간에는 부서장의 지시와 지적 등 권위적인 의사소통이 일어나는 자리이다. 즉, 결재시간은 잘못을 질책하고 책임을 추궁하는 자리이지 경청하고 긍정적 피드백을 위한 코칭 자리가 아니다. 권위적인 조직문화에서, 결재시간은 불만과 냉소가 흐른다. 이러한 업무수행 방식으로는 워라밸 인사노무관리가 이루어질 수 없다.

리더는 결재시간을 코칭중심으로 운영해야 한다. 팀원들의 역량향상이 일어나고 목표 달성이 가능해지고 자율과 도전, 참여가 이루어지는 자리가 되어야 한다. 리더가 결재시간을 코칭 중심으로 운영하는 방법은 간단하다. 그것은 다음 두 가지를 질문하고 경청하여 피드백하는 것으로 충분하다. 이 방법은 간단하지만 효과는 탁월하다.

첫째는 "이 보고서가 지난번 것과 비교할 때, 개선된 내용이 뭐지요?"라고 질문한다. 이것은 개선과 변화를 위한 질문이다. 이 질문의 효과는 강력하다. 이것만 늘 질문하더라도 조직 구성원은 보고서를 올릴 때 변화와 개선을 생각하지 않을 수 없고 또한 역량 계발에 신경을 쓰지 않을 수 없다. 그리고 평소에도 변화와 혁신중심의 사고가 이루어지게 된다.

둘째는 "권한이 주어진다면 무엇을 변화시키고 싶습니까?"라고 질문한다. 이것은 존중하는 조직분위기와 행복한 직장을 만들기 위한 질문이다. 좀 더 구체적으로 "만족스러운 것이 무엇이죠?, 불안사항은 무엇입니까?"라고 질문할 수도 있다. 그래서 구성원의 의견을 반영하여 불필요한 것은 없애주고 개선하는 모습을 보여주어야 한다. 그러면 조직 구성원들은 목표달성을 위하여 참여와 도전, 헌신과 몰입으로 보답하게 된다.

리더는 결재시간에 부서원과 대면하여 중요사안에 대해 의사결정한다. 이러한 귀중한 자리에서 리더는 추궁하고 부서원은 변명하기에 급급한 모습을 보이면, 조직은 목표를 달성할 수 없다. 이제 결재시간에도 따뜻한 성과주의를 위한 코칭이 일어나도록 하여, 부서원의 열정과 에너지를 성과 향상을 위해 결집시켜야 한다.

1) 워라밸 인사노무관리를 위한 인사평가 관리 방향

우리는 일에서나 삶에서 마음대로 결정할 수 있는 부분이 거의 없다. 하지만 사업주 입장에서 조직 구성원들을 원하는 방향으로 움직이게 하는 방법이 있다. 그것은 인사평가다. 구성원들이 목표를 달성하고, 성과를 내며, 변화와 혁신을 추진하고, 생산성 향상을 위해 노력하는 이유는 그러한 활동들이 인사평가의 대상이 되기 때문이다. 즉, 구성원들은 평가에 따라 움직인다. 그만큼 인사평가제도는 성과주의 조직운영에 중요하다.

인사평가란 평가자가 평가기준에 따라 구성원들의 실적이나 역량을 평가하는 활동이다. 이러한 인사평가는 팀이나 개인의 성과나 역량을 떨어뜨리는 요인을 찾아내고, 미래 성장과 발전을 위해 코칭, 교육훈련, 채용 등의 효과적 대응을 가능하게 한다. 또한 MBO 중심의 인사평가는 기존의 연령이나 근속 등 연공서열형 인사노무관리로부터 성과주의 체제로 전환하는 데 핵심적인 역할을 한다. 그리고 인사평가는 목표달성이나 역량 계발뿐만 아니라 상벌 기준, 적재적소의 인력 배치 등 인사노무관리에 중요한 정보를 제공한다.

일하는 시간은 줄이고 성과를 달성해야 하는 워라밸 인사노무관리에서 따뜻한 성과주의 인사평가는 매우 중요하다. 만약 사업장에서 장시간 근로를 중요시하고, 업무 태도 중심으로 평가를 한다면, 워라밸

인사노무관리는 달성될 수 없다. 평가제도는 워라밸 인사노무관리의
실현을 위한 엔진과 같은 역할을 한다. 그래서 인사평가제도는 역량평
가를 포함하는 MBO 중심으로 설계하여 합리적이고 공정하게 운영해
야 한다.

하지만, 인사평가가 이렇게 중요한 역할을 함에도 불구하고 사업장
에서는 이를 효과적으로 활용하지 못하고 있다. 2016년도 한국직업능
력개발원의 조사에 따르면, "평가체계가 역량과 성과를 진단하는 데
효과적인가?"라는 질문에 대해, 효과적이라는 응답은 대기업이 51.0%,
중견기업이 29.8%, 중소기업은 22.8%인 것으로 나타났다. 중소 사업
장의 인사평가제도는 아직 취약하다는 것을 알 수 있다.

인사평가제도의 효과적 운영은 따뜻한 성과주의 성공을 위해 매우
중요하다. 따뜻한 성과주의 인사노무관리를 위해, 인사평가제도는 〈그
림 6-8〉에서처럼 개선·운영해야 한다. 그래서 인사평가 요소를 전략
목표와 역량 계발과 연계하여 비전 달성의 엔진으로 활용해야 한다.
그리고 상대평가보다 절대평가를 실시하고, 구성원들이 역량 계발을
할 수 있도록 평가결과의 정보를 피드백해 주어야 한다.

<그림 6-8> 인사평가제도의 운영방향

기본방향	구성원들의 인사정보 확보 (결과(Output) 평가 집중)	➡	목표달성과 역량개발 (과정(상시 면담, 코칭 등)을 중시)
평가항목	능력/태도 고과, 평가등급 차등화	➡	MBO/역량 평가, 평가등급 차등 축소
평가방법	상대평가	➡	절대평가
피드백	점수 및 서열	➡	역량개선을 위한 정보제공

중소기업의 인사평가는 간소하지만 공정하게 운영해야 한다. 중소기업에서 인사평가제도를 효과적으로 운영하지 못하는 것은 그 절차가 복잡하고, 시간과 노력이 많이 들기 때문이다. 하지만, 이제 중소기업은 근로시간 단축이나 임금 고공인상 등 경영환경 변화에 대응하기 위하여 따뜻한 성과주의 인사평가를 운영해야 한다. 그리고 효과적이기 위해, 평가제도는 간소하게 절대평가로 설계하고, 코칭과 피드백 등 육성을 중심으로 운영하며, 그 결과는 보상이나 교육훈련과 연계해야 한다.

2) 평가항목

인사평가제도에서 가장 중요한 요소가 평가항목이다. 조직 구성원들이 평가에 민감한 것이 바로 평가항목 때문이다. 평가항목에 업무의 양이나 근로시간이 포함된다면 구성원들은 야근을 마다하지 않을 것이고, 업적과 역량을 포함된다면 직원들은 또한 이의 달성을 위해 노력할 것이다. 그래서 평가항목은 성과주의와 밀접한 연관이 있다.

성과주의 인사노무관리를 위한 평가항목은 <그림 6-9>와 같이, 업적평가와 역량평가로 구성되어야 한다, 업적평가는 MBO 중심으로 이루어지고, 역량평가는 리더십역량·직무역량·공통역량 평가로 이루어진다.

<그림 6-9> 인사평가 항목의 구성

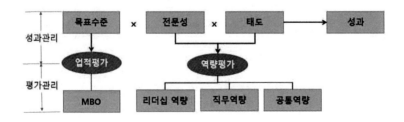

(1) 업적평가

업적평가 항목은 MBO 계획에서 수립한 기본업무와 개선업무이다. 이 두 항목 간의 비중을 동일하게 할 것인지 아니면 차이를 둘 것인지는 조직문화나 평가목적 등에 따라 다르다. 신설조직은 기본업무의 중요성이 높은 반면, 안정된 조직은 개선업무가 더 중요하다(<그림 6-10> 참조). 워라밸 인사노무관리는 일하는 시간을 줄이면서 성과를 높여야 하므로 개선·변화·혁신이 필요하고, 개선업무에 더 중점을 두어야 한다.

평가항목의 중요성에 따라 비중을 달리하는 것이 가중치이다. 평가 가중치가 높다는 것은 사업장 전략이나 평가목적 등에 더 부합한다는 의미이다. '어떤 평가항목에 가중치를 높게 줄 것인가'는 평가의 합리성과 공정성을 높이기 위해서 반드시 해야 할 질문이다. 일반적으로 다음 항목에 해당하는 경우에는 높은 가중치를 준다.[21]

① 전략적 경영목표에 우선순위가 높은 항목
② 경영실적과 관련성이 높은 평가항목
③ 높은 직급은 업적평가, 낮은 직급일수록 역량평가
④ 평가항목 중에 통제 가능한 항목(예 마케팅 부서는 판매량)

---

21) 정학용, 황규식, 인사노무관리 리스크매니지먼트, 간디서원, 2017.

인사평가표

대상기간	소속	성명	평가자
'19.1.1~'19.12.31	경영지원본부	이 인사	(인)

1. 업무실적

책임단위		주요업무 실적	평 가			비고
채용관리 (40%)	기본업무 (40%)		A	B	C	
	개선업무 (60%)		A	B	C	
다면고과 (30%)	기본업무 (40%)		A	B	C	
	개선업무 (60%)		A	B	C	

2. 역량평가

리더십 역량 (50%)			평가		
	목표관리 (20%)	구성원의 성과달성과 지속적인 동기부여를 위해 단위 조직의 목표제시 및 구체적인 실행방안을 지원한다.	**A**	B	C
	신뢰성 (15%)	주어진 일을 완수할 만한 기술과 지식을 보유하고,직원들에 직원들에게 배려와 지원하며 공정하고 언행일치를 실천한다.	A	B	C
	인재육성 (15%)	직원의 업무에 대해 수시로 지도, 조언하며 직원의 역량개발과 성장에 관심을 갖고 적극적으로 지원한다.	A	B	C

※ 평가등급 : A(우수), B(보통), C(미흡)

(2) 역량평가

사업장에서 근로시간 단축과 임금 고공인상에 대응하기 위해 생산성 향상에 가장 필요한 것이 구성원들의 역량 계발이다. 역량이 계발되면 근로시간이 줄어도 더 높은 성과를 낼 수 있기 때문이다. 조직에서 계발이 필요한 역량은 역량 모델링으로 설계된 리더십역량, 직무역량, 공통역량이다. 특히 워라밸 인사노무관리를 위하여, 자율, 도전, 참여 등 몰입이나 창의력을 고양하는 역량들이 중요하다.

역량 항목 간 가중치는 〈그림 6-10〉에서 보는 바와 같이, 평가목적이나 직급 등을 고려하여 조직의 실정에 맞게 설정한다. 예를 들면, 고직급자일수록 리더십역량, 저직급자일수록 직무역량이 높도록 하는 것이 합리적이다.

3) 평가자

성과주의가 성공하기 위해서는 인사평가제도가 합리적이고 공정하게 운영되어야 한다. 인사평가제도의 합리성과 공정성을 좌우하는 것은 평가자이다. 평가제도의 시스템이 아무리 잘 구축되어 있어도 평가자가 자의적이고 감정적으로 평가하면 평가제도의 합리성과 공정성은 떨어질 수밖에 없다. 반면, 평가 체계가 조금 미흡해도 평가자가 공정하게 평가하려는 의도와 역량이 있으면 인사평가의 합리성과 공정성은 개선되게 마련이다.

따라서 사업장에서는 인사평가의 합리성과 공정성을 향상시키기 위해 평가자에게 관심을 가져야 한다. 평가자와 관련하여, '평가자를 누구로 할 것인가'와 '평가자를 몇 명으로 할 것인가' 그리고 '평가자 오류' 등이 평가제도의 합리성과 공정성에 영향을 미치게 된다.

(1) 평가자를 누구로 할 것인가?

평가자는 평가 대상자를 가장 잘 평가할 수 있는 사람이 되어야 하며, 그것은 다음 두 가지 조건을 충족시켜야 한다.

> ① 평가 대상자를 충분히 관찰할 기회가 있는 사람
> ② 평가 대상자를 객관적으로 평가할 동기를 가진 사람

조직에서 이러한 요건을 충족시키는 사람이 바로 직속 상사이다. 이것이 대부분의 사업장에서 직속 상사를 인사평가자에 포함하는 이유이다.

하지만, 평가자 선정에 이러한 원칙을 지키지 않는 사업장이 많다. 대표적인 사례가 사업주가 모든 구성원들을 평가하는 경우이다. 사업주는 객관적인 평가 동기는 있지만 모든 직원을 충분히 관찰할 수는 없다. 따라서 사업주에게 이러한 권한이 주어진 사업장에서는 평가 권한을 적절히 조절할 필요가 있다.

한편, 동료들도 평가자로서 자격이 있다. 이들은 평가 대상자를 충분이 관찰할 기회를 가지고 있고, 동료의 역량 계발에 동참할 충분한 동기도 가지고 있기 때문이다. 동료평가의 이러한 장점으로 글로벌 제약회사 머크(Merck), 구글, '고어텍스'로 유명한 고어(Gore) 등에서 동료 평가를 인사평가에 활용하고 있고, 심지어 고어사는 CEO를 동료들이 선출하고 있다.

(2) 평가자를 몇 명으로 할 것인가?

평가자 인원은 평가의 공정성과 효율성을 고려하여 결정해야 한다. 공정성과 효율성은 상쇄관계(Trade-off)에 있는데, 평가자 인원이 늘어날수록 공정성은 향상되지만, 시간이나 비용이 늘어나 효율성은 떨어진다. 반대로, 평가자 인원을 줄이면 평가 효율성은 향상되지만 평가 공정성이 약화될 우려가 있다. 그렇다면 가장 적정한 상사와 동료 평가자는 몇 명일까?

상사 평가자 인원은 구성원의 업무 범위에 따라 다르다. 즉, 1명의 리더에게만 보고하면 상사 평가자는 한 명이면 되지만, 두 단계 이상 보고를 한다면 다수의 상사를 평가자로 두어야 한다. 다만, 다수 상사 평가자들 간의 가중치는 역량 계발 피드백을 위하여 직책이 구성원에게 근접할수록 높게 부여해야 한다.

동료 평가자는 부서 동료 전체를 평가자로 하는 것과 일부 인원을 평가자로 하는 방법이 있다. 평가의 공정성이 중요할 때는 동료 전체를, 평가의 효율성이 중요할 때는 일부 동료만을 평가자로 한다. 일반적으로 전문가들은 동료 평가자의 인원이 3~5명인 것이 가장 바람직하다고 본다.

(3) 평가자 오류

평가자 오류는 불가피한 측면이 있다. 인간의 인지적 한계로 인하여 발생하기 때문이다. 그래서 평가자 선정에 각별한 주의를 기울이고 평가자들에게 공정한 평가에 대한 당부를 해도, 평가자 오류는 늘 존재한다. 평가자 오류는 <표 6-1>과 같이 관대화 경향이나 중심화 경향, 현혹 효과 등이 있다.

따라서 평가자 오류를 줄이는 방법은 평가자가 경각심을 가지고 오류 극복을 위해 지속적으로 노력하는 수밖에 없다. 이를 위한 대표적인 방법이 다음 세 가지이다.

① 선입견이나 감정적인 판단을 자제
② 평가 기준을 충분히 인식
③ 평소 객관적인 자료 확보를 위해 노력

<표 6-1> 평가 오류 유형과 대응 방안

구분	개 념	사 례	대 응 방 안
관대화 경향	피평가자를 실제보다 과대평가하는 것	"고생을 하는데 다 잘 해줘야지... 뭐"	
중심화 경향	피평가자에 대한 평가점수가 보통 또는 척도상의 중심점으로 집중하는 경향	"다들 중간은 가는 친구들이라서."	
엄격화 경향	관대화 경향과는 반대로, 피,평가자의 역량을 실제 보다 의도적으로 낮게 평가하는 경향	"특별히 잘한 사람도 없고..."	
논리적 오차	평가요소가 논리적으로 밀접한 관계가 있는 경우 한 요소가 뛰어나면 다른 요소도 뛰어나다고 평가하는 경향	"성실하니까, 협동심도 뛰어날거야"	· 피평가자에게 가지고 있던 편견, 선입관, 감정을 배제하고 평가할 것 · 평가기준을 충분히 이해, 인식하고 평가할 것 · 평소 객관적인 자료를 수집하여 평가 때에 활용할 것
현혹 효과	평가자가 피평가자의 특정 요소로부터 받은 인상에 의거 개개인을 평가하려는 경향	"우수한 대학을 나왔으니, 일도 잘 하겠지"	
대비 오차	피평가자를 여러 명 평가할 때, 우수한 피평가자 다음에 평가되는 보통 수준의 피평가자를 실제보다 낮게, 그리고 낮은 수준의 피평가자 뒤에 평가하는 보통 수준의 피평가자를 높게 평가하는 경향	"우리 팀이랑 참 안 맞는 친구야"	
시간적 오차	평가의 기초가 되는 사실을 쉽게 기억할 수 있는 최근의 실적이나 능력을 중심으로 평가하는 경향	"11월에 큰 건 한 김과장이 역시..."	
상동적 태도 (stereotype)	특정 종교, 사회단체, 특정한 사람 등에 대해 가지고 있는 평가자의 지각이 평가의 길과에 영향을 미치는 경향	"안경을 끼고 있으니깐 분석적 일 꺼야"	

4) 평가방법

인사평가 방법에는 크게 절대평가와 상대평가가 있다. 절대평가는 피평가자들을 성과 등 객관적인 기준에 근거하여 평가하고, 상대평가는 피평가자들 간 비교에 근거하여 평가하는 방법이다. 절대평가는 절대적 기준에 의해 평가하므로 무엇을 얼마나 잘했는지 또는 잘못했는지를 구체적으로 피드백해 줄 수 있는 반면, 피평가자를 관대하게 혹은 가혹하게 평가할 수 있다는 단점이 있다. 반면, 상대평가는 가혹화 또는 관대화 경향은 막을 수 있지만, 직원들에게 역량 계발을 위한 피드백을 하기에 곤란한 측면이 있다.

그러면 조직에서는 절대평가를 실시해야 하는가 아니면 상대평가를 실시해야 하는가? 그것은 회사의 핵심가치나 조직문화에 따라 다르다.

협업과 팀워크이 중요하고 공동체적인 조직문화가 강조될 때에는 절대평가가 적합하고, 한 사람이 구성원 수백 명을 먹여 살릴 수 있는 업종에서는 차별적인 보상과 경쟁지향적인 조직문화를 위하여 상대평가가 유리하다.

이렇게 평가 방법은 경영환경이나 조직문화 등을 고려해서 결정해야 함에도 불구하고, 대부분의 기업에서는 평가의 관대화 경향 극복과 간편한 운영 가능으로 상대평가를 많이 활용하고 있다. 그 결과 상대평가는 직원 간 우열을 가리기는 쉽지만 우수한 직원들이 많이 모인 부서에서는 평가의 공정성 문제를 일으키게 된다. 그래서 협력과 팀워크 등 화합과 역량 향상이 중요한 워라밸 인사노무관리에는 실적에 따라 평가하고 적절한 피드백 제공이 가능한 절대평가가 더 적절하다.

5) 피드백 실시

따뜻한 성과주의 인사노무관리에서 인사평가의 피드백 절차는 매우 중요하다. 평가 피드백의 목적은 성과나 역량 계발 부분에 필요한 정보를 제공하는 것이다. 구성원들은 피드백을 통해 성과나 역량 수준에 대해 개선의 기회를 가질 수 있다. 따라서 성과가 저조한 구성원은 다시 만회할 수 있는, 즉 패자부활 기회를 피드백을 통하여 가질 수 있다.

평가 피드백은 소통하는 자리이다. 평가자와 피평가자 간 목표달성 정도, 발휘 역량 및 애로사항에 대해 합의하고 공유하는 절차이다. 따라서 평가 피드백은 성과 달성을 지원하고 평가 결과의 수용성을 강화하며, 자기계발을 통하여 자기실현을 지원하는 등 평가제도의 본래 목적에 기여한다.

평가 피드백이 내실 있게 진행되려면 사전에 철저한 준비와 면담 절차를 따를 필요가 있다. 피드백 절차는 '사전준비 → 면담 실시 → 피드백 제공' 순으로 진행된다.

1. 사전 준비는 평가자와 피평가자가 내실 있는 면담을 하기 위하여, 평가자는 평가결과에 대한 근거자료를, 피평가자는 업무 성과에 대한 객관적인 자료 등을 준비하는 과정이다.
2. 면담 실시는 본격적인 면담 단계로 대화 분위기를 조성하고 피평가자로부터 성과 달성도 및 추진 실적을 경청하고 평가 결과에 대해 설명하고 합의하는 과정이다.
3. 피드백 제공은 평가 결과에 대한 피평가자의 의견을 청취하고, 문제 해결 방안을 모색한 뒤 향후 성과 및 역량 향상 방안을 소통하는 과정이다.

평가 피드백 시간을 역량 개선과 성과 향상의 기회로 이용하기 위해서는 슬기로운 운영이 필요하다. 과거에 잘못한 것을 한꺼번에 쏟아 놓은 시간이 되어서는 안 된다. 면담 시간은 성과를 개선하고 직원의 약점을 보완하기 위한 계획을 짜며 직원의 강점, 노력, 달성을 코칭하는 기회로 활용되어야 한다.

1) 간소하고 공정한 승진관리

인사노무관리에 능위공록(能位功祿)이라는 말이 있다. 이는 '능력 있는 자는 승진시키고, 성과가 높은 자는 임금으로 보상한다'라는 말로 성과주의를 단적으로 표현하고 있다. 승진관리는 임금과 함께 성과주의의 과실(果實)이다. 목표관리에서 출발한 성과주의는 평가제도를 매개로 임금과 통하고 승진에서 마지막 결실을 보게 된다. 즉, 조직 구성원들이 목표를 달성하고 역량을 육성하는 궁극적인 목적은 승진에 있고, 성과주의의 성패가 승진관리에 달렸다고 해도 과언이 아니다. 이것이 승진관리를 객관적이고 공정하게 해야 되는 이유이다.

승진이란 조직에서 직무 또는 직위의 상승을 의미한다. 사업장에게는 인재 확보의 계기를 만들어 주고, 구성원에게는 자기발전의 기회를 제공한다. 조직 구성원들의 동기부여는 승진, 즉 성장 욕구가 충족될 때 최고조가 되어, 최고의 성과와 생산성을 만들어 낸다. 성과주의 승진관리는 학력이나 근속 등 연공적 요소를 폐지하고 성과와 역량 중심으로 상위 직위에 보임하는 것이다.

일하는 시간은 줄이고 적정한 임금 수준을 보장하는 워라밸 인사노무관리에서도 승진관리는 중요하다. 구성원들은 승진 요건을 충족시키기 위하여 목표 달성과 역량 향상에 몰입하게 되고, 이는 업무 생산성 향상을 가져온다. 그 결과 승진을 하게 되면, 적정한 임금 수준을 보장받게 되고 워라밸 인사노무관리가 용이해진다.

하지만, 우리나라 승진제도는 아직 연공주의를 벗어나지 못하고 있다. 국내 한 취업 포털 업체에서 2017년도 직장인 1,057명을 대상으로 실시한 승진제도에 관한 설문조사에 따르면, <그림 6-11>에서 보는 것처럼 일정 기간 근무 후 승진되는 승진 연한제를 운용하고 있는 기업이 35.3%로, 3개 사 중에서 1개 기업에서 승진연한제를 운용하고 있음을 알 수 있다. 또한 승진 기준이 성과나 역량과 무관하거나 연공으로 운용되는 기업은 65.7%로, 3개 사 중에 2개 기업이 그렇게 운영하는 것으로 나타났다. 따라서 우리 기업들은 성과주의 인사관리 도입이 미진하다고 볼 수 있다.

<그림 6-11> 우리나라 승진시스템과 승진관리의 문제점

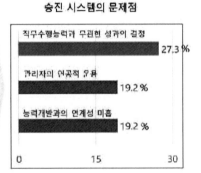

그뿐만 아니라, 불공정한 승진관리는 법률 리스크를 유발시킨다. 산이 높으면 골도 깊듯이, 승진의 영화가 클수록 그로 인한 잡음이나 부작용도 많다. 대표적인 것이 승진 대상자에게는 성과와 무관하게 후하게 인사평가하는 관행이다. 이렇게 승진 대상자를 배려하는 평가 관행은 고성과자들의 불만 유발과 조직 이탈 문제까지 발생시킨다. 또한 승진을 위하여 실적이나 역량을 부풀리는 비윤리적 행위까지 자행될 수 있다. 최근에 국내 유수의 대기업 직원이 중국으로 기술을 유출하려다가 발각된 사건도 그 밑바닥에는 승진에 대한 불만이 있던 것으로 나타났다.

이러한 연공주의 승진제도나 불공정한 승진관행을 개선하기 위해서는 〈그림 6-12〉와 같이 따뜻한 성과주의 승진제도의 운영이 필요하다. 4차 산업혁명과 근로시간 단축환경에 대응하기 위해서는 역할 중심의 수평적 직급 체계를 통하여 자율성과 창의력, 도전성을 고양해야 한다. 승진 기준에서 성과와 역량 등 성과주의 요소를 강화하고, 승진 시행은 승진포인트제 운영 등을 통하여 객관적이고 공정하게 해야 한다. 그리고 승진 사후관리를 위하여 승진 맨토링을 실시하여 승진 효과를 극대화할 필요가 있다.

<그림 6-12> 따뜻한 성과주의 승진제도 운영 방향

직급체계	다단계 직급구조	수평적 직급구조
승진제도	연공주의 승진제도 운영	역할중심 승진제도 운영
승진운영	· 승진요소 : 연공기준 · 불합리한 승진제도 운영	· 승진요소 : 성과, 역량 · 승진포인트제 운영
사후관리	별도 없음.	멘토링 실시

중소기업도 승진제도가 필요하다. 중소기업의 승진 행태를 보면, 구성원들 간 유사한 업무 여건으로 우열을 가리기가 쉽지 않기 때문에 대부분 순차적으로 승진하게 되고, 승진 차이가 나더라도 1~2년 정도이다. 그럼에도 회사 경영층은 승진관리에 매번 많은 시간과 에너지를 쓰고 있지만, 구성원들로부터 승진이 불공정하다느니 승진 기준이 애매하다는 등 불만을 듣고 있다. 따라서 승진관리에 대한 부담을 최소화하면서 성과주의를 구현하는, 역할 중심의 간소하고 공정한 승진관리가 필요하다.

2) 수평적 직급체계

4차 산업혁명시대의 글로벌 경쟁과 근로시간의 단축, 임금의 고공인상이 예상되는 경영환경에서는 구성원의 몰입과 창의성이 경쟁력의 핵심 요소이다. 몰입과 창의성은 구성원들에게 기분 좋은 긍정적인 정서를 만들어 주고, 이는 자율적인 업무 수행이 가능한 분위기가 조성될 때 최대화된다. 이를 위해 수평적 조직문화가 필요하고, 이를 구조적으로 뒷받침하는 것이 수평적 직급체계이다.

직급이란 일의 종류와 난이도, 책임 등이 비슷한 직위를 한데 묶은 개념으로 직무 등급 또는 역할 등급을 말한다. 직급 체계는 비슷한 수준의 직무 등급 또는 역할 등급을 수직적, 계층적으로 분류해 놓은 것이다. 직급 체계는 승진뿐만 아니라 채용이나 급여, 이동 배치 등을 결정할 때 기본이 되므로 조직운영의 기본 뼈대가 된다.

과거 우리나라 직급 체계는 다단계 직급 구조였다. 이를 통하여 조직을 관리하였으며, 많게는 14개 직급까지 있었다. '사원-고참사원-대리-과장-차장-부장-이사대우-이사-상무-전무-부사장-사장-부회장-회장'과 같이 위계적인 구조였으며 구성원이 보고서를 만들면 최소한 13번 고쳐야 하고, 보고·재보고로 소요되는 기간은 최소 26일이었다고 한다.

하지만, 이러한 위계적 직급 체계에서 어떤 구성원이 승진을 하게 되면, 그가 실무에 손을 놓게 되어 정작 실무 인력이 부족하게 된다. 즉, '풍요 속의 빈곤' 현상이 발생하게 되고 승진으로 인한 인건비만 상승하게 된다. 다단계 직급 체계의 이러한 문제점으로 인해, 이제는 수평적 역할 중심 직급 체계로 바뀌고 있다. 글로벌 경쟁의 최전선에 있는 대기업조차도 〈그림 6-13〉에서 보는 바와 같이, 역할 중심의 직급체계로 개편하여 직급 수를 3~4개 수준으로 줄여 간소화하고 있다. 이를 통하여 의사 결정의 유연성을 높이고 수평적 조직문화로 구성원들의 창의성이나 몰입을 강화하고 있다.

〈그림 6-13〉 주요 그룹 직급체계 개편[22]

---

22) KEF e매거진, '역할중심 임금체계 개편사례와 도입방안', 2016.12.29.

역할 중심의 직급체계를 설계하기 위해서는 역할 등급 단계를 설정해야 한다. 중소기업 구성원들의 직무 역할은 크게 '팀장-팀원'의 두 단계로 구분할 수 있다. 두 단계 구분은 팀장에게 업무가 집중되고, 중간관리자들의 지식과 경험을 활용하지 못한다는 단점이 있으므로 직급체계는 〈표 6-2〉에서 보는 것처럼 '팀장-선임-팀원'의 3단계 구조로 운영한다. 팀장은 팀 리더 역할을 수행하고 팀 목표 달성 및 부하 육성 책임을 진다. 선임은 부문 업무 또는 과제를 리드하고, 팀장을 보좌하며 후배 팀원들에게 조언하는 역할을 한다. 팀원은 팀의 실무를 담당하고 팀장 및 선임의 지도하에 업무를 수행한다.

〈표 6-2〉 역할 중심의 직급체계

구분	팀장	선임	팀원
책임	팀 리더 역할 수행 (팀 목표 및 성과 달성 책임)	부문 업무/과제 리더 (팀장을 보좌하고 후배 팀원에게 조언)	팀내 실무업무 담당 (팀장이나 선임의 지도 아래 업무수행)
역할	·회사 방침 및 시행계획에 따라 팀 업무 총괄 ·팀 업무 세부계획 수립 추진 ·팀 업무 총괄, 팀원 및 선임 지도 육성	·부문 업무/과제 계획 수립, 업무수행, 품질 관리 등 ·업무/과제 참여자에 역할 분담 등 업무 리드 ·팀 목표 달성에 관심을 갖고 팀원에게 조언 등 팀장 보좌	·팀 업무나 과제의 한 부분을 맡아 수행 ·고객 니즈, 현장이슈 등을 파악, 정리 보고 ·열린 마음과 협력적인 태도로 팀 성과 창출에 기여

3) 역할 중심 승진제도

역할 중심 승진제도는 <그림 6-14>에서 보는 바와 같이, 직무수행자의 역할에 따라 나누어진 등급, 즉 역할 중심 직급체계에 따라 승진관리를 하는 것이다. 그 결과 계층은 낮아지고 직급 내 범위는 넓게 수평화된다. 이러한 역할 중심 승진제도는 수직적인 직급 구조를 수평화하여 빠른 의사결정과 실행을 가능하게 하고, 팀원 간 소통과 협업을 강화하여 창의성과 집단지성을 활성화한다.

역할등급별 체류기한은 기존의 직급운영 기준, 역량 향상 소요 기간, 사회적 관행 등을 고려하여 설정해야 한다. 특히 호칭승진은 대외적 관행과 형평성을 고려하여 설정해야 한다. 일반적으로 한 직급 최소 체류 기간을 평균 3년으로 잡는 점을 고려한다면, 하위 직급은 3년, 상위 직급은 4~5년으로 설정하는 것도 하나의 방법이다.

<그림 6-14> 역할등급 및 호칭승진 구조(예시)

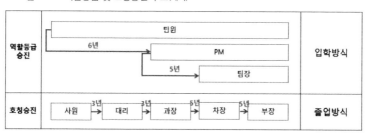

이러한 역할 중심의 승진제도를 운영하고 있는 대표적인 기업이 온라인 신발 전문 쇼핑몰 자포스다. 자포스는 CEO만 지위를 가지고 있고 직원들은 직위가 없으며, 직원들과 팀은 스스로 자신들의 성과를 책임·관리한다. 자포스에서 승진이란 새로운 역할을 맡게 되는 것을 의미한다. 이렇게 역할이 늘어나면 연봉도 늘어나게 된다. 따라서 역할

중심 승진제도는 자기주도하에 업무를 수행하면서 독립적인 권한과 책임을 행사한다는 점이 큰 동기유발 요인이다.

하지만, 역할 중심 승진제도는 제한된 T/O제도 운영으로 승진의 지나친 과열 현상은 예방할 수 있지만, 조직신분을 사회신분과 동일시하는 우리 사회문화에서는 구성원들의 사기 저하 요인이 될 수 있다. 따라서 장기간 보직 잔류 등으로 구성원들의 사기관리나 복지부동 등의 부작용을 최소화할 필요가 있고, 이를 위해 호칭승진제도를 활용하거나 프로젝트 중심 조직운영 등이 필요하다.

호칭승진제도란 외부에서 통용할 호칭 직급(예 부장, 차장, 과장 등)을 도입하여 실제 직급과 분리 운영하는 것이다. 즉, 실제 직급은 역할등급으로 운영하는 반면, 호칭 승진은 일정한 요건만 갖추면 자동적으로 승진하는 제도이다. 호칭승진에는 지위나 연봉 등의 본질적인 상승은 없지만 고객 관계나 사회 신분과 격을 맞추기 위해 운영하는 제도이다. 따라서 호칭직급은 극도의 성과 저조나 윤리적 문제가 없는 이상 평균적인 실적과 역량을 보유하여 일정한 포인트만 달성하면 자동 승진(졸업 방식)토록 하는 제도다.

한편, 프로젝트 중심의 조직운영은 기능 중심의 조직운영에 프로젝트 중심의 업무 관리제도를 보완하는 방법이다. 아는 기능보다는 프로젝트 단위로 업무를 구성함으로써 자율적인 프로젝트 참여를 통해 직원들에게 다양한 직무 경험을 제공하면서 조직 활성화를 도모하는 방법이다.

4) 승진운영

승진제도의 핵심은 승진심사 기준과 공정한 운영이다. 조직 구성원들의 역량 계발은 승진심사 기준에 맞추기 위한 것이고, 개인별 경력발전 경로(CDP, Career Development Path) 또한 승진심사 기준을 충족하기 위한 것이라고 해도 과언이 아니다. 이제 기업의 승진 심사기준을 연령이나 근속 등 연공적 요소에서 탈피하여 성과와 역량중심으로 개선해야 한다. 따라서 성과주의 인사노무관리를 위한 승진심사 기준은 성과와 역량이 중심이 되어야 한다.

그리고 승진심사 기준의 객관성과 공정성을 높일 수 있는 방법이 승진 포인트제나 마일리지제도의 도입이다. 이들 제도는 연공보다는 개인의 역량이나 업적을 우선하여 승진에 필요한 제반 요소를 점수(Point)화하고 일정 점수 이상이 되면 직급별 승진연한에 구애됨이 없이 승진 또는 승진심사 대상이 되도록 하는 것이다.

이러한 승진 포인트제도나 마일리지제도의 강점은 조직 구성원들이 스스로 승진하기 위해서는 어느 부분을 얼마만큼, 언제까지 보완해야 하는가를 알 수 있고 미리 준비할 수 있다는 점이다. 이를 통해 승진제도의 객관성과 공정성을 높일 수 있을 뿐만 아니라 승진에 따른 갈등이나 스트레스 등 부작용도 최소화할 수 있다.

승진 포인트제의 설계는 '준비단계 → 평가요소 선정 및 운영 → 사후관리' 프로세스로 진행한다. 중소기업 구성원들의 승진제도에 대한 불만이 '승진을 위해 무엇을 준비해야 할지 모른다'인 부분은 승진기준 설계 과정에서 직원들을 참여시키고 운영을 투명하게 하여 개선할 수 있다.

준비단계에서는 승진제도의 투명하고 공정한 운영에 대한 최고경영층의 의지표명과 실무반(Task Force)에 구성원들도 참여시켜 공동으로 진행한다. **승진요소 선정 및 운영단계**에서는 승진평가 요소 선정은 전략 목표와 승진정책과 연계하고, 입학 방식 또는 졸업 방식 등 운영 방법도 확정한다(일반적으로 하위직급 승진에는 졸업 방식을 사용하고 상위직급 승진에는 입학 방식을 사용). **사후관리**는 설계된 제도에 대해서 직원 설명회를 개최하여 직원들의 의견을 수렴하고 취업규칙에 반영한다.

승진 포인트제의 다양한 장점으로 인해 포스코, 삼성 등 현재 많은 글로벌 기업에서 이를 도입·운영하고 있다. 승진 포인트의 주요 항목은 <표 6-3>에서 보듯이 인사고과, 외국어, 사회봉사 그리고 전략 목표 달성에 필요 항목 등으로 구성하여 운영하고 있다.

<표 6-3> 승진 포인트 도입 사례[23]

구 분	POSCO	삼성	SK 하이닉스	농어촌공사
항 목	승진시험, 어학, 통섭교육, 인사고과, 제2외국어	인사고과, 외국어, 정보화, 6시그마, 표창	인사평가 결과를 점수로 환산	CDP, 자기개발, 성과관리, 사회봉사, 표창 등
승진 포인트	O (매니저 승진)	O (과장 승진까지)	O (인사 마일리제도)	X
승진 자격 포인트	O (시니어 매니저~)	O (차장~)	X	O

* 자료 : 인터넷 기사 종합

---

23) 정학용·황규식, 『인사노무관리 리스크 매니지먼트』, 간디서원, 2017.

사업장에서 승진포인트제는 〈표 6-4〉처럼 설계할 수 있다. 인사평가, 교육활동, 제안활동 및 포상점수 등을 포인트 항목에 반영하여 업무성과와 자기계발 활동을 자극하도록 한다.

<표 6-4> 직급별 승진포인트 운영 기준(예시)

직급	승진기준 연한	승진 포인트	승진항목별 포인트 배점기준			
			인사평가	교육이수(x)	제안점수	포상점수
팀장	5년	32.5[1]	S - 3	$x >= ∂^{2)} - 1$	1점/5회	1점/2회
PM	6년	39	A - 2	$1.5∂ < x <= 0.5∂ - 0.5$		
팀원	-		B - 1	$x < ∂$ - 0		

1) 32.5 = (2.5x5년x2회) +(0.5x5년) + (1x5년)
2) ∂ = 해당 직급 근로자들의 연간 평균 교육 이수점수

승진 포인트 점수를 활용하는 방법에는 '졸업식' 방식과 '입학식' 방식이 있다. 졸업식 방식은 승진 포인트를 확보하게 되면 별도의 승진 심의 없이 바로 상위 직급으로 승진하는 것이고, 입학식 방식은 승진 포인트를 확보함으로써 승진 후보자의 자격만을 취득하는 것이다.

졸업식 방식은 객관적이고 공정성은 높지만 승진제도의 전략적 운영이 미흡하고, 입학식 방식은 투명성은 떨어지지만 전략적으로 운영할 수 있다는 장점이 있다. 그래서 하위직급 승진에는 졸업식 방식을, 고직급 승진에는 입학식 방식이 적당하다.

5) 사후관리

일반적으로 기업들은 승진관리를 승진 인사발령으로 마무리한다. 멘토링 등 사후관리까지 하는 기업은 드물다. 그러나 승진의 부작용을

생각한다면 멘토링이 필요하고, 역할 중심의 승진관리에서는 더욱 그러하다. 역할 중심의 승진제도는 '과장'이나 '부장' 등 직위 승진과 다르게 '팀장' 등 직책 보임자를 선임하는 것이고, 그 보임자의 역량이 사업장의 성과에 직접적인 영향을 미치기 때문이다. 승진 심사 과정에서 장래 보직에 대한 성공 가능성을 평가하지만, 승진 결정이 반드시 성공한다는 보장이 없다. 피터 드러커도 승진에 따른 신규 보임자는 성공보다 실패가 많았다고 지적하고 있다.[24]

> 승진을 하여 새로운 직무를 맡은 유능한 사람들 가운데 계속해서 성공을 거두는 사람은 그리 많지 않다. 상당히 많은 사람이 완전히 실패했다. 그들보다 더 많은 사람들이 성공도 실패도 아닌 보통 수준에 머물렀다. 소수의 사람들만이 성공했다. 그러면 10년 내지 15년 동안 유능했던 사람이 왜 갑자기 무능해져야만 했는가? 내 경험을 보건대, 그들은 새로운 직무를 맡은 뒤에도 과거에 이미 성공을 거두었던 일 그리고 그들을 승진시켜 준 그 일을 계속했다. 그렇게 되면 그들은 무능한 사람으로 전락하고 마는데, 그렇게 되는 것은 그들이 정말 '무능해졌기' 때문이 아니라 정말 해야 할 일을 놔두고 다른 부적절한 일을 했기 때문이다.

따라서 기업에서는 이러한 실패를 미연에 방지하기 위해서 승진한 팀장에 대한 승진자 멘토링을 할 필요가 있다. 승진자의 멘토는 그 상위 부서장이 된다. 멘토의 역할은 임명된 팀장이 바르게 업무를 수행할 수 있도록 필요한 코칭을 제공하는 것이다. 피터 드러커는 3단계 멘토링 방법을 추천한다. 첫째, 임명된 사람이 자신의 직무를 성공하기

---

24) 피터 드러커(Peter F, Drucker), 이재규 역, 『프로페셔널의 조건』, 청림출판, 2013.

위해서 무엇을 어떻게 해야 하는지에 대해 깊이 생각해 보게 한다. 둘째, 그 성공 방법을 3개월 이내에 서면으로 제출하게 한다. 셋째, 멘토는 이를 바탕으로 코칭을 제공한다.

만약, 회사에서 승진시킨 리더가 기대한 만큼 성과를 내지 못한다면 어떤 조치를 취해야 하는가? 이에 대해 피터 드러커의 다음과 같은 충고도 참고가 될 만하다.

> 우리는 어떤 사람의 성격이 새로운 환경에 적합한지 테스트하거나 예측할 수 있는 방법을 알지 못한다. 우리는 그것을 그저 경험을 통해 확인할 수 있을 뿐이다. 따라서 승진이나 부서 이동의 인사 결과가 바람직하지 못하다는 결론이 내려지면 그 의사결정을 내린 경영자는 즉시 그 잘못을 바로 잡아야 한다. 그리고 그 경영자는 다음과 같이 말해야 한다. "내가 실수를 했고, 그것을 바로 잡는 것도 나의 임무다"라고 말이다.[25]

사업장에서는 유능한 직원을 리더로 승진시킨다. 하지만, 과거에 유능했던 직원이 리더가 된 후에도 유능하다는 보장은 없다. 그래서 승진 이후에 리더십 교육도 필요하고 코칭도 필요하다. 특히 리더십 교육 체계가 부족한 중소기업은 승진 멘토링을 반드시 제공하여, 신임 리더가 자신의 업무를 효과적으로 수행할 수 있도록 해야 한다.

한편 기업의 기술 유출 등 비윤리적 사건은 승진 탈락자들의 조직에 대한 불만으로 일어나는 경우가 많다. 이러한 법률분쟁 소지에도 불구하고, 대부분의 조직에서 승진 사후 피드백 활동을 하는 경우가 드물다.

---

25) 피터 드러커, 이재규 역, 『변화 리더의 조건』, 청림출판, 2009, p.268-269.

이는 어려운 절차가 아니고 관심과 배려의 문제이다. 승진 인사발령 이후, 부서장이 탈락자와 개별적으로 만나, 위로와 더불어 탈락사유를 설명하고 분발을 독려하는 식으로 소통하면 된다. 이를 위해 승진 피드백을 리더들의 역할과 책임으로 지정할 필요가 있다.

1) 성과 달성은 교육훈련에 비례

조직의 전략 목표 달성과 역량 배양은 따뜻한 성과주의 인사노무관리의 궁극적인 목적이다. 기업의 성과 달성은 구성원들의 역량 육성을 통해서 가능하고, 역량 육성은 교육훈련으로 강화된다. 꽃이나 나무가 물이 없으면 성장할 수 없듯이, 따뜻한 성과주의도 교육훈련 없이는 더 발전할 수 없다. 따라서 구성원들에 대한 교육훈련은 '하면 좋고 안 해도 그만'인 활동이 아니라 성과를 내기 위해서는 필수적인 활동이다.

교육훈련이란, 전략 목표 달성과 역량 향상을 위하여 구성원들의 지식과 기술, 그리고 태도를 계발하는 활동이다. 이러한 교육훈련은 사업장과 조직 구성원에게 지대한 영향을 미치게 된다. 사업장은 교육훈련을 통하여 노동의 질을 향상시켜 전략 목표 달성과 노동 생산성의 향상을 도모한다. 구성원은 교육훈련을 통하여 보상이나 승진기회를 높이고 성장 욕구를 충족시키며 직무 만족도를 증가시킨다.

4차 산업혁명의 글로벌 경쟁시대에 근로시간은 단축되고 최저임금은 고공 인상되는 상황에서, 생산성을 높이기 위해서는 미래 필요 역량 확보가 긴요하다. 워라밸 인사노무관리의 궁극적인 목적이 필요 역량 확보를 통한 생산성 향상과 전략 목표 달성이므로, 교육훈련이 이러한 목적 달성을 가능하게 해 준다. 따라서 워라밸 인사노무관리는 무엇보다도 구성원들의 역량 향상을 위한 지속적인 교육훈련을 필요로 한다.

고용노동부와 KOSIS 자료에 따르면, 사업장은 근로자들의 숙련 부족(47.8%)으로 사업에 많은 지장을 받고 있는 것으로 나타났다. 그럼에도 불구하고 중소기업에서는 역량 계발을 원활히 실시하지 못하고 있는데, 그 주요 사유는 업무공백 우려(48.2%), 예산 부족(28.8%), 효과적인 교육 프로그램 부족(17.4%) 등으로 나타났다. 실제 중소기업 구성원들도 역량 계발 기회나 교육 프로그램이 부족하다고 지적하고 있다.

> "사업장에 경력 경로(Career Path)가 없습니다. 신입사원이 들어와도 '~가 되겠다'는 지향점이 없습니다. 업무에 투입되어서 따라가기 바쁩니다."

> "업무 과다로 역량을 투입(Input)할 기회가 부족하고, 역량 배양의 선순환(교육훈련 → 업무에 반영 → 개인 역량 강화)을 위한 전문역량 배양 시스템이 필요합니다."

> "대기업처럼 다양한 교육 프로그램은 없더라도 조직운영에 필요한 최소 수준의 교육훈련, 예를 들면, OJT 교육이나 리더십 교육은 필요합니다."

중소기업은 교육훈련 전문 인력이나 예산이 부족하기 때문에 최소한의 인력과 비용으로 교육훈련제도를 운영할 필요가 있다. 그래서 교육자로는 내부 직원들을 활용하고, 교육방법도 OJT 위주로 실시하며, 행정 절차도 간소하게 구성한다. 조직 구성원은 〈그림 6-15〉처럼 MBO 면담 과정이나 평가 피드백을 통해서 확인된 역량 갭을 향상시키기 위해 자기계발 계획서(IDP)를 작성하여 리더와 면담을 거쳐 교육훈련 내용을 확정한다. 인사노무관리부서는 IDP를 취합하여 연간 교육 수요

를 파악하고 예산을 확보한 뒤 교육훈련 지원을 한다. CEO는 핵심가
치와 경영철학을 전파하고, 직무역량(OJT)과 멘토링은 리더와 선배사
원들이 담당한다. 리더십역량과 공통역량은 인사노무관리부서에서 집
합교육 또는 온라인 자기계발교육(SD)을 활용할 수 있다. 그리고 교육
훈련 결과를 분석하여, 차기에는 더욱 알찬 교육이 되도록 지속적인
개선 조치가 이루어지도록 해야 한다.

<그림 6-15> 교육훈련 프로세스

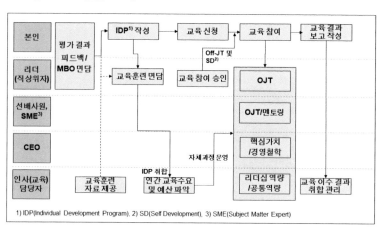

이제 교육훈련을 '하면 좋고 안 해도 그만'이라고 인식해서도 안 되
고, 기업 여건에 따라 제일 먼저 축소하는 게 교육훈련이 되어서도 안
된다. 근로시간이 단축되었다고 해서 업무 역량이 그에 비례해서 자연
스럽게 상승하는 것이 아니다. 교육훈련을 근간으로 CEO의 관심과 구
성원들의 의지 및 노력이 결합될 때 잠재 역량이 향상되고 능력이 발휘
되는 것이다.

기업의 발전은 조직 구성원들의 성장에 비례한다. 아무리 경영 전략

을 잘 수립하고 고객처를 많이 확보한다고 해도 조직 구성원의 역량 수준이 낮으면 오래 지속할 수 없다. 이제 중소기업도 교육훈련의 중요성을 인식하여 이를 비용으로 보지 말고 투자 개념으로 인식해야 한다. 인적 자원이나 인프라가 열악한 중소기업들이 장기적으로 경쟁 우위를 확보하고 그것을 지속할 방법은 교육훈련밖에 없으며 그 비결은 인재 육성임을 명심해야 한다.

2) 교육훈련은 역량 중심으로

중소기업의 교육훈련은 구성원들의 목표 달성과 잠재 역량 확보에 기여할 수 있도록 역량 중심으로 이루어져야 한다. 역량이란 고성과자들이 보이는 지식, 기능, 태도를 의미하고, 이는 직무 프로파일이나 역량 모델링으로 나타나 있다.

이러한 구성원의 역량이 사업장의 역량이고, 구성원들의 역량 향상 없이는 근로시간 단축이나 임금 고공인상에 대응할 수 없다. 따라서 중소기업에서는 구성원들의 역량을 사업장에서 원하는 수준으로 끌어올리도록 교육훈련해야 하며, 그 역량의 내용은 리더십역량, 공통역량 및 직무역량이다.

(1) 리더십역량 교육

리더십 교육은 크게 3가지로 구성한다. 신임 임원 과정, 신임 리더 과정, 그리고 PM(Project Manager) 역량 과정이다. 신임 임원 과정은 경영 전략 수립 위주의 교육이, 신임 리더 과정은 리더십역량 향상 위주의 교육이 필요하다. PM 역량 과정은 프로젝트 관리 경험과 노하우를 공유하고 관련 정보를 획득할 수 있도록 교육 내용을 구성해야 한다 (<표 6-5> 참고).

이러한 리더십 교육 프로그램을 사업장에서 설계하기는 쉽지 않다. 따라서 시중에 나와 있는 다양한 온라인 교육 중에서 자사 니즈에 가장 부합하는 것을 활용하는 것도 한 방법이다. 또한 CEO는 경영자일 뿐만 아니라 전문교육자로서의 역할도 수행해야 한다. CEO는 리더들에게 경영철학이나 이념뿐만 아니라 리더십역량 교육에도 많은 시간과 노력을 쏟아야 한다.

<표 6-5> 리더십역량 교육 방향 및 내용(예시)

구분	교육방향	교육내용
신임 임원	회사가 나아갈 방향 마련	change mgt, financial essential, 글로벌 경영전략, 전략적 경영분석
신임 팀리더	부하직원들을 이끌고 목적달성 및 성과창출	Leading and motivating, 성과관리, 부하육성, 코칭
PM	프로젝트 성공적 수행	Decision Making, Delegating, 업무배분, 합리적 문제해결

(2) 공통역량 교육

공통역량 교육은 사업장에서 구성원들의 소극적이고 안일한 의식구조를 변화시키기 위한 행동과 태도의 개선이다. 공통역량의 중요성은 조직 구성원들의 사고나 행동을 통일하고, 결국에는 조직문화를 형성하는 데 있다. 예를 들면, 조직 구성원들은 조직운영에 대해 개인 성과와 팀 성과, 협력적 조직문화와 경쟁적 조직문화 또는 효율성을 위한 통제적 조직운영과 창의성을 위한 자율적 조직운영 등 다양한 생각을 가지고 있다. 공통역량 교육은 이러한 다양한 구성원 생각들을 한 방향으로 향하게 한다. 즉, 조직 구성원들이 팀 성과의 중요성을 인식하여, 협력적인 태도로 업무에 임하게 하기도 하고, 창의와 변화, 혁신의 관점에서 업무를 바라보게도 한다. 따라서 공통역량을 무엇으로 하느냐는 무척 중요하다(<표 6-6> 참조).

<표 6-6> 글로벌 기업들의 공통역량(사례)

P사	S사	L사	G사
• 고객중심 • 도전추구 • 실행중시 • 인간존중 • 윤리준수	• 스피드경영 • 다양성 수용 • 고객지향 • 커뮤니케이션 • 팀워크 • 성과지향 • 기업가정신 • 글로벌어프로치	• Perspective • Value Creation • Collaboration	• Passion • Curiosity • Resourcefulness • Accountability • Teamwork • Commitment • Openness • Energy

공통역량 교육 프로그램은 시중에 온라인으로 많이 개발되어 있다. 따라서 중소기업에서는 자신의 사업장에 가장 알맞은 프로그램을 선정하여 구성원들로 하여금 교육하도록 하면 된다. 즉, 공통역량 교육은 SD(Self Development) 방법으로 업무에 부담없이 저렴하고 효율적으로 할 수 있다. 공통역량에 대한 교육 또한 CEO의 역할이 중요하다. CEO는 조직 구성원들이 공통역량을 수행하는지 관심을 가지고 살피고, 스스로 솔선수범하는 자세를 보여야 한다. 그리고 CEO는 공식적인 행사 등 기회가 있을 때마다 끊임없이 공통역량을 직원들에게 전달해야 한다. CEO의 하루일과는 교육으로 시작해서 교육으로 마쳐야 한다.

누군가 GE의 전 CEO 잭 웰치에게 "당신이 새로운 회사를 맡은 나의 입장이라면 무엇을 할 것인가?"라고 물었다. 그는 "GE 초창기 시절로 돌아갈 수 있다면, 직원들과 회사의 목표, 우리의 가치와 그 의미에 대해 더 많은 대화를 나누고 싶습니다."[26]라고 대답했다. 이처럼 CEO는 구성원들과 핵심가치나 공통역량에 대한 소통을 끊임없이 해야 한다.

(3) 직무역량 교육

조직 구성원들이 자신에게 부여된 역할과 책임을 수행하기 위해서는 직무역량 교육이 필요하다. 이는 해당 직무를 수행하기 위해 공통으로 요구되는 업무의 기술적 능력, 행동, 태도뿐만 아니라 전문 지식까지도 포함한다. 조직의 단기적인 성과는 직무역량 교육에 따라 결정되고, 전문성이 높다는 것은 직무역량이 잘 갖춰져 있다는 것이며 직무역량 교육이 잘 되어 있다는 의미이다.

직무역량 교육은 직무 프로파일을 바탕으로 하며, 그 내용도 다양하다. 그래서 직무역량은 기본적으로 현장 리더 중심으로 OJT 방식으로 이루어지고, 지원 부서의 인사나 재무 등 전문 기능 직무는 SD를 통한 교육도 가능하다.

3) 교육자는 조직 구성원으로 활용

중소기업은 대기업처럼 연수원이 있는 것도 아니고 교육 프로그램, 교육 시설, 교육 시간 또는 교육자 등 교육 인프라가 충분하지 않아 수

---

26) 데이비드 노박(David Novak), 고영태 역, 『이기려면 함께 가라』, 흐름출판, 2013, p.13.

준 높은 교육을 실시하기 어렵다. 그렇다고 교육훈련을 포기할 수는 없다. 여건이 미비하면 최대한 그 환경에 맞춰서라도 교육훈련을 실시해야 한다. 특히 소중한 업무 비법과 경험을 가진 CEO와 리더들 그리고 실무 전문가(SME)들은 좋은 교육자가 될 수 있다.

대부분 글로벌 기업들은 교육 강사로서 내부 직원들을 활용하고 있다. 인재사관학교로 유명한 GE의 크론토빌 연수원의 강사도 내부 전문가이고, 포스코, 토요타 등도 대부분의 교육훈련 과정을 조직 구성원들이 맡고 있다. 이렇게 글로벌 기업들이 내부 전문가들을 활용하는 이유는, 교육훈련과 동시에 바로 현장에 적용 가능한 생산 현장 노하우나 고객 서비스 노하우, 일선 실용 지식 등 현장 경험 지식을 전파할 수 있어 질 높은 교육이 가능하기 때문이다.

교육자로서 CEO와 현장 리더 간에는 역할분담이 필요하다. CEO는 리더십역량과 공통역량 교육을 중심으로 하고, 현장리더는 OJT를 중심으로 직무역량 교육을 책임진다. CEO만큼 리더들에게 필요한 역량을 잘 설명할 수 있는 사람은 없고, 사업장의 핵심가치나 경영철학 등을 직원들에게 절실하게 교육할 수 있는 사람도 없다. CEO의 주요 업무가 비전을 달성하는 것이라면 그 뒷면에 있는 구성원들의 역량을 계발하는 것 또한 CEO의 주요 역할이다. 따라서 CEO는 인력 관리의 취약점을 교육을 통하여 보완해야 한다. GE의 전설적인 CEO인 잭 웰치는 '성과를 위한 끊임없는 북소리(the Relentless Drumbeat for Performance)'를 강조했다. 모든 리더들에게 할 일을 끊임없이 일깨워 주고 교육하고 성과를 만들어 낼 것을 주문했다고 한다.

교육훈련의 목적은 현장의 문제 해결을 통한 성과 향상과 역량 계발이다. 교육이 필요하다는 것은 현장의 문제 해결이 필요하다는 것이고, 현장의 문제 해결을 위한 교육 내용과 방법은 현장 부서의 전문가 (SME, Subject Matter Expert)들이 가장 정통하다. 우리는 업무를 수행하는 과정에서 장애물에 부닥쳤을 때 그런 문제들을 동료나 선배들에게 물어서 곧잘 해결해 왔다. 결국 조직의 관리자나 시니어 또는 동료들을 교육 강사로서 활용하더라도 손색이 없다. 이러한 최고 전문가들이 보유하고 있는 역량은 현장에서 이미 검증되고 탁월한 성과를 보장하는 귀중한 지식이다. 이들을 강사로 활용하면 그동안 '암묵지' 형태로만 존재했던 '비법'을 '형식지'로 전환하여 모든 구성원들이 공유할 수 있게 되고, 그럼으로써 사업장의 역량을 한 단계 업그레이드할 수 있다. 이러한 내부 교육자로 활용할 수 있는 사람은 현장 관리 감독자, 해당 분야 전문가, 동료, 교육 담당자 등이다.

때로는 동료들도 훌륭한 교육훈련 강사가 될 수 있다. 이들은 현재 사업장의 문제가 무엇인지 누구보다도 잘 알고 있으므로 문제 해결에 귀중한 정보를 제공할 수 있다. 또한 이들은 다른 조직 구성원들이 경험하지 못한 사외교육이나 연수 과정에서 얻은 지식이나 정보를 공유할 수 있다. 그런데 이러한 절차를 부서 자율적으로 하도록 하면 제대로 시행되지 않으므로, 사외교육이나 연수 과정을 다녀온 직원은 반드시 전파 교육을 하도록 의무화하는 등 시스템으로 정착되어야 한다.

현장 관리 감독자나 SME 그리고 동료들은 직무역량에 대한 교육훈련 강사로서는 최적이지만, 리더십역량이나 공통역량의 강사로서는 적당하지 않다. 리더십역량이나 공통역량에 대한 교육은 교육 부서 담당자가 수행해야 한다. 중소기업은 대부분 인사부서 담당자가 교육 업무까지 병행하고 있다. 따라서 중소기업은 전체 구성원들을 대상으로 하는 교육을 외부 강사에 의존할 것이 아니라 인사 담당자가 맡도록 해야 한다. 이를 위하여 인사 담당자의 역할과 책임에 교육훈련 역량을 포함하고, 이들에게 교육훈련 방법에 대한 훈련도 지원해야 한다.

4) 교육훈련 방법은 상호보완적으로 활용할 때 그 효과가 극대화

사업장에서 이루어지는 교육 방법은 대체로 현장교육인 OJT(On the Job Training), 사외교육인 Off-JT(Off the Job Training), 자기계발인 SD(Self Development) 그리고 멘토링(Mentoring)으로 이루어진다. 일반적으로 중소기업은 교육 시설이 부족하기 때문에 주로 OJT 방법으로 직원 교육을 하고 있으며, Off-JT와 SD 및 멘토링을 보완적으로 활용한다.

이러한 교육훈련 방법들은 그 특징을 고려하여 상호보완적으로 활용할 때 효과가 극대화된다. OJT 교육은 실무 중심 교육이기 때문에 다른 분야의 기술 접목이나 가치 및 태도 등 정신교육에는 한계가 있다. 다른 분야의 우수기술이나 아이디어 등은 Off-JT 교육이나 SD 교육으로 보완해야 한다. 그리고 신입사원의 조직 생활과 동료관계 및 고객활동은 멘토링을 통하여 도움을 받을 수 있다. 〈그림 6-16〉는 P연구소의 신입사원 교육훈련 사례이다. OJT는 업무 중심으로 장기간에 걸쳐 이루어지고, SD는 온라인 교육으로 활용하며, 멘토링은 조직 적응을 위하여 비교적 단기간에 걸쳐 일어난다. 그리고 Off-JT는 특정 기술(Skill) 획득을 목적으로 단발적으로 일어나고 있다. P연구소도 교육훈련 효과 극대화를 위해 교육 방법을 상호보완적으로 활용하고 있다는 것을 알 수 있다.

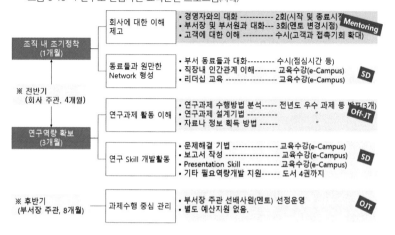
<그림 6-16> P연구소 신입사원 교육훈련 프로그램(사례)

(1) OJT(On the Job Training)

현장에서 일과 교육훈련을 병행하는 대표적인 방법은 OJT(On the Job Training)이다. OJT는 선배 사원이 업무 관련 지식, 스킬 등 노하우를 후배 사원에게 전수하면서 업무 숙련도를 높이고 후배가 조직생활을 잘 헤쳐 나가도록 지도·육성하는 계획적인 과정이다. OJT는 현장에서 일과 교육훈련이 동시에 이루어지기 때문에 실무적인 지식과 기능을 전달하는 가장 효과적인 교육 방법이다.

OJT의 이러한 특징으로 인하여 중소기업뿐만 아니라 대기업에서도 신입사원들을 OJT로 교육하고 있다. 신입사원들도 OJT 기회를 통하여 일이 적성에 맞는지 파악한다. 입사 후 3개월 이내 이직이 가장 많은 것도 이러한 이유 때문이다. OJT 과정 수료 후에는 바로 업무를 수행할 수 있기 때문에, 인력이나 시간이 부족한 중소기업의 현장에서는 OJT 교육이 특히 긴요하다.

이처럼 OJT가 많이 활용되고 있음에도 조직에서 그 성공률은 높지 않다. 선배 사원이나 후배 사원들이 업무에 쫓기어 실제로 OJT를 지도하는 방법을 잘 지키지 않기 때문이다. OJT를 지도하는 방법은 사업장 여건에 따라 다양하게 이루어지지만, 가장 일반적인 유형에는 일상적인 지도와 계획적인 지도가 있다.

- 일상적인 지도는 일상에서 업무 지시를 할 때, 보고를 받을 때, 또는 업무 수행 도중에 의식적으로 기회를 잡아 지도해 나가는 방법으로 '설명 → 직접 시범 → 실습 → 조언 및 교정'으로 진행한다. 실수를 했을 때는 직접 야단치기보다는 '왜 그런 일이 일어났는지', '어떻게 하면 재발을 방지할 수 있는지' 등 원인과 해결 방안을 생각하게 하여 점차 스스로 일을 할 수 있도록 하는 방법이다.

- 계획적인 지도는 개인별 지도 계획서를 작성하여 계획서에 따라 지도해 나가는 방법이다. 지도 목표는 ① 현재 업무를 수행하는 데 필요한 역량 ② 장래 육성하고 싶은 역량 등 두 가지이다. 이러한 지도 목표하에서 교육 계획 일정에 따라 순차적으로 지도가 진행된다. 계획적인 지도가 활성화되려면, 선배 사원이 작성하는 지도 계획서 등 행정 서류들을 간소하고 운영하기 쉽게 만들어야 한다.

OJT를 성공적으로 운영하기 위해서는 체계적인 운영이 필요하다. 우선은 합리적인 제도를 구축하고 이에 대해 지속적으로 소통하며 교육 결과에 대해서는 평가 등을 통해서 강화를 해야 한다. OJT의 성공 요건은 현장 선배 사원의 적극적인 참여와 CEO의 관심 및 지원이다.

- 합리적 제도 구축: OJT 설계에 현장 선배 사원들의 참여를 통한

현장 위주의 합리적 제도를 구축하고 선배 사원과 비정규직 근로자의 합동 연수를 실시하는 등 현장 지도 체제를 강화해야 한다.

- 소통 활성화: CEO는 직원들에게 OJT의 필요성에 대해서 지속적으로 얘기를 해야 하고, 근로자 연수 시트, 일상 업무 체크리스트, OJT 핸드북 등을 만들어 배포해야 한다.

- 강화 활동: 선배 사원들의 지도력 강화를 위해 선배 사원들을 대상으로 OJT 연수회 개최 및 후속(Follow up) 연수를 실시하고, OJT를 상사 또는 선배 사원의 역할과 책임에 포함하고 인사평가 대상으로 하여 OJT가 계획적인 지도로써 일어나도록 독려할 필요가 있다.

(2) Off JT(Off the Job Training)

사외교육을 뜻하는 Off JT(Off the Job Training)는 현장을 떠나 집단 형식으로 이루어지는 교육이다. 이는 연수원이나 외부 교육기관에서 집단적, 전문적, 체계적으로 받는 교육이다. 일반적으로 계층별 교육, 직능별 교육 및 과제별 교육 등 현장과 별도의 장소에서 Off JT 형식으로 이루어진다.

이러한 Off JT는 이론 교육이나 업무 외적인 주제의 교육이 이루어진다. 현장 업무와 직접적인 관련을 갖지 않는 보편적인 내용, 예컨대 일반적인 작업에 대한 사고방식이나 작업의 개선방식 및 인간관계 등의 중요성 등과 같은 것을 교육훈련하는 데 적합하다. 이러한 Off JT에는 강의실 교육, 인간관계 훈련, 사례 연구, 역할 연기 등이 있다.

이러한 Off JT는 전문적이고 체계적 교육이 가능하고, 업무 현장으로부터 자유로운 상태에서 다수의 구성원에게 통일적이며 조직적인 훈련을 시킬 수 있다는 장점이 있다. 반면, 교육받은 내용을 현장에서 바로 적용해 볼 수 없다는 단점이 있다.

(3) SD(Self Development)

자기계발을 뜻하는 SD(Self Development)는 조직 구성원들이 직무 내용 및 직무 환경 변화에 적응하도록 스스로 능력을 계발하는 활동이다. 주로 인터넷 강의를 통하여 직무 수행 능력이나 자신의 부족한 부분을 보충하는 방식이다.

이러한 자기계발은 사내 교육훈련이 이루어지 않거나 현장에서 실천할 수 없는 교육이 외부에서 이루어지고 있는 경우에 기업의 중요한 대안이 될 수 있다. 따라서 기업에서 자기계발 활동을 MBO의 항목으로 반영하거나 경력 계발 프로그램의 일환으로 설계하여 구성원들의 자기계발 활동을 권장할 수 있다.

오늘날 인터넷 발달과 평생교육이 강조되고 있는 시점에서 자기계발 활동은 기업 특유의 경쟁 우위의 원천으로써 조직의 핵심역량이 될 수도 있는 반면, 조직 구성원의 학습 능력에 따라 학습 효과가 좌우되고 학습자의 부담이 높다는 것이 단점이 있다.

(4) 멘토링(Mentoring)

멘토링(Mentoring)이란 원래 풍부한 경험과 지혜를 겸비한 신뢰할 수 있는 사람이 1:1로 지도와 조언을 하는 것이다. 이는 그리스 신화에서 유래한 말로 조력자의 역할을 하는 사람을 멘토(Mentor)라고 하며 조력을 받는 사람을 멘티(Mentee)라고 한다.[27]

신입사원들이 입사하게 되면 모든 것이 낯설고 어색하고 쉽지 않다. 특히 조직 내 인간관계를 풀어가는 것이 제일 어렵다. 이때 선배 사원이 조금만 코치해 준다면 조직생활의 시행착오를 많이 줄일 수 있다. 신입사원의 입장에서는 정서적 안정과 조직의 조기 정착이 가능해지고, 사업장에서는 귀중한 자원의 조기 전략화가 가능하게 된다. 이러한 긍정적인 효과 때문에 많은 사업장에서 멘토링 시스템을 운영하고 있다.

<그림 6-17> 멘토링 운영 사례(한미약품)

* 자료 : 사랑한미다(한미약품 공식 블로그)

한미약품은 멘토링을 효과적으로 활용하고 있는 것으로 알려져 있다. 신입사원들의 조기 정착을 지원하고 노사 신뢰형성을 위하여 멘토링 시스템을 적극 활용하고 있다. 멘토링 시스템을 통하여 업무에 대한 조언과 다양한 정보를 나누는 것은 물론이고 더불어 취미 생활까

---

27) 출처: 위키백과

지 함께하고 있다. 이 활동을 위해 한미약품에서는 활동 지원금과 멘토링 데이 운영, 칭찬 카드 보내기, 우수 커플 시상 등의 다채로운 프로그램을 지원하고 있다. 그 덕분에 한미약품 직원들은 멘토링 시스템이 긍정적이고 활기찬 회사 생활에 밑거름이 된다고 입을 모아 이야기하고 있다. 그리고 1:1 멘토링을 통해 직원들이 얻는 것은 비단, 업무 효율과 지식 습득만이 아니다. 이는 회사 생활의 적응력을 향상시켜 주며, 직원들 간의 신뢰와 친목 향상에 커다란 기여를 하고 있다고 한다.

이러한 멘토링제도의 성공을 위하여 몇 가지 조치가 필요하다. 첫째, 멘토는 자신의 귀중한 시간을 투자하는 것이므로 연봉평가나 승진가점 등 멘토에 대한 동기부여 방안이 필요하다. 둘째, 멘토들은 선배 사원이기 때문에 전문적 교육훈련 스킬이 부족하다. 이들에게 멘토링의 목적과 운영 방법에 대한 교육을 반드시 해야 한다. 셋째, 멘토링 포상제도를 운영하여 멘토링 활동에 대한 책임감과 몰입감을 높여야 한다. 넷째, 멘토링 과정에서 발생하는 비용에 대해 일정 수준의 지원이 있어야 한다.

Part 7

일하는 문화 혁신

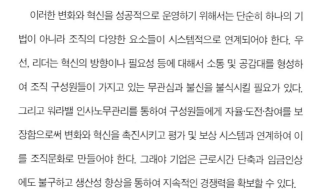

이러한 변화와 혁신을 성공적으로 운영하기 위해서는 단순히 하나의 기법이 아니라 조직의 다양한 요소들이 시스템적으로 연계되어야 한다. 우선, 리더는 혁신의 방향이나 필요성 등에 대해서 소통 및 공감대를 형성하여 조직 구성원들이 가지고 있는 무관심과 불신을 불식시킬 필요가 있다. 그리고 워라밸 인사노무관리를 통하여 구성원들에게 자율·도전·참여를 보장함으로써 변화와 혁신을 촉진시키고 평가 및 보상 시스템과 연계하여 이를 조직문화로 만들어야 한다. 그래야 기업은 근로시간 단축과 임금인상에도 불구하고 생산성 향상을 통하여 지속적인 경쟁력을 확보할 수 있다.

근로시간이 단축되고 최저임금이 고공인상되고 있는 상황에서 기업체들이 생산량을 유지하는 방법은 인력을 확충하거나 구성원의 생산성을 향상시키는 것이다. 대기업처럼 자원에 여유가 있으면 인력을 확충하는 방법을 사용할 수 있지만, 그렇지 못한 중소기업들은 생산성 향상으로 눈을 돌릴 수밖에 없다. 주먹구구식으로 계산해보더라도 근로시간이 24%(68시간 → 52시간) 줄었으므로 동일한 생산량을 유지하기 위해서는 24% 이상의 생산성을 올려야 한다.

기업이 생산성을 향상하는 방법은 다양하다. 자본투자 없이 손쉽게 할 수 있는 방법이 불필요한 업무를 폐지하거나 프로세스를 개선, 변화 또는 혁신하는 것이다. 경영학의 아버지 피터 드러커는 "사업의 목적은 고객을 창조하는 것이고, 이는 마케팅과 혁신을 통해서 가능하다"고 하면서 혁신이 기업의 기본 기능임을 강조했다. 따라서 변화와 혁신활동은 위기상황이나 불황기에만 특별히 필요한 것이 아니라, 숨쉬는 행위처럼 늘 해야 하는 것이다.

혁신이란 끊임없는 개선활동이다. 경영혁신 전도사 게리 하멜(Gary Hamel) 런던비즈니스 스쿨 객원교수는 혁신이란 '조직이 생산성 향상을 위해서 업무 수행 방법을 대대적으로 개선하거나 조직의 성과 향상을 위한 방법을 변화시키는 것'이라고 했다. 따라서 혁신의 주체는 혁신 부서나 인사노무관리 부서만이 아니라 조직 구성원 전원이며 그 대상 활동도 스마트폰을 개발하는 활동에서부터 책상 등 사물의 배치공간을 조정하는 일에 이르기까지 사업장에서 일어나는 활동을 망라한다.

근로시간을 줄이고 적정한 임금 수준을 보장하는 워라밸 인사노무관리가 활성화되기 위해서는 사업장의 생산성 향상이 필수적이고, 이러한 생산성 향상을 위한 가장 근본적인 활동이 변화와 혁신이다. 변화와 혁신, 즉 끊임없는 개선활동은 아이디어의 교환과 창의적인 활동을 통하여 이루어진다. 혁신의 열쇠는 창의성이다. 그러므로 사업장에서 혁신을 성공하기 위해서는 창의성을 고양하는 제도나 환경이 필요하고 이것이 혁신 활동에도 워라밸 인사노무관리 환경이 조성되어야하는 이유이다.

이러한 변화와 혁신을 성공적으로 운영하기 위해서는 단순히 하나의 기법이 아니라 〈그림 7-1〉에서 보는 것처럼 조직의 다양한 요소들이 시스템적으로 연계되어야 한다. 우선, 리더는 혁신의 방향이나 필요성 등에 대해서 소통 및 공감대를 형성하여 조직 구성원들이 가지고 있는 무관심과 불신을 불식시킬 필요가 있다. 그리고 워라밸 인사노무관리를 통하여 구성원들에게 자율·도전·참여를 보장함으로써 변화와 혁신을 촉진시키고 평가 및 보상 시스템과 연계하여 이를 조직문화로 만들어야 한다. 그래야 기업은 근로시간 단축과 임금인상에도 불구하고 생산성 향상을 통하여 지속적인 경쟁력을 확보할 수 있다.

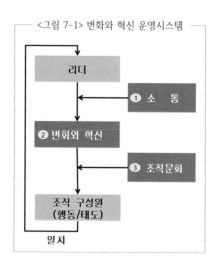

〈그림 7-1〉 변화와 혁신 운영시스템

이렇게 변화와 혁신을 통하여 성공한 사례는 많지만, 게리 하멜 교수가 추천하는 강소기업인 셈코(Semco)와 모닝스타(Morningstar)를 살펴보자.

구글 또는 고어보다 더 혁신적인 브라질의 중소기업 셈코는 대략 10가지 사업을 거느리고 있으며 1982년에 90명이던 직원도 3천 명 이상으로 늘어났다. CEO인 셈러(Ricardo Semler)의 주장에 따르면, 회사는 관습적 경영 방식과의 단절을 선언하고 직원들에게 재량과 자율성을 보장하면서 지속적으로 혁신을 추구하고 있다. 조립공장의 근로자를 비롯하여 모든 직원들은 자신의 근무시간을 선택할 수 있다. 언제 근무할지, 얼마나 많이 일할지도 결정할 수 있다. 회사에는 내부 감사 직원이 없다. 아무도 지출 보고서를 이중으로 확인하지 않는다. 오히려, 셈코는 직원들 사이에서 명예와 신뢰를 높이기 위해 열심히 노력한다. 부서의 이익은 공유되기 때문에, 종업원들은 남을 속이지 않는 행동에 큰 관심을 가지고 있다.[28]

또한 하멜 교수가 《하버드 비즈니스 리뷰(Havard Business Review)》 2011년 12월호에 직접 소개한 모닝스타는 토마토 가공만으로 7억 달러(약 7800억 원)의 매출을 올린다. 직원 수는 500명인데 관리자가 전무(全無)하다. 대신 모든 직원은 각자가 회사 재원을 사용할 수 있는 권한을 갖고 있다. 개인 판단에 따라 기계설비까지 발주할 수 있다. 철저하게 팀별로 운영하며, 모든 직원들은 매년 자신의 팀원 또는 동료들과 올해 할 일, 임금 등을 협상한다. 하멜 교수는 "이 회사 직원들은 일반 대기업의 부사장만큼의 높은 몰입도를 갖고 일한다"고 했다.[29]

28) 게리 하멜(Gary Hamel), 권영설 역, 『경영의 미래』, 세종서적, 2010, p.167-168.
29) 호경업, "경영 혁신 전도사' 게리 해멀 교수', 《조선일보(위클리 비즈)》, 2012.6.16.

이처럼 혁신의 성과는 눈부시지만 모든 기업들이 혁신에 성공하는 것은 아니다. 톨스토이의 명작 소설 『안나 카레니나』의 그 유명한 첫 구절 "행복한 가정은 모두 모습이 비슷하고, 불행한 가정은 모두 제각각의 불행을 안고 있다"처럼 혁신에 성공한 기업은 모두 글로벌 기업으로 변신하지만, 실패한 기업들은 모두 제각각의 사유를 가지고 있다. 그 사유들은 대체로 다음 3가지로 정리할 수 있다.

첫째, 구성원들과 공감대를 형성하기 위한 소통이 부족하였다. 변화나 혁신은 일반적으로 더 몰입하고 더 열심히 일하도록 하는 것으로, 구성원의 입장에서는 이것이 노동의 강도가 높아지고 새로운 학습을 요구하는 자극이 될 수 있다. 그래서 기업은 왜 혁신업무를 추진해야 하고, 업무가 구체적으로 어떻게 바뀌며, 그러한 변화가 구성원들에게 어떠한 영향을 미치는지 등에 대한 공감대 형성이 우선 필요하다. 그런데 기업에서 이러한 소통 활동이 부족하다 보니 구성원들은 혁신에 대해 불신하게 되고 참여 또한 저조하게 된다. 실제로 다국적 회계감사 기업인 프라이스워터하우스쿠퍼스(PricewaterhouseCoopers, PwC)가 영국의 《파이낸셜 타임즈》에서 선정한 100대 기업의 혁신을 연구한 결과, 혁신에 뛰어난 기업과 저조한 기업을 가르는 요소는 신뢰소통이었다.[30]

둘째, 자율, 도전, 참여를 촉진시키는 활동이 부족했다. 이는 상사의 권위적인 태도나 관료적인 조직문화에서 비롯되고 있다. 상사는 명령과 지시에 의해 조직을 운영하고, 자율성 부족 등으로 구성원들은 점차 창의와 혁신을 서서히 잃어가게 된다. 피터 드러커도 대기업들에서

---

30) 리치 칼가아드(Rich Karlgaard), 신동숙 역, 『소프트엣지』, KOREA.COM, 2015, p.77.

혁신에 성공하기가 쉽지 않은데, 그 이유는 관료적이고 보수적인 사고 방식, 정책, 규칙, 문화 때문에 구성원들 자율성이 부족하고 마음껏 활동을 하지 못하는 데 있다고 지적하였다.

셋째, 혁신활동의 지속성을 위한 체계적인 노력이 부족했다. 그간 중소기업들은 변화와 혁신활동에 대해 글로벌 기업들이 하니까 또는 혁신이 대세니까 하는 것으로 생각해왔다. 그래서 글로벌 기업들이 시행하고 있는 기법만을 도입하여 시행했다. 그 결과, TQM, 프로세스 엔지니어링, 6시그마 등 혁신기법들이 모두 흐지부지 끝나고 말았다. 이는 이러한 변화와 혁신활동을 평가나 보상 시스템 등과 연계하고 지속적으로 발전시키면서 조직문화화하는 노력이 부족했기 때문이다.

우리 중소기업들이 이러한 실패의 전철을 되풀이하지 않으려면 변화와 혁신활동이 조직의 일상이 되도록 해야 한다. 하지만, 중소기업들은 어제의 과업에 묻혀, 창의적인 생각이나 혁신적인 아이디어를 낼 여유가 없고 또한 대립적 노사관계로 불신과 무관심이 팽배하다. 이러한 난관을 극복하기 위해서는 구성원들의 공감대 확보에 전략을 기울여야 하고, 구성원들의 의식개혁, 불필요한 업무제거 등의 변화 혁신활동을 적극적 추진해야 하며, 이를 워라밸 인사노무관리 활동과 연계하여 조직문화로 만들어야 한다.

　　조직의 변화와 혁신은 구성원들의 협조나 노력 없이는 이루어질 수 없다. 변화와 혁신은 조직 구성원들의 아이디어를 기본으로 하고, 지속적인 노력과 땀을 요구한다. '빨리 가려면 혼자 가고, 멀리 가려면 같이 가야 한다'는 말이 있듯이, 변화와 혁신은 지난한 과정이므로 반드시 조직 구성원들과 함께 가야 하며, 이를 위해서는 목표와 도달 방법에 대해서 공감대 형성이 필수다. 이러한 공감대 형성을 위해 리더는 소통을 꾸준히 지속할 수밖에 없다. 리더십역량에 소통을 강조하는 것도 바로 이 때문이다.

　　하지만, 조직에서 이렇게 중요한 소통이 그리 원활하게 이루어지지 않고 있다. 국회 입법조사처가 2015년에 발표한 자료에 따르면, 우리 직장인들 중에 26.8%가 소통의 부재를 느끼고 있다고 한다. 대략 직장인 4명 중에 1명은 소통의 어려움을 겪는다는 의미인데, 조직에서 소통부재는 〈그림 7-2〉에서 보는 것처럼 상명하복식 위계문화가 가장 큰 원인인 것으로 나타났다. 그다음이 개인·부서 이기주의, 지나친 단기성과주의, 직원 간 무관심 등의 순위이다. 즉, 리더가 구성원의 참여나 피드백을 반영하지 않고 일방적인 의사소통으로 구성원들의 공감대를 형성하지 못하고 있다는 것이다.

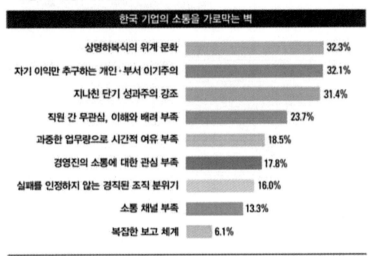

<그림 7-2> 소통부재의 원인

한국 기업의 소통을 가로막는 벽

항목	비율
상명하복식의 위계 문화	32.3%
자기 이익만 추구하는 개인·부서 이기주의	32.1%
지나친 단기 성과주의 강조	31.4%
직원 간 무관심, 이해와 배려 부족	23.7%
과중한 업무량으로 시간적 여유 부족	18.5%
경영진의 소통에 대한 관심 부족	17.8%
실패를 인정하지 않는 경직된 조직 분위기	16.0%
소통 채널 부족	13.3%
복잡한 보고 체계	6.1%

★주 : 2개 복수 응답으로 총계는 200%   자료 : 삼성경제연구소

탁월한 성과를 내던 많은 글로벌 기업들의 갑작스런 몰락 그 이면에는 소통부재가 자리 잡고 있다. 한때 아날로그 휴대폰 시장의 40%를 웃도는 시장 점유율을 자랑했고 당시 이미 스마트폰 개발 기술을 가지고 있었음에도 몰락한 노키아(Nokia), 세계 최초의 디지털 카메라를 개발했음에도 수익성 높은 아날로그 필름 사업을 접기 꺼렸던 코닥(Kodak), 그 밖에 제록스(Xerox), GM 등도 과거 자신의 성공에 도취하여 사내 또는 시장과의 소통을 꺼리고 리더가 권위주의적으로 업무를 추진한 결과 실패를 맞았다.

따라서 조직에서 조직 구성원들의 공감대를 형성하고 상하 간 또는 좌우 간 소통부재를 극복하고자 한다면 단계별 소통 프로세스를 활성화하는 것도 하나의 방법이다. 즉, '제도 입안 → 제도 시행 → 사후관리'의 각 단계마다 상황에 맞는 소통 방법이 다르다. 우선, 정책이나 제도 개선 입안 시에는 관계자들의 참여와 의견 수렴 및 피드백이 직원들의 공감대 형성에 매우 중요하다. 개선하고자 하는 정책이나 제도가 전략 목표나 핵심가치에 부합하는지 직원 니즈를 파악하여 반영하고, 기존 정책과의 상충 여부도 점검해야 한다. 특히 시행 제도 결정 시 관련 부서 및 이해 관계자 의견 수렴은 필수적이다.

그리고 정책이나 제도의 시행에는 리더들의 솔선수범이 중요하다. 제도의 의도와 규정에 대한 적합한 태도와 행동을 형성하기 위하여 직원들의 이해가 필요한데. 여기에 리더의 솔선수범만 한 것이 없다. '백문이 불여일건'인 셈이다. 또한 직원들의 이해도 제고는 부서장 중심으로 진행하는 것이 효과적이다. 특히 부서장과 구성원들의 대의기구가 동일한 인식을 가지고 함께 소통해 나간다면 공감대 형성의 효과가 배가 될 것이다.

정책이나 제도를 시행되고 난 뒤, 사후관리 차원에서 소통도 중요하다. 이때는 정책이나 제도의 지속성과 실효성을 확보해야 하기 때문에, 직원들의 개선 니즈를 파악하고 개선 기회로 삼아야 한다. 그래야 직원들의 참여가 활성화되고, 동기부여가 되어 정책이나 제도가 성공적으로 정착될 수 있다. 직원들과 공감대 형성을 중요시하고 있는 포스코의 소통 사례를 살펴보자.

포스코도 교대근무제 전환 당시 직원들과의 공감대 형성이 필요했다. 포스코의 4조 3교대 근무제도에서 4조 2교대 근무체제 전환은 여가와 학습 시간 증가 및 생산성 향상으로 직원과 회사가 윈-윈하기 위한 것이었지만, 직원들은 하루 근무시간이 4시간씩(8시간 → 12시간)이나 증가하기 때문에 불안해하며, 현장에서는 이를 반대하는 분위기가 주를 이루었다. 회사에서는 〈그림 7-3〉에서처럼 단계별로 공감대 형성에 주력한 결과, 직원들의 불신을 극복하고 전사적으로 4조 2교대 제도를 성공적으로 정착시킬 수 있게 되었다.

〈그림 7-3〉 포스코 교대조 개선(4조 3교대 → 4조 2교대)을 위한 소통(사례)

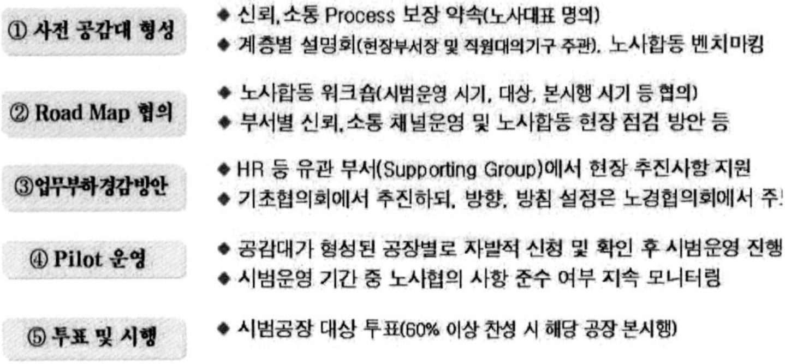

① 사전 공감대 형성	◆ 신뢰, 소통 Process 보장 약속(노사대표 명의) ◆ 계층별 설명회(현장부서장 및 직원대의기구 주관), 노사합동 벤치마킹
② Road Map 협의	◆ 노사합동 워크숍(시범운영 시기, 대상, 본시행 시기 등 협의) ◆ 부서별 신뢰, 소통 채널운영 및 노사합동 현장 점검 방안 등
③ 업무부하경감방안	◆ HR 등 유관 부서(Supporting Group)에서 현장 추진사항 지원 ◆ 기초협의회에서 추진하되, 방향, 방침 설정은 노경협의회에서 주!
④ Pilot 운영	◆ 공감대가 형성된 공장별로 자발적 신청 및 확인 후 시범운영 진행 ◆ 시범운영 기간 중 노사협의 사항 준수 여부 지속 모니터링
⑤ 투표 및 시행	◆ 시범공장 대상 투표(60% 이상 찬성 시 해당 공장 본시행)

변화와 혁신운동의 목적은 생산성 향상이고 성과 달성이다. 생산성은 적은 투입으로 더 많은 생산이나 서비스를 만들어 내는 것이므로 생산성 향상은 노력, 시간, 그리고 비용을 과거보다 덜 투입하고도 더 많고 품질이 좋은 재화를 생산하는 것이다. 사업장에서 이러한 생산성 향상을 위해서는 〈그림 7-4〉에서 보는 바와 같이 의식의 개혁, 즉 사고방식 변화에서 출발하여 불필요한 업무 제거(워크 다이어트, Work Diet) 및 회의 제도 개선 활동 등이 필요하다. 사고방식의 변화는 리더들에서 출발하여 직원들까지 구성원 전원에 대한 의식 변화가 수반되어야 한다. 워크 다이어트는 비가치 업무 폐지, 업무 단순화 및 업무 조정 등이 있다.

이러한 생산성 향상 방법은 하나만 성공하더라도 유·무형적 영향으로 개선 효과는 배가된다. 예를 들면, 워크 다이어트로 야근을 없애게 되면, 구성원들은 자연히 근무시간 동안의 업무에 몰입하게 되고 이는 생산성 향상으로 연결된다. 또한 업무의 불필요한 요소를 제거하거나 업무 프로세스를 개선하게 되면 야간근무 필요성이 줄어들고 그러면 구성원들의 워라밸이 증가한다. 따라서 생산성 향상 활동은 하나를 하더라도 일회성으로 그치지 않고 지속적으로 하는 것이 중요하다.

사고의 개혁 > Work Diet > 일하는 방법 혁신

- 리더의 의식변화
- 직원의 의식변화

- 가치 정의-> 업무 단순화 -> 업무 조정
- 회의문화 개선

1) 사고의 개혁

변화와 개혁에서 조직 구성원 마음가짐의 중요성은 매우 중요하다. 아무리 좋은 목표를 설정하고 훌륭한 제도를 가지고 있어도 구성원들이 움직이지 않으면 '빛 좋은 개살구'에 불과하고, 아무리 어려운 목표나 힘든 과업이라도 이를 극복하겠다는 구성원들의 일치된 마음가짐이 있다면 불가능한 것이 없다. 파산한 기업도 능히 회생시킬 수 있다.

어떤 사람이 건축현장을 지나면서, "지금 무엇을 하고 있습니까?"라고 석공들에게 물었다. 첫 번째 석공은 "돌을 다듬고 있습니다"라고 대답했다. 두 번째 석공은 "집을 짓기 위해서 돌을 다듬고 있습니다"라고 대답했고, 세 번째 석공은 "성전을 짓기 위하여 돌을 다듬고 있습니다"라는 답변을 했다. 첫 번째 석공은 두 번째 석공을 따라갈 수 없고, 두 번째 석공은 세 번째 석공이 가지는 열정이나 업무 태도를 도저히 따라갈 수 없다. 구성원의 사고개혁은 세 번째 석공과 같은 사고방식을 갖게 하기 위한 것이다.

2차 대전을 승리로 이끈 미국의 높은 생산성에 대한 원인을 찾기 위하여, 유럽에서는 대규모 조사단을 미국에 파견하였다. 조사단은 생산 시스템이나 인력 규모, 경영 정책 등에서 큰 차이를 발견하지 못했지만, 근로자들의 업무태도에서는 큰 차이를 느낄 수 있었다. 그래서 그들이 만장일치로 내린 결론은 '생산성은 태도에 달려있다(Productivity is an attitude)'였다. 결국 근로자들이 어떠한 마음가짐과 사고방식으로 일을 하느냐에 따라 엄청난 차이를 만들어낸다.

『주역』의 「계사전」에는 '이인동심 기리단금(二人同心 其利斷金), 동심지언 기취여란(同心之言 其臭如蘭)'이라는 말이 있다. 즉, 두 사람이 합심하면 그 날카로움이 단단한 쇠라도 끊을 정도이고, 마음을 함께하는 말은 그 냄새가 난초(蘭草)와 같다는 말이다. 마음이 일치되면 불가능한 일도 가능하게 할 수 있다.

일본 경영의 신으로 칭송되고 있는 이나모리 가즈오 교세라 명예회장이 파산한 일본항공(JAL)의 구원 투수로 투입되었을 때 제일 먼저 추진한 것도 JAL 직원들의 의식개혁이었다. 이나모리 회장은 그동안 엘리트 의식과 부서 이기주의에 빠져 있던 JAL 직원들의 사고방식을 개혁하고자 했다. 그래서 리더 교육을 필두로 전 직원들의 의식 변화를 시작하였다. 당시 리더 교육의 목적은 JAL의 경영철학을 전 직원에게 침투시키는 것으로 이를 위해 경영 간부의 의식개혁을 먼저 실시했다. 이를 위하여 이나모리 회장의 직접 강연과 영상 강연, 리포트 제출, 독서 및 리포트 제출 등의 방법으로 진행했다.

또한 직원들의 의식 변화를 유도하기 위하여 경영철학 교육을 실시하였다. JAL에서 일하는 모든 직원이 지녀야 할 의식이자 가치관을 40개

항목의 경영철학으로 제정하였다. ① 전 직원이 물심양면으로 행복해야 ② 비로소 고객에 대한 최고 서비스를 제공하게 되고 ③ 사회공헌도 가능하다는 철학이다. 경영철학을 포켓 수첩으로 제작하여 전 직원들이 항상 휴대하도록 하여, 브리핑이나 직원 조회 등에서 함께 읽기도 하고, 그 내용을 가지고 직원들이 매일 이야기 나눌 수 있도록 하였다. 또한 구성원들에게 연 4회 이루어지는 경영철학 교육 수강을 의무화했다.

이렇게 JAL 구성원들 한 사람 한 사람 의식개혁을 추진한 결과, 임원진을 포함하여 직원 전원의 의식을 뿌리부터 혁신할 수 있었고 그 결과 JAL은 부활의 기반을 확보하여, 1년 만에 흑자로 돌아서고 사상 최소 기간인 2년 6개월 만에 성공적으로 재상장을 할 수 있었다.

조직 위기에서 벗어나기 위한 변화와 혁신의 첫걸음은 구성원들의 사고방식 변화에서부터 시작해야 한다. 위계의식이나 부서 이기주의 등 구성원들에게 고질화된 태도를 바꾸기는 쉽지 않다. 그래서 JAL처럼 구성원 한 사람 한 사람 모두에 대해 지속적인 의식개혁 작업이 필요하며, 이것이 기반이 되어야 변화와 혁신 작업이 성공할 수 있다.

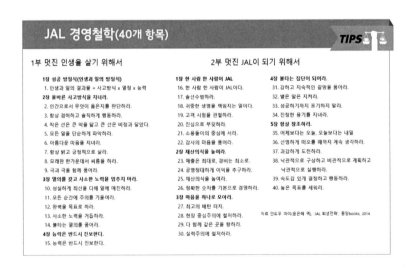

2) 워크 다이어트(Work Diet)

워크 다이어트는 사람이 운동을 통하여 군살을 빼고 건강을 유지하 듯이, 조직도 낭비 업무 제거하여 빠르고 효율적으로 업무를 추진하도 록 하는 활동이다. 낭비 업무란 조직의 부가가치를 창출하지 못하면서 누구에게도 도움이 되지 않는 불필요한 활동으로, 그 시간이 길어질수 록 투입 시간 대비 낮은 성과를 야기하는 업무이다.

워크 다이어트는 〈그림 7-5〉에서 보는 바와 같이 가치 정의(Value Definition), 업무 단순화(Process Simplification), 업무 조정(Process Alignment) 의 프로세스로 진행한다. 가치 정의는 팀의 가치 업무와 비가치 업무를 구분하여, 비가치 업무는 줄여나가자는 것이다. 가치 업무와 비가치 업 무를 구분하는 기준은 전략 목표나 기능별 핵심업무 또는 고객의 니즈 와 연계성 여부이다. 이를 위해 각 팀은 팀의 전략 목표나 기능별 핵심업 무를 명확히 하고 또한 고객 니즈와 연관성이 높은 업무도 도출해야 하 다. 이러한 절차로 연계성이 낮은 비가치 업무를 제거해야 한다.

<그림 7-5> 워크 다이어트 추진 방법

가치 정의 Value Definition	업무 단순화 Process Simplification	업무 조정 Process Alignment
•제거대상 업무, 가치창출 업무, 강화 필요 & 신규 업무의 구분 기준 설정 •팀 단위 전체 업무를 가시화 하여 현재 업무(As-Is)를 정의하고 가치/비가치 업무 구분 •부서별 목표 설정 및 추진계획 수립	•환경이 변하면 업무를 처리하는 형태도 변화하게 되어 불필요한 일이 발생하는 것이 일반적 •따라서 부서 단위로 지속적, 정기적으로 Work Diet 워크숍이 이루어 지도록 함	•전사적, 장기적 관점에서 부서 내, 부서 간의 업무 통합 및 재조정 •업무 단순화로 인해 발생된 여유 인력이 강화 필요 업무 & 신규 업무를 수행할 수 있도록 업무를 조정함

자료 : 우정사업본부, '일하는 방식 개선 검토 보고서', 2011

경영환경이 변하면 업무를 처리하는 방법도 변하게 되어 불필요한 일이 발생한다. 업무 단순화는 이를 주기적으로 점검하여 불필요한 업무를 제거하자는 것이다. 예를 들면 행정업무의 전산화는 전표처리 업무를 간소화할 수 있고, 클라우드 환경은 자료 공유를 통하여 문서 재작성을 줄일 수 있다. 꼭 필요한 일인가?(폐지 검토), 횟수를 줄일 수 없는가?(삭감 검토), Input 투입을 최소화할 수 없는가?(간소화 검토), 유사 업무가 여러 부서에서 행해지고 있지 않는가?(통합/이관 검토), 자동화할 수 없는가?(시스템화 검토) 등 면밀한(In-Depth) 질문을 통하여 개선기회를 찾아낸다. 마지막으로 발굴된 낭비 업무에 대한 폐지/삭감/간소화 등의 개선 방안을 마련하여 실행토록 한다. 이러한 업무 단순화 프로세스는 분기 또는 반기 1회 정도의 워크숍 등으로 정례화할 필요가 있다.

업무조정은 업무의 가치 정의나 업무 단순화 과정을 통하여 업무 프로세스 재조정 또는 통합 조치를 하는 것이다. 이를 통하여 구성원들은 잔업이나 연장근로를 최소화하는 대신, 강화 필요 업무나 신규 업무 등 부가가치가 높은 업무의 수행 여력을 확보할 수 있다.

3) 회의문화 개선

회의란 둘 이상이 모여 의견을 교류하는 행위로 여러 사람이 모여 아이디어를 만들거나 생각을 좁혀 중요한 의사결정을 하는 집단적 의사결정 방식이다. 이러한 회의는 조직운영의 필수 활동이지만, 비효율적으로 운영될 경우 집단 낭비가 발생한다. 하지만, 회의가 효율적으로 진행될 경우 아이디어 도출이나 문제 해결을 넘어 구성원의 참여, 자율, 도전을 이끌어내므로 워라밸 인사노무관리를 활성화할 수 있다.

　우리 기업에서 이루어지고 있는 회의는 그리 효율적이지도 생산적이지도 않으며 낭비 요인이 많다. 대한상공회의소에서 2017년도에 국내 기업들을 대상으로 회의문화 실태를 조사한 결과, 우리 직장인들의 회의문화 만족도는 〈그림 7-6〉에서 보는 바와 같이 100점 만점에 45점 수준으로 저조하다. 그 사유는 회의가 많고 길며, 내용이 부실하고 참석 인원이 많다는 것 등이었다.

<그림 7-6> 국내 기업들의 회의문화 실태

• 1주에 평균 3.7회 실시, 이중 절반인 1.8회는 불필요한 회의
• 매번 평균 51분씩 회의 중 약 31%인 15.8분은 낭비 (잡담, 스마트폰 보기, 멍 때리기 등)
• 회의가 불필요하다고 느낀 이유 : '단순 업무점검 및 정보공유 목적이라서'(32.9%), '일방적 지시 위주라서'(29.3%), '목적이 불분명해서'(24.7%), '시간낭비가 많아서'(13.1%)
• 회의 1회 평균 참석자는 8.9명이었는데 불필요한 참석자가 2.8명에 달함.

자료 : 대한상의, '국내 기업의 회의문화 실태와 개선 해법', 2017.

　따라서 회의가 생산적으로 이루어지는 등 만족도를 높이기 위해서는 〈그림 7-7〉에서 보는 바와 같이 회의 준비, 실행 및 피드백 등 각 단계마다 충실을 기해야 한다. 먼저 회의 준비 단계에서는 참석 대상자를 최소화하고 이들에게 미리 회의 목적이나 내용 등을 통보해야 한다. 그리고 회의 시간에 주관자는 중립적 태도를 유지하고 자유분방한 분위기 속에서 반대 의견도 존중하는 등 존중과 배려의 분위기가 형성되도록 하고, 회의 말미에 토론내용을 분명하게 평가하며, 정시에 끝내도록 해야 한다. 마지막으로 회의 결과는 빠른 시간에 정리하여 공지하여야 한다.

<그림 7-7> 효율적인 회의운영 방법

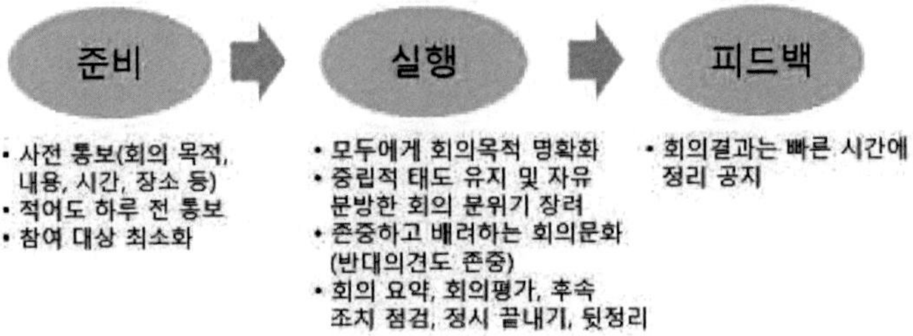

```
┌──────────┐      ┌──────────┐      ┌──────────┐
│   준비    │  ➡  │   실행    │  ➡  │  피드백   │
└──────────┘      └──────────┘      └──────────┘
```

- 사전 통보(회의 목적, 내용, 시간, 장소 등)
- 적어도 하루 전 통보
- 참여 대상 최소화

- 모두에게 회의목적 명확화
- 중립적 태도 유지 및 자유분방한 회의 분위기 장려
- 존중하고 배려하는 회의문화 (반대의견도 존중)
- 회의 요약, 회의평가, 후속 조치 점검, 정시 끝내기, 뒷정리

- 회의결과는 빠른 시간에 정리 공지

삼성그룹의 '3-3-7' 회의   TIPS ⚖

3[사고]
· 꼭 필요한 회의인가?
· 스스로 결정하면 되는 것은 아닌가?
· 더 좋은 수단이 있을 수 있지 않은가?

3[원칙]
· 참석자를 줄일 수 없는가?
· 빈도, 시간, 배포 자료를 줄일 수 없는가?
· 좀 더 원활한 운영을 할 수 없는가?

3[지침]
① 시간엄수 ② 비용명시 ③ 최소참석자
④ 목적 명확 ⑤ 자료 사전배표 및 검토
⑥ 전원발언 ⑦ 회의록 작성 원칙

사업장에서 변화와 혁신은 끊임없는 개선활동을 통해서 이루어진다. 조직 구성원들에게 변화·혁신의 마인드를 갖게 하고, 불필요한 업무를 제거하며, 근로시간의 효율성을 높이는 활동들은 서로 연계되어 있으므로 체계성과 지속성을 가져야 성공할 수 있다. 예를 들어, 구성원들이 '고객감동' 마인드를 함양하기 위해서는, '왜 고객을 감동시켜야 하는지'에 대해서 구성원들이 충분히 공감해야 하고, 고객을 불편하게 하는 업무 프로세스를 찾아서 개선해야 한다. 그리고 이러한 활동을 구성원들에게 강화하기 위해서는 평가와 보상을 통해서 고객감동의 중요성 시그널을 조직 전체에 퍼뜨려야 한다. 인사평가나 승진이 1년에 한두 번 일어난다고 보면, 이러한 활동을 온전히 체득하는 데 최소한 2~3년은 소요된다는 계산이 나온다. 따라서 변화와 혁신 문화가 조직에 연착륙하기 위해서는 구성원들의 마인드 형성에서부터 업무 개선 그리고 인사노무관리 활동까지 정합성을 가져야 하고, 이를 위해서는 2~3년 숙성 과정이 필요하다.

사업장에서 변화와 혁신이 성공하기 위해서는 이것이 조직문화로 굳어져야 한다. 그래야 누구도 강요하지 않지만 기발한 아이디어나 창의적 발상이 물 흐르듯이 흐르고 백화만발할 수 있다. 파괴적 혁신이론을 창안한 클레이튼 크리스텐슨(Clayton M. Christensen) 하버드대 교수도 조직문화가 변화와 혁신의 열쇠라고 지적하였다.

GE나 텍사스 인스트루먼트(Texas Instruments) 등 미국의 유수 기업들이 사우스웨스트 항공사와 같이 유머 넘치는 재미있는 직장을 만들고자 벤치마킹했지만, 어느 기업도 재현하지 못했다고 한다. 그 이유가 뭘까? 답은 바로 조직문화에 있었다. 본래 항공업계는 대형사고의 위험 때문에 전통적으로 위계질서가 엄격한 문화를 가지고 있다. 이러한 기존 질서를 무너뜨리고 '재미있는 회사'로 거듭날 수 있게 된 것은 직원들의 마인드 개조에서부터 인사노무관리활동까지 정합성과 지속성이 있었기 때문이다. 즉, 이를 조직문화로 만들었기 때문인데, 외부 기업들이 며칠 간 방문하여 '재미있는 모습'만 보고 벤치마킹하려고 하니 성공할 수 없는 것이다.

이러한 변화와 혁신의 조직문화를 구축하기 위해서는 〈그림 7-8〉에서 보는 것처럼 조직 전체 차원에서 지원이 일어나야 한다. 즉, 이를 핵심가치에 반영하고, 평가 및 보상시스템에 연계하며 교육으로 강화하고 혁신 페스티벌 등을 개최하여 전파토록 해야 한다. 그리고 이러한 활동이 일회성으로 그치는 게 아니라 지속적으로 이루어져야 한다.

〈그림 7-8〉 변화와 혁신의 조직문화 구축 방법

1) 핵심가치에 반영

핵심가치란 조직에서 꼭 지켜야 할 소중한 가치로서, 행동을 결정하는 데 가장 중요한 두세 가지 행동적 특성이다. 핵심가치는 조직의 정체성을 나타내는 것이기 때문에 시간이 지난다고 달라지지 않는다. 변화와 혁신이 핵심가치가 된다는 것은 그것이 조직의 정체성이고 의사결정의 기준이 된다는 의미이다.

아마존에 10억 불에 인수된 자포스에서는 10가지 핵심가치가 유명하다. 회사의 방침을 결정할 때나 매일매일 각각의 직원이 의사 결정을 할 때 이 10가지 핵심가치를 기반으로 한다. 그뿐 아니라 채용, 트레이닝, 업무평가. 보상, 이벤트, 사무실 환경 등 자포스의 모든 업무의 기준이 되는 것 또한 이 10가지 핵심가치이다. 핵심가치는 중요한 상황에만 적용되는 것이 아니다. 점심을 먹거나 사적인 대화를 나눌 때, 차를 타고 이동할 때와 같이 어떤 상황에서나 적용된다. 자포스의 핵심가치는 마치 물이나 공기처럼 시공을 초월하여 언제 어디서나 존재한다. 홈페이지의 첫 화면과 전체 화면들, 사무실 내 게시판, 회사 경영진이 실시하는 프레젠테이션이나 잡지 등에 게재된 광고에마저 등장한다.[31]

팀 빌딩 최고의 대가인 패트릭 렌시오니는 조직의 핵심가치를 찾는 방법으로 3단계 과정을 추천한다. 첫 번째 단계는 조직에서 지향하는 바를 몸소 실천하는 직원을 찾아서 분석하는 것으로, 그들의 자질이 잠재적 핵심가치가 된다. 두 번째 단계로, 능력은 뛰어나지만 조직에 맞지 않는 직원들을 찾아 분석하면, 이들이 가진 자질의 '반대되는 특성'이 핵심가치 후보가 된다. 마지막으로, 리더들 스스로가 위의 가치

---

31)   이시즈카 시노부, 이건호 역, 『아마존은 왜 최고가에 자포스를 인수했나』, 북로그컴퍼니, 2015,

들을 지니고 실천하고 있는지 들여다본다. 그래서 이들 중에서 두세 가지가 핵심가치로 된다. 물론 변화와 혁신을 포함해서 말이다.

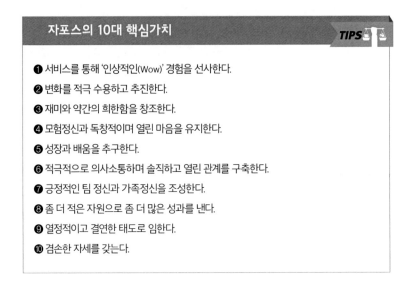

자포스의 10대 핵심가치 TIPS

❶ 서비스를 통해 '인상적인(Wow)' 경험을 선사한다.
❷ 변화를 적극 수용하고 추진한다.
❸ 재미와 약간의 희한함을 창조한다.
❹ 모험정신과 독창적이며 열린 마음을 유지한다.
❺ 성장과 배움을 추구한다.
❻ 적극적으로 의사소통하며 솔직하고 열린 관계를 구축한다.
❼ 긍정적인 팀 정신과 가족정신을 조성한다.
❽ 좀 더 적은 자원으로 좀 더 많은 성과를 낸다.
❾ 열정적이고 결연한 태도로 임한다.
❿ 겸손한 자세를 갖는다.

1) 인사노무관리와 연계

(1) 평가, 승진 등에 반영

조직 구성원은 평가에 따라 움직인다. 평가내용에 '경쟁'을 강조하면 조직 분위기가 경쟁적으로 바뀌고, '협조성'을 강조하면 조직 분위기는 협조적으로 바뀐다. 마찬가지로 평가내용에 변화와 혁신을 강조하면 조직 분위기도 변화와 혁신적으로 바뀐다. 변화와 혁신은 그 자체가 목적이 아니라 생산성 향상이나 매출 증가를 위한 것이므로 그 결과도 중요하다. 따라서 변화와 혁신 평가에는 과정과 결과가 모두 반영될 수 있도록 해야 한다.

MBO에도 변화와 혁신을 반영해야 한다. 이를 위하여 직무프로파일에서 기본업무보다 개선업무를 강조하고 비중을 높게 가져간다. 그래서 리더는 중간면담 과정에서 변화와 혁신이 늘 일어나도록 지원해야 하고, 구성원은 변화와 혁신이 성과와 연결되도록 노력해야 한다.

그리고 변화와 혁신에 대한 성과가 높은 사람이 평가가 높게 나오도록 해야 하고, 그 결과 연봉에도 반영하고 승진에도 유리해야 한다. 그래서 사업장에서 연봉이 높게 나온 이유는 변화와 혁신에 발군의 성과를 보였기 때문이고 연봉이 낮게 나온 이유는 변화와 혁신에서 성과가 저조했기 때문이다. 또한 승진한 것도 그동안 변화와 혁신에 높은 기여를 하여 앞으로도 기대가 되기 때문이고 승진하지 못한 것은 변화와 혁신 역량이 기대 수준에 미달하기 때문이다.

세계 최고의 자동차 회사 TOYOTA는 소통문화를 강조하여, 리더는 언제, 어디서 무슨 이야기이든 다 들어준다. 직원 개개인의 생각은 틀린 것이 아니라 다를 뿐이라는 철학으로 '경영자와 리더들이 공적인 일이든, 사적인 일이든 어떤 사항이든 잘 들어 주는가?'를 평가항목으로 하여 인사관리에 반영하고 있다.

이러한 평가나 연봉책정, 승진은 늘 있는 것이 아니라 1년에 한두 번 있는 것이기 때문에, 적어도 두세 번 정도의 평가나 연봉에 반영되어야 구성원들의 태도나 행동에 스며들 수 있다. 따라서 변화와 혁신이 조직문화로 되기 위해서는 인사노무관리 기능간의 정합성이 중요하지만, 그에 못지않게 2~3년간의 지속성도 중요하다.

(2) 교육 강의의 핵심 주제가 되어야 한다

기업은 다양한 내용으로 여러 계층의 구성원들에게 교육을 실시하고 있고, 교육을 통하여 변화를 일으키고 있다. 그중에서 최고의 교육 내용은 핵심가치이며, 변화와 혁신에 대한 교육이 되어야 한다. 이는 반드시 교육부서에서만 하는 것이 아니라 부서 특성에 맞는 자체 교육도 필요하다. 특히 현장부서에서는 OJT 교육을 통하여 선임자의 정보나 노하우를 공유하고 변화와 혁신이 일어날 수 있도록 집단지성의 활용을 활성화해야 한다.

그리고 신입사원 교육이든 경력사원 교육이든 오리엔테이션 과정에서 반드시 핵심가치에 대한 교육이 있어야 하고 그 과정에서 변화와 혁신의 필요성과 그 중요성에 대한 교육도 있어야 한다. 그리고 관리자 교육에서도 핵심고유 주제가 되어야 하고, 임원교육 과정에서 토의도 개최하고, 사례발표의 주제가 되어야 한다.

우리나라 최고 기업인 삼성에서도 모든 교육과정에서 변화와 혁신이 들어간다. 특히 신임 임원 과정이든 고위 임원 과정이든 이런 고위급 교육과정의 주요 테마는 변화와 혁신이다. 임원이나 CEO가 되면 시장과 고객의 변화를 미리 읽고 경영전략을 정렬해야 하며, 혁신을 통하여 조직 경쟁력을 한단계 더 격상시켜야 하기 때문이다. 삼성의 경우 처음 강의는 지금의 삼성으로 '10년 후 미래가 없다'는 것으로 시작한다. 고위 과정에 선발되어 한껏 부풀어 오른 가슴을 짓누르는 내용인데 지나친 성취감과 자만심을 경계하고 새로운 도약을 위하여 변신과

혁신을 주문하는 것이 교육의 주목표이다.[32]

우리나라 중소기업들은 교육기능이 취약하다. 체계적인 교육이라기보다는 현장의 OJT중심의 교육이 이루어지고 있다. 변화와 혁신의 목적이 생산성 향상이라고 할 때 OJT도 변화와 혁신 중심으로 운영되어야 한다. 하지만 현장부서는 방법론이나 이론적인 측면이 취약하므로 이에 대해서 인사노무관리 부서에서 지원해주어야 한다.

2) 학습동아리(CoP) 활동

기업의 성공은 환경변화에 얼마나 잘 적응하느냐에 달려있다. 최근 고객 니즈의 변화, 정보기술의 발달 등 급격한 경영환경 변화에 직면한 기업들은 대처 능력을 향상하기 위하여 직원들의 역량 강화는 물론이고 조직 학습 능력 배양에도 노력을 기울이고 있다. 기업에서 조직학습 능력 배양을 위하여 가장 일반적으로 사용하는 방법이 CoP(Community of Practies) 활동이다.

CoP란, 업무를 보다 효율적으로 처리하거나 업무와 관련한 보다 깊이 있는 전문 지식을 토의하고 공유하며 학습하고 문제를 해결하기 위해 형성된 비공식 모임이다. CoP는 조직 내 지식 습득과 공유나 현안 문제를 해결하기 위하여 자율적으로 조직된다. 그 결과, 〈그림 7-9〉처럼 조직 역량 향상은 물론이고 부서 간 교류 증진과 직원 간 의사소통의 활성화 효과가 발생한다.

---

32) 조영환, 『삼성 출신 CEO는 왜 강한가?』, 북오션, 2012.

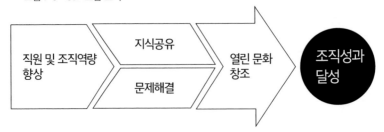

<그림 7-9> CoP 도입 효과

CoP에서는 자발적인 필요에 의해서 지식 교환 활동과 생성 활동이 주로 이루어진다. 지식 교환 활동은 업무에 관한 애로사항이나 아이디어 교환, 교육 등으로부터 획득한 정보나 지식의 공유 및 확산이다. 지식 생성 활동은 업무 관련 문제에 대한 공동 해결이나, 새로운 과제 연구 발굴 및 변화와 혁신 활동을 성과와 연계시키는 것이다.

이러한 CoP 운영 프로세스는 동아리 구성, 과제 발굴, 토론/학습, 표준화 등 성과와 연계한다. 기본적으로 Cop 구성은 자율적으로 하고, 소그룹을 통해 문제에 대한 개선 방안을 토론하고 성과와 연계시킨다.

 부서의 동아리 구성은 자율적으로 운영하며, **일인다역으로**(Cross Functional) 활동한다. 낭비에 대한 창의적 아이디어 도출 및 실패 예방을 위한 과거 사례 토론 등도 적극적으로 한다. 개선 결과에 대해 표준화 및 제안·종합지식·특허 등으로 성과와 연계한다.

이러한 CoP 활동의 성공을 위해서는 조직화 방법이나 지원 내용 등에 대한 구체적인 추진 전략이 필요하다. CEO의 CoP 활성화에 대한

강한 의지가 구성원에게 전달되어야 하고 CEO가 직접 CoP 장소에 방문하여 격려하고 관심을 보일 필요도 있다. 또한 교육, 홍보 및 CoP 경진대회 등 활성화를 위한 이벤트를 주기적으로 개최하여 직원들의 관심과 열의를 끌어내고, 우수 활동에 대해서는 적절한 보상 방안도 마련하여 직원들에게 동기를 부여해야 한다.

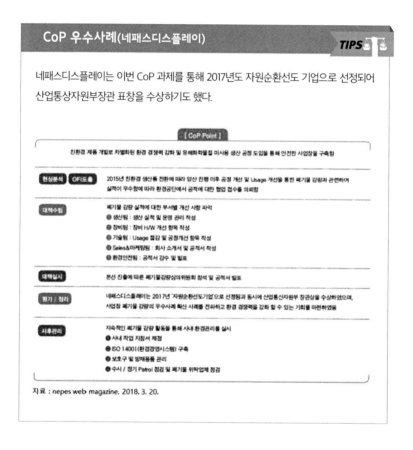

자료 : nepes web magazine, 2018. 3. 20.

3) 페스티벌 등 개최

변화와 혁신을 추진하는 데 가장 어려운 점은 조직 구성원들의 지속적인 변화 마인드 함양이다. 제도의 지속성을 유지하는 가장 좋은 방법은 아래로부터의 변화(Bottom up)가 일어나는 것이며, 직원들이 변화와 혁신을 공감하고 이를 즐기도록 하는 것이다. 그래서 많은 글로벌 기업들은 변화와 혁신활동을 '축제의 장'으로 활용하고 있다.

기업들은 변화와 혁신의 결과를 효과적으로 전파하기 위하여 '변화·혁신 페스티벌' 등을 개최하고 있다. 이를 통해 변화와 혁신은 중요하지만 즐거운 것이라는 이미지를 던져 주고 있다. 주요 내용은 〈그림 7-10〉에서처럼 축하 공연, 사례 발표, 포상, CEO의 치사 등으로 구성하고 있다. 예를 들면, 포스코의 If(Innovation Festival), 삼성전자의 SXSW(South by Southwest), 현대차그룹의 R&D 아이디어 페스티벌, 코오롱의 O.I. 페스티벌(Operational Improvement Festival) 등이다.

〈그림 7-10〉 포스코의 If(혁신 페스티벌) 사례[33]

		시간	Activity	진행 내용
첫째 날	전야제	18:00~18:50 (50')	Opening / 만찬	사회자/참석자 소개, 건배 제의 및 식사
		18:50~19:10 (20')	축하공연 I	직원 축하공연 (사내 오케스트라)
		19:10~19:50 (40')	시상식 I	혁신활동 우수 개인
		19:50~20:20 (30')	축하공연 II	연예인 축하공연/인터뷰
		20:20~20:40 (20')	시상식 II	혁신활동 우수 조직
		20:40~20:50 (10')	Closing	감동 영상 시청 및 마무리
둘째 날	돌아보는 혁신	08:30~08:50 (10')	Opening	오프닝 퍼포먼스, 사회자 인사, 사장님 오프닝 멘트
		08:50~09:10 (20')	혁신 2010	연간혁신 성과 Review
		09:10~09:40 (30')	성과공유 I	業의 진화 : 사례3건 * 10분
		09:40~10:10 (30')	성과공유 II	業의 확대 : 사례3건 * 10분
		10:10~10:30 (20')	Break Time	음료 / 다과
		10:30~12:00 (90')	성과공유 III	動의 혁신 : 사례6건 * 15분
	미리보는 혁신	13:20~13:30 (10')	Warming-up	아카펠라 공연 및 객석 참여
		13:30~14:30 (60')	초청 강연	선진 기업, 미래사회에 대한 비전 제시
		14:30~15:00 (30')	공연	'고객과 함께하는 아름다운 동행'
		15:00~15:20 (20')	Break Time	음료 / 다과
		15:20~15:25 (5')	비전 선포	CEO, 노경협의회 대표 공동 선포
		15:25~15:35 (10')	비전 동영상	패밀리의 미래 비전2020 공유
		15:35~15:50 (15')	CEO 강평	비전, 혁신 및 행사 전반에 대한 CEO 메시지 공유
		15:50~16:00 (10')	Closing	행사 마무리

---

33) 출처: 포스코 신문

그런데 변화와 혁신의 마인드를 전파하는 데 특별한 방법이 있는 것은 아니다. 시간과 인력, 재원이 부족한 중소기업은 페스티벌을 개최하기 곤란하므로 사정이나 여건에 맞게 운영하면 된다. 다만, 그것이 워크숍이든 연말행사든 노하우를 확산하고 구성원들에게 지속적인 동기부여를 할 수 있으면 된다.

[부록]

근로시간 단축에 따른
인사노무관리 방안

※ 2018년 3월 한국인사관리협회 강의에 사용한 자료

Ⅰ. 근로시간 단축
대응 프로세스 수립 방안

K호텔

- 소재지: 서울 선릉역 인근
- 2010년 오픈, 52개 객실 보유
- 직원 15명(프론트 3명, 청소A 4명, 청소B 4명, 주방 1명, 세탁 3명)
- 프론트(3조 3교대)와 청소관리(2조 2교대)를 제외하고는 상주 근무
- 한 달 2일 휴무, 연차휴가를 거의 사용하지 못하고 있음

🦅 근태현황

업무	인원	근무시간	휴일수	휴게시간	근무형태	실근무시간(1일)	1월 근무시간
프론트	3	24시간	12일	3시간(아침,점심,저녁)	3조 2교대	10~22/22~10(10시간)	178.71(=4.66x10x4.35-24)
청소A	4	12시간(10~22)	2일	2시간(점심,저녁)	상주 근무	10시간	284.5(=10x7x4.35-20)
청소B	4	24시간	17일	3시간(아침,점심,저녁)	격일제 근무	10/10~10(21시간)	277.73(=21x7x4.35÷2-42)
주방	1	12시간(10~22)	2일	2시간(점심,저녁)	상주 근무	10시간	284.5(=10x7x4.35-20)
세탁	3	12시간(10~22)	2일	2시간(점심,저녁)	상주 근무	10시간	284.5(=10x7x4.35-20)
합계	15명						

* 1주 65.4hr 근무(=284.5/4.35)

본회의 심의안건 요지

제356회 국회(임시회)
제9차 본회의(2018.2.28.)

1. 1주가 휴일을 포함한 연속된 7일임을 명시함

2. 2021년 7월부터 2022년까지 30인 미만 중소사업장에 대해서는 노사합의로 8시간의 특별연장근로 허용

3. 공무원과 일반 근로자가 공평하게 휴일을 향유할 수 있도록 관공서의 공휴일에 관한 규정에 따른 공휴일을 유급휴일로
   하고, 기업의 부담을 감안하여 기업규모별로 3단계, 2년에 걸쳐 시행

4. 8시간 이내의 휴일근로에 대해서는 통상임금의 50%를 가산하여 지급하고, 8시간을 초과하는 휴일근로에 대해서
   통상임금의 100%를 가산하여 지급함

5. 현행 26개인 근로시간 특례업종을 5개로 축소하고, 노선여객자동차운송사업도 근로시간 특례업종에서 제외하며,
   근로시간특례가 유지되는 업종에 대해서도 근로일간 11시간의 연속휴식시간을 부여하도록 함

6. 연소자의 1주간 근로시간 한도를 40시간에서 35시간으로 축소함

7. 고용노동부장관은 2022년 12월 31일까지 탄력적 근로시간제의 단위기간 확대 등 제도 개선을 위한 방안을
   준비하도록 함

8. 관공서 공휴일 적용을 위한 준비 행위로서 고용노동부장관은 실태를 조사하여 그 결과를 2018년 12월 31일까지
   국회에 보고하도록 함

부록 | 근로시간 단축에 따른 인사노무관리 방안   247

근로시간이란 근로자가 사용자의 지휘·명령하에서 근로를 제공하는 시간

다양한 근로 형태

| 근로시간 해당 | | 근로시간 해당 없음 |

교대시간   회식 참석
클로즈타임(브레이크타임)   수면시간
건강진단시간   휴식시간
근무중 인터넷 강의수강
파견근무지로 출퇴근   주휴일   전화당번시간
통근시간
노조설립 논의

상황에 따라 다름

연장근로시간은 1주 40시간 1일 8시간의 법정근로시간을 초과하여 근로한 시간

연장근로시간 해당 여부

1. 1주 40시간 초과 + 1일 8시간 초과
2. 소정근로시간(32시간) 초과, 40시간 이하
3. 1주 40시간 이하 + 1일 8시간 초과
4. 1주 40시간 초과 + 1일 8시간 이하
5. 1주 40시간 초과 + 1일 8시간 초과 (경비직)
6. 1주 40시간 이하 + 1일 8시간 이하
7. 1주 40시간 초과 + 1일 8시간 초과 (5인 미만 음식점)

해당

비해당

시간외근로에 대한 할증계산(예시)

구분	근무시간	실근로시간	할증률	계산
오전 근무	09:00~12:00	3	-	3시간
휴게 시간	12~13, 점심	-	-	-
오후 근무	13:00~18:00	5	-	5시간
휴게 시간	18~19, 점심	-	-	-
저녁 근무	19:00~22:00	3	50%	4.5시간
야간 근무	22:00~24:00	2	50%+50%	4
합계	15시간	13시간	-	16.5

※ 연소자의 경우 1일, 7시간 1주 35시간을 초과한 경우가 연장근로에 해당

근로제공이 없는 날에는 휴일, 휴무일, 휴가 등이 있지만, 이들의 법률 효과에는 차이가 있으므로, 신중한 운영이 필요함

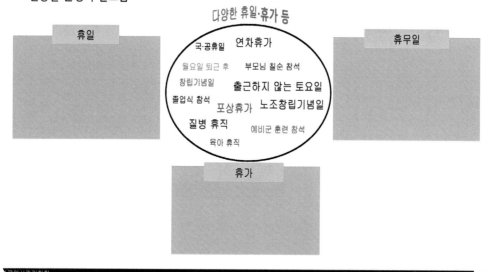

다양한 휴일·휴가 등

휴일

국·공휴일   연차휴가

월요일 퇴근 후   부모님 칠순 참석

창립기념일   출근하지 않는 토요일

졸업식 참석   노조창립기념일

포상휴가

질병 휴직   예비군 훈련 참석

육아 휴직

휴무일

휴가

1주간에 12시간을 한도로 근로시간을 연장할 수 있음(법 제53조)

> ※ **행정해석:** 1주간 연장근로시간에는 휴일근로시간이 포함되지 아니함. (2000.9.9. 근기 68207-28

개정 1주일 개념(C)

기존 1주일 개념(B)

기존 1주일 개념(A)

구분	월	화	수	목	금	토	일	소계(A)
소정근로시간	8	8	8	8	8	–	–	40
연장근로시간			12			–	–	12
휴무일근로	–	–	–	–	–	(8)	–	
휴일근로시간	–	–	–	–	–	(8)	8	16
합계								68

연장근로에 대한 한도나 가산임금 적용에 대해, 특정 사업이나 업무에 대해서는 완화 적용하고 있음

③ 유연근무제도

법정근로시간 완화

① 특례사업장(26개 → 5개)

운송업 종사자
(육상운송업, 수상운송업, 항공운송업, 기타 운송 관련 서비스업, 보건업)

* 시내버스 종사자 제외
* 식당, 숙박, 판매 등 사업장도 제외

② 감시·단속직, 관리·감독 또는 기밀업무 취급 종사자[2]

감시직 근로자
· 계수기 감시원, 수위, 아파트 경비원
· 청원경찰, 경비계장
· 고속도로 정기 순찰, 차량호송 보안직

단속직 근로자
· 건물시설 관리를 위한 휴일 및 야간 대기 직원, 주한 미군부대 소방원
· 보일러공, 공기정화기 가동 근무자
· 아파트 관리소 전기실 및 관리실 직원
· 승용차 운전기사

1) 근로 조건의 결정 기타 사무관리에 있어서 경영자와 일체적인 지위에 있는 자
2) 경영자의 활동과 일체 불가분으로 출퇴근 등에 엄격한 제한을 받지 않는 자

연장	야간	휴일	휴게

연장	야간	휴일	휴게

2013년 10월 30일자 《한국경제》에는 국회에서 최장 근로시간을 68시간에서 52시간으로 단축하는 '근로기준법 개정안'을 처리하기로 했다는 보도를 들은 중소기업에 관한 기사가 실렸다. 기사에서 예로 든 한 중소기업 사장은 직원들의 초과 근로 시간을 줄이려면 20명을 채용하고, 기존 직원의 수당 인상 요구도 들어줘야 하며, 새로 뽑은 직원들이 일할 작업장에 대한 시설 투자가 필요하여 총 15억 원이라는 추가 부담을 져야 할 상황이 됐다.

자료: 강현우, 최진석, '근로시간 단축, 작은 기업이 뜬다', 《한국경제》, 2013.10.30.

근로시간 단축 근로기준법 개정안
통과 시 줄어드는 월급

《한국경제신문》, 2017.7.30.

	제조업	서비스업
52시간 초과 휴일근로 근로자 수	40만9000명	4만7000명
연장근로시간	21.4시간	20.8시간
근로시간 감소	9.4시간	8.8시간
현재 월급	296만3000원	302만7000원
급여 감소	38만8000원	31만8000원
급여 감소 후 월급	257만5000원	270만9000원

※ 급여 감소는 초과급여가 연장근로 감소 비율만큼 줄어드는 것으로 추산

※ 자료: 한국노동연구원

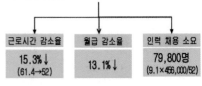

근로시간 감소율	월급 감소율	인력 채용 소요
15.3%↓ (61.4→52)	13.1%↓	79,800명 (9.1×456,000/52)

근로시간 단축으로 인한 직원들의 임금하락을 보전하기 위해서는 생산성 향상 노력과 근로시간의 질적 향상 노력이 필요함

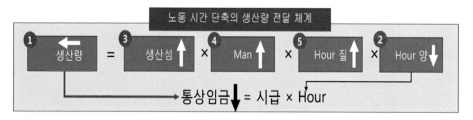

 사내 헬스장을 이용하거나 흡연과 잡담으로 자리를 비우는 경우엔
출입 기록에 따라 분 단위로 근로 기간에서 제외, 근로시간 단축 이행 여부를 간부들의 평가에 반영

 3조 3교대 주 56시간제를 4조 3교대 주 42시간 근무제로 전환하고, 기존 급여의 90%까지 보전,
지역에서 근로자를 채용해서 줄어든 근로시간과 생산량 확보

 근무 시간을 통제하는 일률적, 관리적 방식을 지양하고 구성원의 신뢰를 기반으로
개별적·자율적 방식으로 일하는 시간을 혁신. 자율적선택근무제를 도입하여
2주 단위로 총 80시간 범위 내에서 업무 성격 및 일정을 고려해 직원 스스로 근무 시간을 설계

근로시간의 양적 축소는 근로시간 운영의 질적 향상이라는 선순환을 통하여 어느 정도 극복 가능함

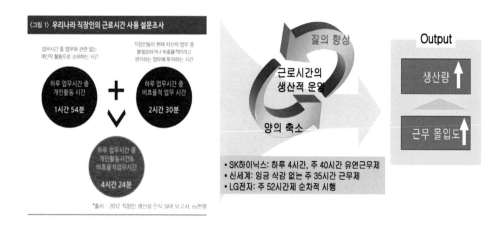

부록 | 근로시간 단축에 따른 인사노무관리 방안　251

돈보다 행복한 일터로 만들라

* 자료: 마틴 셀리그만, 「마틴 셀리그만의 긍정심리학」, 물푸레, 2014

현재 직장 생활 만족 이유

- 일의 내용(일의 전문성 등) **49.7**
- 직장 내에서의 인간관계 **46.1**
- 일에 대한 주도성 보장 **38.9**
- 회사의 경제적 안정성 **35.4**
- 급여 수준 **35.1**
- 회사의 사회적 평판 **24.3**
- 현재 회사의 장기적인 전망/비전 **23.1**

자료 : 트렌드 모니터, '2016년 직업소명 의식조사'

GWP(Great Work Place)*

GWP를 위한 구체적 활동(예시)

신뢰 (Trust)	리더와 구성원간 관계	• 리더의 솔선수범, 존중, 경청 • 감사와 칭찬 일상화
자부심 (Pride)	업무와 관계	• 업무 중요성과 의미 인식 • 학습/성장 지원
재미 (Fun)	동료와 관계	• 배려와 협조 • 관심, 위로, 격려

* 행복한 직장(GWP): 임직원의 행복이 곧 기업경쟁력의 핵심이라는 믿음으로 구성원이
서로 신뢰(Trust)하고 자신의 일에 자부심(Pride)을 느끼며 즐겁게(Fun) 일하는 직장

2017 대한민국 일하기 좋은 100대 기업

구분		기업	구분		기업
명예의 전당		(주)신한은행(10년 연속 대상)	3년 연속 대상	제조 부문	동희오토 주식회사
		현대해상화재보험(10년 연속 대상)		공공 부문	공항철도(주)
종합대상		새서울산업(주)		금융 부문	아주캐피탈(주)
신뢰경영대상		신한카드 주식회사(9년 연속 대상)	대상		메르세데스-벤츠 파이낸셜 서비스 코리아(주)
		코웨이(주)(7년 연속 대상)		외국계 부문	한국내쇼날인스트루먼트(주)
		한국전력공사(2년 연속 대상)			한국존슨앤드존슨(컨슈머, 메디칼, 비전, 안센)
8년 연속 대상	금융 부문	BNK부산은행			국민건강보험공단
	외국계 부문	한국마즈(유)			전력거래소
6년 연속 대상	공공 부문	대한무역투자진흥공사		공공 부문	한국기초과학지원연구원
5년 연속 대상	공공 부문	K-water			한국수력원자력(주)
		한국공항공사	본상	일반서비스 부문	와이즈와이어스(주)
4년 연속 대상	외국계 부문	DHL Korea			한국다우케미칼 주식회사
		케이던스코리아(유)		외국계 부문	에스씨존슨코리아유한회사
		한국애브비 주식회사			한국BMS제약
	판매유통 부문	(주)이니스프리			매일유업 주식회사
3년 연속 대상	공공 부문	한국남동발전(주)		제조 부문	(주)앤비젼
	금융 부문	한화생명보험(주)			콘티넨탈 오토모티브 시스템
	일반서비스 부문	서비스에이스 주식회사	특별상	외국계 부문	구글코리아 유한회사

* 자료: 《매일경제》, 2017.11.10.

근로시간 축소에 대응하는 회사의 조치에는 네 가지 차원에서 방안 모색 가능
즉, 생산성 향상, 신중한 인력 증원, 근로시간의 질 향상, 임금 체계의 성과형 강화 등

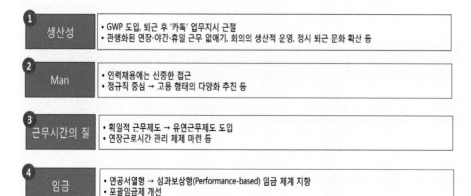

1	생산성	• GWP 도입, 퇴근 후 '카톡' 업무지시 근절 • 관행화된 연장·야간·휴일 근무 없애기, 회의의 생산적 운영, 정시 퇴근 문화 확산 등
2	Man	• 인력채용에는 신중한 접근 • 정규직 중심 → 고용 형태의 다양화 추진 등
3	근무시간의 질	• 획일적 근무제도 → 유연근무제도 도입 • 연장근로시간 관리 체제 마련 등
4	임금	• 연공서열형 → 성과보상형(Performance-based) 임금 체계 지향 • 포괄임금제 개선

근로시간 단축에 성공하기 위해서는 최고 경영층의 관심 및 직원과의 꾸준한 소통이 중요함
직원과의 공동 추진 및 외부 전문가의 활용으로 전문성, 공정성, 신뢰 등을 확보할 필요가 있음

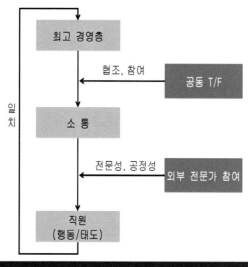

실무 차원에서 근로시간 단축 프로그램의 효과적인 정착과 활용을 하려면
'계획(Plan) → 설계(Do) → 운영(See) → 개선(Check)' 등의 체계적인 절차 구축이 필요

제도 개선 프로세스

Plan	Do	See	Check
· 공동 T/F 구성 · 상황 분석	· 제도 설계 - 생산성 향상 T/F - 임금개선 T/F · 직원 니즈 조사	· 직원 만족도 조사 · 장애 요인 파악 · 인사 평가 반영	· 장애 요인 개선 · 평가 결과 피드백

연장근로시간 3단계 관리 방안

연장근로가 생산적으로 이루어지기 위해서는
'승인절차 마련 → 효과적 운영 → 사후조치' 등 3단계 관리 방안을 마련해야 함

승인 절차 마련	• 임직원들의 의견 수렴, 연장근로 인정 요건 마련 • 돌발성 업무 처리 방안 등
효과적 운영	• 휴게시간, 식사시간 등 근태 관리 강화 • 연장근로 목적 달성 여부 관리
사후 조치	• 개인별, 부서별 통계를 관리하고, 연장근로가 많은 부서장은 연장근로 축소 방안을 마련 • 업무 조정 또는 조직 개편 실시

feedback

254 중소기업을 위한 워라밸 인사노무관리

근로시간 단축의 목적은 일자리 창출과 자녀 출산 문제 등과 관련이 있기 때문에,
향후 정부의 근로 감독도 강화할 것으로 예상되므로 기업들도 이에 대한 적극적 대비 필요

근로 감독 강화

정부	기업

법률 규정 준수

정부
- 자율 점검, 수시 점검 등 현장지도 강화
- 주 40시간제 엄격 적용
- 연차휴가 및 육아휴직 사용 실태 점검
- 포괄임금제도 악용 점검
- 유연근무제 절차 요건 준수 등

기업
- 근태 시스템 구축 등으로 연장근로 실적 철저히 관리
- 포괄임금제도 점검, 개선
- 근로시간 제도 변경, 임금 관련 변경 근로계약서에 반영
- 각종 제도 개선 내용 취업규칙 반영 등

🏨 근태현황

🏨 K호텔

업무	인원	근무시간	휴일 수	휴게시간	근무형태	실근무 시간(1일)	1월 근무시간
프론트	3	24시간	12일	3시간(아침, 점심, 저녁)	3조 2교대	10~22/22~10(10시간)	178.71(=4.66x10x4.35÷24)
청소A	4	12시간(10~22)	2일	2시간(점심, 저녁)	상주 근무	10시간	284.5(=10x7x4.35−20)
청소B	4	24시간	17일	3시간(아침, 점심, 저녁)	격일제 근무	10~10/10~10(21시간)	277.73(=21x7x4.35÷2÷42)
주방	1	12시간(10~22)	2일	2시간(점심, 저녁)	상주 근무	10시간	284.5(=10x7x4.35−20)
세탁	3	12시간(10~22)	2일	2시간(점심, 저녁)	상주 근무	10시간	284.5(=10x7x4.35−20)
합계	15명						

🏨 제도 개선 프로세스

Plan	Do	See	Check
·1주 13.4hr 초과 ·임금 20% ↓	·T/F, 외부 전문가 활용 ·근로시간 생산성 향상 방안, 임금 보전 방안 마련 ·연장근로시간 관리 방안	·직원 니즈 조사, 반영 ·평가 반영	·문제점 개선 ·최고경영층의 지속적인 소통 필요

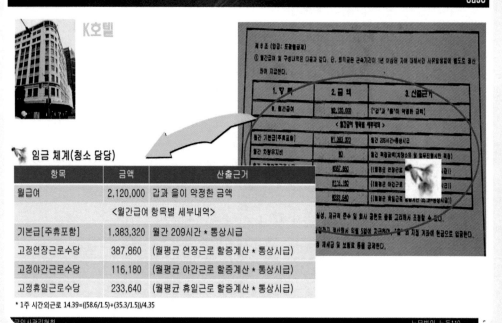

임금 체계(청소 담당)

항목	금액	산출근거
월급여	2,120,000	갑과 을이 약정한 금액
	<월간급여 항목별 세부내역>	
기본급[주휴포함]	1,383,320	월간 209시간 * 통상시급
고정연장근로수당	387,860	(월평균 연장근로 할증계산 * 통상시급)
고정야간근로수당	116,180	(월평균 야간근로 할증계산 * 통상시급)
고정휴일근로수당	233,640	(월평균 휴일근로 할증계산 * 통상시급)

* 1주 시간외근로 14.39=((58.6/1.5)+(35.3/1.5))/4.35

임금이란 사용자가 근로의 대가로 근로자에게 임금, 봉급, 그 밖에 어떠한 명칭으로든 지급하는 일체의 금품

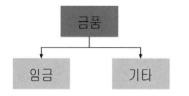

① 사용자가 지급하는 것
② 지급의무를 부담
③ 근로의 대가

① 복리후생
② 실비변상
③ 임의성 등 기타

사례

대법원 판례

임금은 사용자가 근로의 대가로 근로자에게 지급하는 <u>일체의 금원</u>으로서, 근로자에게 정기적·계속적으로 지급하고 그 지급에 관하여 사용자가 단체협약, 취업규칙, 급여규정, 근로계약, 노동관행 등에 따라 <u>지급 의무를</u> 부담하는 것이다.

구분	명칭	임금	기타
1	직무수당(금융수당, 출납수당), 직책수당(반장수당, 소장수당) 등	O	
2	물가수당, 조정수당 등		
3	기술수당, 자격수당, 면허수당, 특수작업수당, 위험수당 등	O	
4	벽지수당, 한냉지근무수당 등	O	
5	승무수당, 운항수당, 항해수당 등	O	
6	생산장려수당, 능률수당	O	
7	연장근로수당, 야간근로수당, 휴일근로수당, 연차휴가수당, 생리휴가수당	O	
8	개근수당, 근속수당, 정근수당	O	
9	일·숙직수당	O	
10	정기상여금, 체력단련비 등	O	
11	경영성과배분금, 격려금, 생산장려금, 포상금, 인센티브		
12	봉사료(팁)		
13	통근수당, 차량유지비		
14	사택수당, 활동연료수당, 김장수당	O	O
15	가족수당, 교육수당(학자보조금, 근로자 교육비 지원)	O	O
16	급식 및 급식비		
17	휴업수당, 퇴직금, 해고예고수당		
18	결혼축의금, 조의금, 의료비, 재해위로금		
19	교육기관·체육시설 이용비, 피복비, 통근비·기숙사·주택제공		O
20	고용보험료, 의료보험료, 국민연금, 운전자보험		O
21	출장비, 정보활동비, 업무추진비, 작업용품 구입비		O
22	결혼수당, 사상병수당		O

직장인들의 이직 사유 중 연봉에 대한 불만이 가장 높은 비중을 차지하는 건 임금의 양면적 특성에서 기인
그로 인해 기업에서는 경영적 또는 법률적 리스크를 부담하고 있음

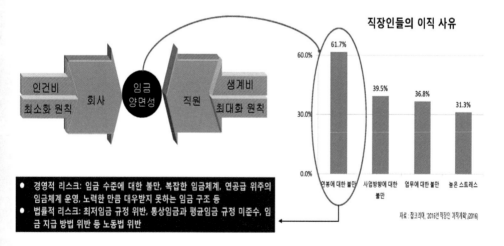

직장인들의 이직 사유

자료: 잡코리아, '2015년 직장인 이직계획' (2016)

- 경영적 리스크: 임금 수준에 대한 불만, 복잡한 임금체계, 연공급 위주의 임금체계 운영, 노력한 만큼 대우받지 못하는 임금 구조 등
- 법률적 리스크: 최저임금 규정 위반, 통상임금과 평균임금 규정 미준수, 임금 지급 방법 위반 등 노동법 위반

임금산정의 기준에는 평균임금과 통상임금이 있으며,
평균임금은 통상임금을 포함하지만 상호보완적 역할을 하기도 함

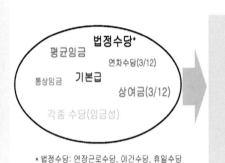

임금체계도

* 법정수당: 연장근로수당, 야간수당, 휴일수당

통상임금은 연장·야간·휴일 근로수당 등 산정 기준 임금이 되므로
기업이 임금정책을 정하고 적정 임금 수준을 유지하는 데 중요한 역할을 함

통상임금 성격	기존 해석(판례)	대법원 판례(2013.12.19.)	
❶ 정기성	1임금산정기간에 지급	3개월에 한 번 주든, 6개월에 한 번 주든 정해진 주기가 있는 임금	상여금
❷ 일률성	모든 근로자에게 똑같이 지급	근무 연수와 같은 일정한 조건이나 기준에 해당하는 근로자에게 지급	자격면허수당
❸ 고정성	지급하기로 확정된 임금	확정 + 일할 계산 임금	매일 10만 원 지급 15일 이상 근무 10만 원 지급

인건비 증가와 직결	?

임금명목	임금의 특징	통상임금 해당여부
기술수당	기술이나 자격보유자에게 지급되는 수당(자격수당, 면허수당 등)	
근속수당	근속기간에 따라 지급여부나 지급액이 달라지는 임금	
가족수당	부양가족 수에 따라 달라지는 가족수당	
	부양가족 수와 관계없이 모든 근로자에게 지급되는 가족수당분	
성과급	근무실적을 평가하여 지급여부나 지급액이 결정되는 임금	
	최소한도가 보장되는 성과급	
상여금	정기적인 지급이 확정되어 있는 상여금(정기상여금)	
	기업실적에 따라 일시적, 부정기적, 사용자 재량에 따른 상여금 (경영성과분배금, 격려금, 인센티브)	
특정시점 재직 시 에만 지급	특정시점에 재직 중인 근로자만 지급받는 금품 (명절귀향비나 휴가비의 경우 그러한 경우가 많음)	
	특정시점이 되기 전 퇴직 시에는 근무일수에 비례하여 지급되는 금품	

* 자료: 대법원/고용노동부

본 회 의 심 의 안 건 요 지

제356회국회(임시회)
제9차 본회의(2018. 2. 28.)

공무원과 일반 근로자가 공평하게 휴일을 향유할 수 있도록 관공서의 공휴일에 관한 규정에 따른 공휴일을 유급휴일로 하고, 기업의 부담을 감안하여 기업 규모별로 3단계, 2년에 걸쳐 시행

8시간 이내의 휴일근로에 대해서는 통상임금의 50%를 가산하여 지급하고, 8시간을 초과하는 휴일근로에 대해서 통상임금의 100%를 가산하여 지급함

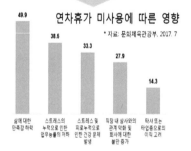

연차휴가 미사용에 따른 영향

* 자료: 문화체육관광부. 2017. 7

49.9 — 삶에 대한 만족감 하락
38.5 — 스트레스의 누적으로 인한 업무능률의 저하
33.3 — 스트레스 및 피로누적으로 인한 건강 문제 발생
27.9 — 직장 내 상사와의 관계 악화 및 회사에 대한 불만 증가
14.3 — 타사 또는 타업종으로의 이직 고려

- 성남시 소속 환경미화원들이 "휴일근로 가산임금 몫인 통상임금의 1.5배만이 아니라 연장근로에 대한 가산임금까지 포함해 통상임금의 2배를 지급해 달라"고 소송 제기
- 지난 2008년 제기된 소송은 1, 2심 모두 휴일근로는 연장근로 한도에 포함된다고 판결함
- 2018년 6월 대법원 판결 "휴일수당과 연장근로수당은 중복지급 불가"

휴일근무수당 계산 Logic 명확

변경 전						근로시간	예)휴일근로 (09~24)	변경 후					
유급휴일	소정근로	휴일가산	연장가산	야간가산	합계			유급휴일	소정근로	휴일가산	연장가산	야간가산	합계
100%	100%	50%	50%	50%	350%	연장 야간	24:00 22:00	100%	100%	50%	50%	50%	350%
100%	100%	50%	50%		300%	연장 근로	18:00	100%	100%	50%	50%		300%
100%	100%	50%	(50%)		250% ~ 300%	소정 근로	09:00	100%	100%	50%	-		250%

근로시간 단축에 따른 임금 관리의 2대 이슈는 임금 보전 수준과 보전 방법을 확정하는 것

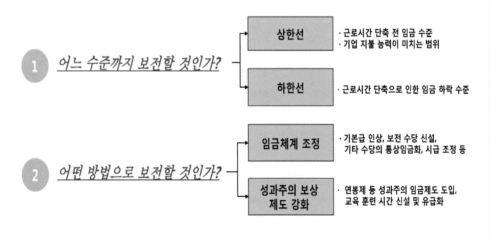

① 어느 수준까지 보전할 것인가?

- **상한선**
  - 근로시간 단축 전 임금 수준
  - 기업 지불 능력이 미치는 범위
- **하한선**
  - 근로시간 단축으로 인한 임금 하락 수준

② 어떤 방법으로 보전할 것인가?

- **임금체계 조정**
  - 기본급 인상, 보전 수당 신설, 기타 수당의 통상임금화, 시급 조정 등
- **성과주의 보상 제도 강화**
  - 연봉제 등 성과주의 임금제도 도입, 교육 훈련 시간 신설 및 유급화

임금 보전 수준은 회사의 임금 지불 능력, 노동시장 환경, 임금 관리 전략 등과 연계되어야 하고,
특히 보전 수준 결정 과정에서 투명하게 관리되어야 함

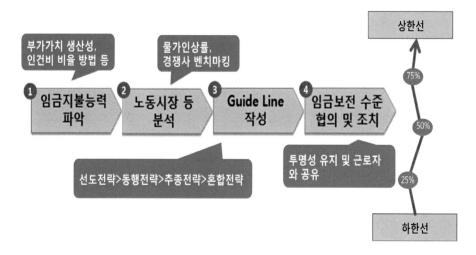

기업에서 인건비 상승에 따른 대책으로 '임금체계 개편'을 최우선으로 꼽았으며
이러한 임금 체계를 개편하는 방법에는 기본급 인상, 보전 수당 신설, 성과 보상제 강화 등이 있음

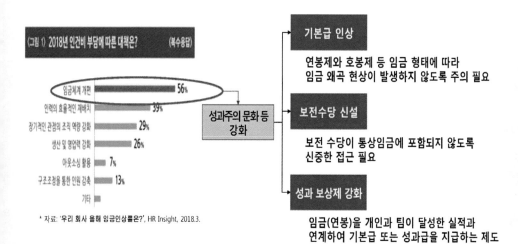

* 자료: '우리 회사 올해 임금인상률은?', HR Insight, 2018.3.

부록 | 근로시간 단축에 따른 인사노무관리 방안   261

임금 보전을 위한 기본급 인상에는 인력 운영 정책이나 임금 체계에 따라 그 방법이 다르나,
임금인상으로 인한 파급 효과 최소화와 임금 왜곡 현상이 발생하지 않도록 주의 필요

기본급 인상 방법

일반적 방법	연봉제도하(下)	호봉제도하(下)
• 기본급 인상은 인력 운영 전략, 임금 정책, 조직문화, 경쟁사 동향 등의 감안 필요 • 정액인상: 하위 직급 유리(하후상박) 연공보다 성과 중시 정률인상: 상위 직급 유리(상후하박) 근속, 연공, 경험 중시	• 개별연봉제는 기본급 인상으로 인한 법정 수당 등의 영향을 감안하여 인상 조치 • 직급별 연봉제는 최저임금 보전이나 직급 간 위화감 고려 필요	• 임금 감소분 보전을 위해 호봉 테이블의 Based up 필요 • 이를 위해서 호봉 간 왜곡 현상 등이 발생하지 않도록 주의 필요

성과 보상제도는 목표 관리와 평가 관리를 기반으로 함
이것은 임금(연봉)과 연계하여 결국 성과주의 조직문화를 구축하고자 하는 것임

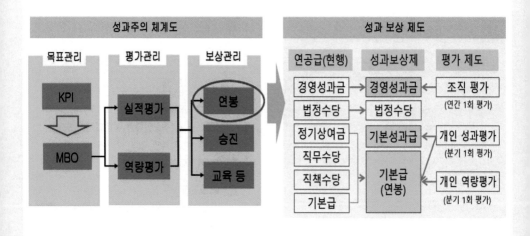

우리나라 기업에서 비정규직 근로자 비율은 19%로 5명 중에 1명은 비정규직
비정규직 근로자에 대한 임금 등 근로 조건은 근로시간에 비례하여 산정하는 것이 원칙

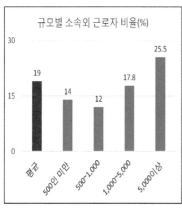

규모별 소속외 근로자 비율(%)

* 자료: 고용노동부, '2017년도 고용형태 공시결과'

기간제 및 단시간 근로자

■ 정의
- 기간제근로자: 기간의 정함이 있는 근로계약을 체결한 근로자
- 단시간근로자: 1주 동안의 소정근로시간이 그 사업장에서 같은 종류의 업무에 종사하는 통상 근로자의 1주 동안의 소정 근로시간에 비하여 짧은 근로자
- ※ 초단시간근로자: 4주간을 평균하여 1주간의 소정근로시간이 15시간 미만인 근로자

■ 근로 조건
- 사업 또는 사업장의 동종 또는 유사한 업무에 종사하는 통상근로자에 비하여 차별적 처우를 하여서는 아니 됨
- 단시간근로자의 근로조건은 그 사업장의 같은 종류의 업무에 종사하는 통상 근로자의 근로시간을 기준으로 산정한 비율에 따라 결정
- ※ 초단시간근로자에게는 주휴일, 연차, 퇴직금을 적용하지 않을 수 있음

기간제 및 단시간 근로자는 정규직에 비해 임금 등 근로 조건에 대해 불합리한 차별이 있어서는 안 되며
특히 연장근로수당, 주휴수당, 연차유급휴가를 정확히 계산하여 지급받아야 함

차별 해당 사항	
임금차별	• 비정규직이라는 이유만으로 낮은 임금 지급 • 정규직에게만 성과급 지급 / 성과급 차별 * 개인별 능력, 경력, 생산성 등에 따른 차별은 가능
복지차별	• 정규직에게만 학자금, 의료비 등 복리후생 적용 • 정규직에게만 사내근로복지기금 수혜 자격 부여
승진/배치차별	• 비정규직은 승진 기회를 부여하지 않는 경우 • 비정규직은 무조건 단순 업무에만 배치하는 경우
근로시간/ 휴일휴가차별	• 비정규직에게만 연장 or 야간 or 휴일 근로를 시키는 경우 • 정규직에만 유급휴일을 부여/휴일근로수당 지급 혹은 휴가 등을 차등 부여하는 경우

근로 조건 계산(例)

※ 단시간 근로자 A의 근로 조건
- IT 사업장(1주 5일 근무, 주 40시간제)
- A의 계약 조건: 1일 4시간, 1주 20시간 근무

❶ 1주에 30시간 근무한 경우, 연장근로수당을 주어야 하는가?

❷ 1주 개근한 경우, 주휴수당을 주어야 하는가?

❸ 1년 80% 이상 근무 시, 연차 개수는?

$$\frac{근로자\ A\ 소정\ 근로시간}{통상근로자\ 소정\ 근로시간}$$

단시간근로자 또는 통상근로자의 소정근로시간은 1주간의 소정근로시간으로 함(단시간근로자의 1주간 소정근로시간이 불규칙한 경우에는 4주간의 소정근로시간을 평균한 시간으로 함).

근로시간 단축에 따른 임금 하락분에 대해서 다각적인 보전 방법을 동원함으로써
'생산성 향상 → 회사 지불 능력 강화'의 선순환 체계 구축으로 장기적인 완전 보전이 가능하도록 해야 함

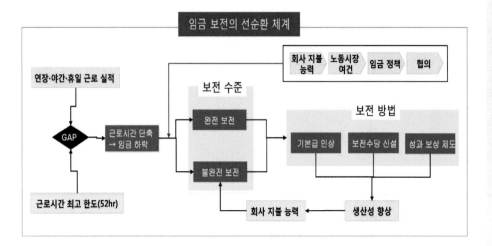

강남호텔의 근로시간 단축에 따른 임금 관리 대응 방안 수립

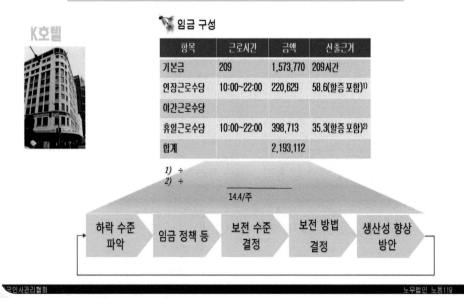

임금 구성

항목	근로시간	금액	산출근거
기본금	209	1,573,770	209시간
연장근로수당	10:00~22:00	220,629	58.6(할증 포함)[1]
야간근로수당			
휴일근로수당	10:00~22:00	398,713	35.3(할증 포함)[2]
합계		2,193,112	

1) ÷
2) ÷

14.4/주

| 하락 수준 파악 | 임금 정책 등 | 보전 수준 결정 | 보전 방법 결정 | 생산성 향상 방안 |

Ⅲ. 포괄임금 규제에 따른
대응 방안

K호텔

🐕 포괄임금 구성내역

항목	금액	산출근거
월급여	2,120,000	갑과 을이 약정한 금액
<월간급여 항목별 세부내역>		
기본급[주휴포함]	1,383,320	월간 209시간 * 통상시급
차량유지비	0	월간 책정금액
고정연장근로수당	387,860	(월평균 연장근로 할증계산 * 통상시급)
고정야간근로수당	116,180	(월평균 야간근로 할증계산 * 통상시급)
고정휴일근로수당	233,640	(월평균 휴일근로 할증계산 * 통상시급)

■ 포괄임금제란 무엇인가?

"기본급과 연장·야간·휴일 근로 수당 법정 제수당을 합하여 월 300만 원을 지급한다." → 정액급제

→ 정액수당제

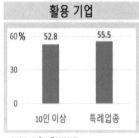

활용 기업

활용 사유

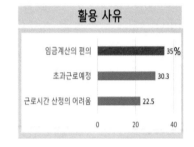

* 자료: 고용노동부(2017)

■ 포괄임금제에 대해, 판례는 어떻게 변해 왔는가?

2010년 5월 이전 판례

포괄임금제가 인정요건은
① 노사 간의 합의가 있을 것
② 단체협약이나 취업규칙에 비춰 근로자에게 불이익이
   없고, 제반사정에 비춰 정당할 것

확대

③ 계산의 편의와 직원의 근무 의욕 고취를 위하여
   포괄임금제를 도입할 수 있음
④ 단체협약이나 취업규칙에 비춰 (합의가 있으면),
   인정할 수 있음

영향

사무직 노동자 대상 포괄임금제 현황
자료: 한국노동연구원 (사무직 근로시간 실태와 포괄임금제 개선방안)

실노동시간 따라		포괄임금제
32.5%	초과근로수당 지급 방식	41.3%
10시간 43분	월 초과근로시간	13시간 9분

포괄임금제 시행 사업장 중 실제 초과근로수당이
고정연장수당보다 많을 경우 차액정산 가능 여부

불가능 90.6
가능 9.4 %

포괄임금제 체험사례	2010년 5월 이후 판례

...정보통신(IT)업체에서 개발자 사례...

2010년 5월 대법원 판례

"감시, 단속적 근로와 같이 근로시간 산정이 어려운 경우가 아니라면 포괄임금제 방식의 임금 지급 계약을 체결하는 것은 근로기준법이 정한 규제를 위반하는 것이라 허용될 수 없다"

2016년 10월 대법원 판례

포괄임금 합의가 객관적으로 존재한다고 인정되는 경우에만 포괄임금제를 적용할 수 있다.

[대법원 2010.5.13. 선고, 2008다6052 판결]

*감시·단속적 근로 등과 같이 근로시간의 산정이 어려운 경우*가 아니라면 달리 근로기준법상의 근로시간에 관한 규정을 그대로 적용할 수 없다고 볼 만한 특별한 사정이 없는 한 근로기준법상의 근로시간에 따른 임금지급의 원칙이 적용되어야 할 것이므로, 이러한 경우에도 근로시간 수에 상관없이 일정액을 법정수당으로 지급하는 내용의 포괄임금제 방식의 임금 지급계약을 체결하는 것은 그것이 근로기준법이 정한 근로시간에 관한 규제를 위반하는 이상 허용될 수 없다.

근로기준법에 정한 기준에 미치지 못하는 근로 조건을 정한 근로 계약은 그 부분에 한하여 무효로 하면서 (근로기준법의 강행성) 그 무효로 된 부분은 근로기준법이 정한 기준에 의하도록 정하고 있으므로(근로기준법의 보충성), *근로시간의 산정이 어려운 등의 사정이 없음에도 포괄임금제 방식으로 약정된 경우* 그 포괄임금에 포함된 정액의 법정수당이 근로기준법이 정한 기준에 따라 산정된 법정수당에 미달하는 때에는 그에 해당하는 *포괄임금제에 의한 임금지급계약 부분은 근로자에게 불이익하여 무효*라 할 것이고, 사용자는 근로기준법의 강행성과 보충성 원칙에 의해 *근로자에게 그 미달되는 법정수당을 지급*할 의무가 있다.

[대법원 2016.10.13. 선고, 2016도1060 판결]

이때 단체협약이나 취업규칙 및 근로계약서에 포괄임금이라는 취지를 명시하지 않았음에도 묵시적 합의에 의한 포괄임금약정이 성립하였다고 인정하기 위해서는, *근로 형태의 특수성으로 인하여 실제 근로시간을 정확하게 산정하는 것이 곤란*하거나 일정한 연장·야간·휴일 근로가 예상되는 경우 등 실질적인 필요성이 인정될 뿐 아니라, 근로시간, 정하여진 임금의 형태나 수준 등 제반 사정에 비추어 *사용자와 근로자 사이에 그 정액의 월급여액이나 일당임금 외에 추가로 어떠한 수당도 지급하지 않기로 하거나 특정한 수당을 지급하지 않기로 하는 합의가 있었다고 객관적으로 인정되는 경우이어야 할 것이다.*

원심은, 이 사건 근로계약서에 근로시간과 일당만이 기재되어 있고 수당 등을 포함한다는 취지의 기재는 전혀 없으며, '본 계약서에 명시되지 않은 사항은 근로기준법 등 관계법규에 따른다'고 기재되어 있는 점, 이 사건 근로 형태와 업무의 성질상 그 근로 관계가 근로시간이 불규칙하거나 감시·단속적이거나 또는 교대제·격일제 등의 형태여서 실제 근로시간의 산출이 어렵거나 당연히 연장·야간·휴일 근로가 예상되는 경우라고는 보이지 아니하는 점 등을 종합하여 보면, 피고인과 공소외인 사이에 위 근로계약과 별도로 포괄임금계약이 체결되었다고 보기 어렵다.

[대법원 2016.9.8. 선고, 2014도8873 판결]

노인센터에서 환자를 돌보는, 감시,단속적 업무와 유사하게 근로시간 산정이 어려운 업무인 요양보호사들에 대한 포괄임금계약 인정 여부

제1심: 요양보호사 업무 특성상 실제 근로시간 산정이 어려우므로 포괄임금계약은 유효

요양보호사의 업무 특성상 실제 근로시간을 정확하게 산출해 내는 것이 쉽지 않으며, 지급받은 월급이 경기 지역의 요양기관에서 다른 요양보호사들이 받는 급여와 큰 차이가 없다는 점 등을 감안할 때 이 사건의 포괄임금계약은 유효함

고등법원과 대법원: 노인센터의 요양보호사들의 업무가 근로시간 산정이 어려운 형태라 볼 수 없음

① '감시 또는 단속적으로 근로에 종사하는 자'의 경우도, 인정을 받으려면 사용자가 고용노동부장관의 승인 필요
② 요양보호사들의 출퇴근 시간이 정해져 있고 중증 치매환자들의 수발 등 업무의 밀도가 상당한 점,
③ 야간근무의 경우 4시간의 휴게시간이 정해져 있으나 요양대상자가 비상벨을 누르는 경우가 많아 사실상 잠을 자지 못하고 늘 대기상태였으며 야간수면실 또한 위치 구조상 쉽게 이용할 수 없었다는 점

 근무형태에 있어 쉽게 근로시간의 산정이 불가능하다고 판단하여서는 안 됨

■ 포괄임금제, 무엇이 문제인가?

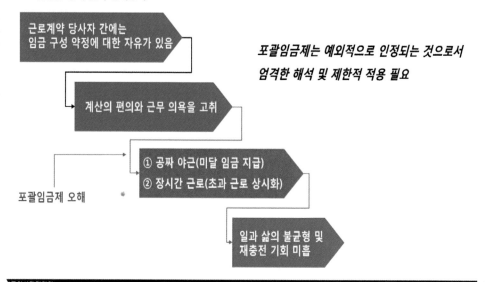

근로계약 당사자 간에는
임금 구성 약정에 대한 자유가 있음

계산의 편의와 근무 의욕을 고취

포괄임금제 오해

① 공짜 야근(미달 임금 지급)
② 장시간 근로(초과 근로 상시화)

일과 삶의 불균형 및
재충전 기회 미흡

포괄임금제는 예외적으로 인정되는 것으로서
엄격한 해석 및 제한적 적용 필요

■ 포괄임금제를 유효하게 운영하려면 어떻게 해야 하는가?

① *근로시간 산정이 어려울 것*

○ 근로시간의 산정이 물리적으로 아예 불가능하거나 거의 불가능한 경우만을 의미

○ 근로시간 산정이 어렵지 않으면 명시적 합의가 있어도 무효

○ 특히 사무직은 해당사항이 없음

② *명시적 합의가 있을 것*

○ 근로계약서에 명시적 기재

○ 단체협약이나 취업규칙 등과 다른 노사간 합의는 포괄임금제에 대한 합의로 볼 수 없음

※ 근로시간 산정이 어려운 경우

1 주로 사업장 밖에서 근로, 근로시간을 노동자가 재량으로 결정하고, 성과급 형태로 임금을 받음
예) 외부에서 주로 활동하는 가전제품 수리기사, 방문판매 영업사원

2 업무가 기상·기후 등 자연조건에 좌우되어 정확한 근로시간의 측정이 어려운 경우

3 사업장 밖에서 근로하면서, 상황에 따라 근로시간의 장단이 결정되어 근로시간 산정이 어려운 경우
예) 장거리 운행 트랙터 및 트레일러 운전원, 운행 예측이 곤란한 시외버스 운전사 등

4 근로 형태나 업무의 성질이 단속적·간헐적이어서 대기 시간이 많아 정확한 실근로시간 산정이 곤란한 경우
예) 아파트의 경비원, 청원경찰, 한국도로공사 보안원, 회사의 야간경비원, 대학교 수위 등 감시적 근로
아파트 보일러공, 한국과학기술연구원의 보일러 운전기사, 지하철공사의 기능직 등 단속적 근로

* 자료: 포괄임금제 사업장 지도지침, 고용노동부, 2017.10.

■ 포괄임금제가 성립되면 어떤 효과가 있는가?(○, ×)

> **포괄임금제가 유효하게 성립된 경우**

- 연장·야간·휴일 근로수당, 주휴수당은 포괄임금에 포함되어 지급된 것으로 인정

- 포괄임금제하에서는 연차유급휴가 미사용, 퇴직금은 포함 가능

- 포괄임금제하에서는 연장근로시간이 주12시간 초과 가능

> **포괄임금제가 유효하지 않는 경우**

- 임금 전액을 소정 근로에 대한 대가로 보고, 연장·야간·휴일 근로시간에 대한 수당이 지급되지 않은 것으로 봄

- 근무시간을 따로 정하지 않고, 월 200만 원을 지급하기로 한 경우, 하루 10시간 근무에 대한 초과근로시간을 별도로 재정산하여 지급할 필요가 없음

- 근무시간은 09:00 ~ 20:00(1일 2시간, 월 40시간 OT), 월 200만 원 지급하기로 한 경우, 실제 초과근로시간이 월 50시간인 경우, 초과된 연장근로 10시간에 대한 차액분을 지급해야 함

■ 포괄임금제는 그 형태가 유사한 연봉제도와 어떻게 다른가?

구분	연봉제	포괄임금제도
개념	성과와 역량을 바탕으로 연간 임금 총액 결정	시간외근로수당을 기본임금에 포함 또는 기본급 + 제수당 형식으로 매월 지급
취지	성과주의 조직문화 구현	근로시간 산정이 어려운 경우, 임금 청구의 효율성 도모
요건	취업규칙이나 단체협약의 변경 필요 ※ 취업규칙의 불이익 변경에 해당, 과반수의 동의 필요	① 근로시간 산정의 곤란 ② 근로자의 명시적 합의 ※ 취업규칙에 반영할 경우 불이익 변경 해당, 근로계약서를 통해 개별 동의도 가능
효과	① 정기불 원칙(연봉제라도 매월 1회 이상 지급) ② 연장, 야간, 휴일수당 등 법정수당 지급 ③ 근로계약기간, 연차, 통상임금, 평균임금, 퇴직금 등은 불변	근로자는 따로 연장, 야간, 휴일근무 수당을 청구하지 못함. 다만, 미리 약정한 시간외근로 시간을 초과한 경우에는 그 차액을 청구 가능
적용	최초 관리자 이상 → 전 직원으로 확산	감시, 단속적 성격의 업무 종사자

■ 포괄임금제와 유사한 제도는 어떤 것들이 있는가?

화이트칼라 이그젬프션 (White-Collar Exemption)

IBM의 톰 바인즈 비즈니스사업부 부장은 "배제 대상 화이트칼라들은 매년 연봉계약 때 연간 업무량을 정하기 때문에 근로시간이 길더라도 연장근로수당을 받지 못한다"고 설명했다.

[미국서 확산되는 우연근무제]
연봉 2만弗이상 화이트칼라, 밤샘 근무도 연장근로수당 못 받아

근로시간 계좌제

주당 40시간을 일하도록 돼 있는 부어커씨는 야콥이 태어나기 전 1년 동안 주당 45시간씩 일하며 저축해 놨던 시간을 요즘 일찍 퇴근할 때 꺼내 쓰고 있다.

[잃어버린 저녁을 찾아서] 독일 '근로시간 계좌제'… 저축한 추가근무 시간 언제든 꺼내 써

기획업무 재량근로제

사업운영에 관한 기획·입안·조사 및 분석업무이면서 수행방법을 근로자의 재량에 맡길 필요가 있는 경우에 기획업무형 재량근로제를 허용

재량근로제도 활성화에 기여

■ 실무에서는 포괄임금제를 어떻게 운영할 것인가?

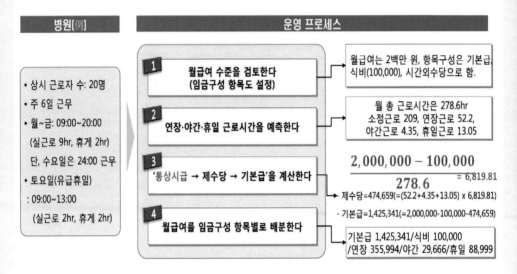

병원(例)	운영 프로세스

• 상시 근로자 수: 20명
• 주 6일 근무
• 월~금: 09:00~20:00
  (실근로 9hr, 휴게 2hr)
  단, 수요일은 24:00 근무
• 토요일(유급휴일)
  : 09:00~13:00
  (실근로 2hr, 휴게 2hr)

1 월급여 수준을 검토한다
(임금구성 항목도 설정)

→ 월급여는 2백만 원, 항목구성은 기본급, 식비(100,000), 시간외수당으로 함.

2 연장·야간·휴일 근로시간을 예측한다

→ 월 총 근로시간은 278.6hr
소정근로 209, 연장근로 52.2, 야간근로 4.35, 휴일근로 13.05

3 '통상시급 → 제수당 → 기본급'을 계산한다

$$\frac{2,000,000 - 100,000}{278.6} = 6,819.81$$

• 제수당=474,659(=(52.2+4.35+13.05) x 6,819.81)
• 기본급=1,425,341(=2,000,000-100,000-474,659)

4 월급여를 임금구성 항목별로 배분한다

→ 기본급 1,425,341/식비 100,000
/연장 355,994/야간 29,666/휴일 88,999

■ 사업장에서는 어떻게 대응할 것인가?

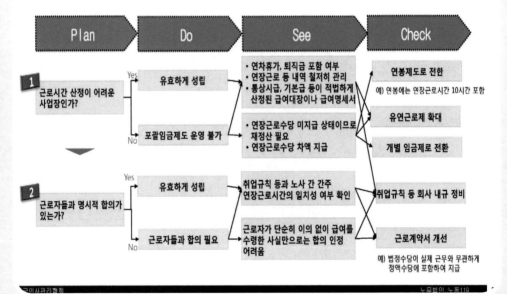

Plan → Do → See → Check

1 근로시간 산정이 어려운 사업장인가?

Yes → 유효하게 성립
• 연차휴가, 퇴직금 포함 여부
• 연장근로 등 내역 철저히 관리
• 통상시급, 기본급 등이 적법하게 산정된 급여대장이나 급여명세서

No → 포괄임금제도 운영 불가
• 연장근로수당 미지급 상태이므로 재정산 필요
• 연장근로수당 차액 지급

연봉제도로 전한
예) 연봉에는 연장근로시간 10시간 포함

유연근로제 확대

개별 임금제로 전환

2 근로자들과 명시적 합의가 있는가?

Yes → 유효하게 성립
취업규칙 등과 노사 간 간주 연장근로시간의 일치성 여부 확인

No → 근로자들과 합의 필요
근로자가 단순히 이의 없이 급여를 수령한 사실만으로는 합의 인정 어려움

취업규칙 등 회사 내규 정비

근로계약서 개선
예) 법정수당이 실제 근무와 무관하게 정액수당에 포함하여 지급

사례

A회사는 일반 사무직 근로자 B를 채용하면서 매달 급여를 250만 원으로 하되 하루에 30분씩 1시간 정도는 퇴근이 늦을 수 있다고 하면서 *"일정시간 연장근로는 250만 원에 포함하자"*고 제의했다. B는 칼퇴근을 원하지만 우리 직장 현실에서 쉽지 않은 것을 감안하여 이에 동의했다. 양자 합의하에 *근로계약서의 급여항목에 "200만 원 기본급, 50만 원 연장근로수당"*이라고 명기했다. 그리고 근로자 B는 하루에 30분 내지 1시간 정도 연장근로를 했다.

근로자 B는 퇴사하자 사업주 A회사를 상대로 연장근로수당을 청구하는 소를 제기했다. 하루에 30분 내지 1시간씩 더 근무한 것에 대한 청구였다. 더불어 체불된 연장근로수당만큼 퇴직금도 과소하게 산정되어 지급되었으므로 과소한 퇴직금 청구도 추가했다.

원고 측 주장 ? 피고 측 주장

근로자 측 원고 대리인은 "일반 사무직 근로자 B는 감시·단속적 근로자와 같이 *근로시간 산정이 어려운 경우가 아니므로 A와 B간 포괄임금제 계약은 무효*이고 따라서 연장근로수당이 지급된 것으로 볼 수 없다"고 항변했다.

심리 결과 B가 매월 소정근로 종료 후 실제 연장근로한 시간은 모두 20시간 안쪽이었다. 사업주 측 피고 소송 대리인은 "*매월 지급한 연장근로수당이 실제 연장근로한 시간을 모두 포함*했으니 더 이상 지급할 연장근로수당이 없다"고 항변했다.

* 자료: 조훈희, "포괄임금제에 관한 오해와 진실", 노동법률, 2017. 7

Ⅲ. 포괄임금제 규제에 따른 대응 방안 　　Solution

K호텔

🏷 포괄임금 구성내역

항목	금액	산출근거
월급여	2,120,000	갑과 을이 약정한 금액
〈월간급여 항목별 세부내역〉		
기본급[주휴포함]	1,383,320	월간 209시간 * 통상시급
고정연장근로수당	387,860	(월평균 연장근로 할증계산 * 통상시급)
고정야간근로수당	116,180	(월평균 야간근로 할증계산 * 통상시급)
고정휴일근로수당	233,640	(월평균 휴일근로 할증계산 * 통상시급)

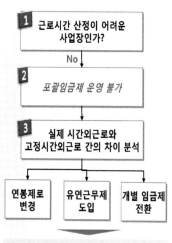

1 근로시간 산정이 어려운 사업장인가?

No

2 포괄임금제 운영 불가

3 실제 시간외근로와 고정시간외근로 간의 차이 분석

연봉제로 변경 　 유연근무제 도입 　 개별 임금제 전환

근로계약서 변경, 취업규칙 개선, 급여체계 개선 등의 조치 필요

K호텔

🕊 교대근무 현황

3조 2교대(프론트, 3명)

	월	화	수	목	금	토	일	월	화	수	목	금
	1	2	3	4	5	6	7	8	9	10	11	12
A조												
B조												
C조												

주간(12H) 08:30-20:30	야간(12H) 20:30-08:30	휴 일

2조 격일제(청소 관리, 8명)

	월	화	수	목	금	토	일
	1	2	3	4	5	6	7
A조							
B조							

※ 격일제 근무

■ 왜 교대근무제는 필요한가?

교대근무제도는, 동일 업무에 대해 근로자들을 2개 조 이상으로 편성하여, 하루 근로시간대를 두 개 이상으로 조직하여 근무조를 배치하여 운영하는 근무 형태가 정기적으로 순환하는 근무제도

사례: POSCO → 하루 24시, 365일 운영

"교대근무제도 활용"

1) 사업의 공공서비스 성격
전기, 가스, 수도, 운수, 통신, 병원 등의 사업에서 그 공익적 성격 때문에 야간에도 사업을 정지할 수 없는 경우
2) 생산기술 또는 업무의 성격
철강, 석유정제, 합성화학 등의 사업에서 생산과정이 연속공정으로 진행되어 작업을 중단할 수 없는 경우
3) 기업의 경영효율 등 경제적 이유
생산설비를 완전 가동시켜서 설비투자의 효율적 활용, 기업 간 경쟁 우위를 위해 조업/영업 시간을 길게 하는 경우

■ 교대근무제에는 어떤 유형이 있는가?

우리나라 교대근무제 중 2조 2교대와 2조 격일제 근무제도의 비율이 높다는 것은 근로자들이 장시간 근로체제에 노출되어 있다는 의미임

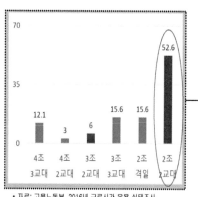

* 자료: 고용노동부, 2016년 근로시간 운용 실태조사

장 점
- 장비와 설비를 최대한 이용 가능
- 고객 니즈나 제품시장의 수요 증가에 능동적이며 선제적으로 대응
- 기계의 생산효율을 최대한 높여서 원가 경쟁력을 확보

단 점
- 시간대가 불리한 근무 교대조에서의 낮은 생산성, 높은 결근율, 높은 사고율의 우려
- 종업원의 불충분한 수면, 육체적 질병 발생 가능성 야기
- 정상 생활자와 다른 생활 패턴으로 인한 고립된 사회 생활

■ 왜 교대근무제를 개편해야 하는가?

근로자 만족도 향상, 품질향상, 경쟁력 강화, 1주 52시간 체제 대응을 위해서 교대근무제 개편이 필수적임

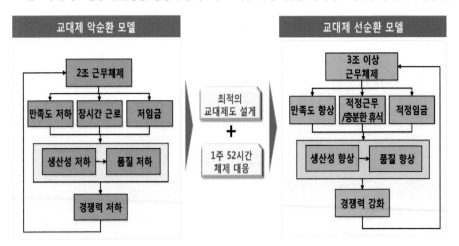

교대근무제도 운영 방정식 # WHY란 무엇인가?

■ WHY는 1Cycle(교대주기)에 근무일수와 휴무일수를 계산하는 방정식임

■ 1 Cycle = (W + H) *Y

- → W(Working Day)는 1일 근무에 투입되는 조의 수 ┐
- → H(Holiday)는 하루에 쉬는 조의 수 ┘ W+H=교대조의 수
- → Y(Yield)는 1 Shift 근무일의 수 → 3일 ≤ y ≥ 6일
- → WY-1Cycle에서 근무일수, HY-1Cycle에서 휴일 수

※ Cycle(교대 주기)은 1근을 한 근로자가 근무순환하여 다시 1근으로 복귀하는 기간을 의미

[예시: 3조 2교대, 4일 근무체제]
- · C=(2+1)y -------- y=4
- · 12=(2+1)* 4 → C=12, W=8, H=4
  → 교대주기 12일, 근무일 8, 휴일 4
- · 4조 2교대를 운영하면 1년 동안 휴일 수는?
  → 365 = (2+2)*y → y =91.25, w=182.5, h=182.5
- · 4조 3교대를 운영하면 1년 동안 휴일 수는?
  → 365 = (3+1)*y → y =91.25, w=273.75, h=91.25

교대주기 편성표

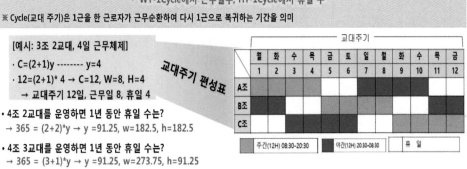

1주 52hr제를 바탕으로 교대제 유형을 분석해 보면, 3조 이하 교대제는 적당치 않음.

교대제 운영 형태		교대제 유형별 교대제 운영 형태에 따른 근로일, 휴일 및 근무 시간									

							전일제(24근무)			비전일제(12시간)		
		교대형태	근무조수	1cycle (최소)	형태	기간	근무일(W)	휴일수(H)	근무시간	근무일(W)	휴일수(H)	근무시간
1일 기준		1	2	2	연속형(7일)	7	3.5	3.5	84	3.5	3.5	42
전일제(24hr)	비전일제(12/16hr)				불연속형(5)	5	2.5	2.5(+2)	60	2.5	2.5(+2)	30
		2	2	2	불연속형Ⅰ	6*	6	1	72	7	0	42
연속형(7일)	전일/연속형	비전일/연속형			불연속형Ⅱ	5	5	0(+2)	60	5	0(+2)	30
			3	9	연속형	7	4.7	2.3	56	4.7	2.3	28
불연속형(5/6일)	전일/불연속형	비전일/불연속형			불연속형	5	3.3	1.7(+2)	40	3.3	1.7(+2)	20
			4	12	연속형	7	3.5	3.5	42	3.5	3.5	21
					불연속형	5	2.5	2.5(+2)	30	2.5	2.5(+2)	15
		3	3	9	연속형	7	7.0	0	56	7.0	0	28
					불연속형	5	5.0	0(+2)	40	5.0	0(+2)	20
			4	12	연속형	7	5.3	1.8	42	5.3	1.8	21.0
					불연속형	5	3.8	1.3(+2)	30	3.8	1.3(+2)	15.0
			5	15	연속형	7	4.2	2.8	33.6	4.2	2.8	16.8
					불연속형	5	3.0	2.0(+2)	24	3.0	2.0(+2)	12.0

W
H
Y

1주기준

* 2조 2교대 연속형은 주휴가 없으므로 운영불가능하므로 불연속형(6일) 기준으로 계산

※ 적법성 판단 시 고려사항

취업규칙 등에 제도화
- 근로계약 체결 때, 교대제 근무를 근로조건으로 약정하는 경우 근로자의 동의 필요
- 교대제는 취업규칙의 필수적 기재사항이므로 교대제 도입 또는 변경할 경우에는 취업규칙 변경에 원리 적용

주휴일 부여
- 주휴일이 미리 예측 가능하도록 부여
- 1주일에 1회 이상 계속하여 24시간의 휴식이 부여

법정근로 시간 준수
- 법정근로시간(휴게시간 제외하고 1주 40시간, 1일 8시간)은 적용
- 계속 근무가 2역일에 걸친 경우에는 시업시각이 속한 날의 1일 근로로 취급함

연장근로의 제한
- 연장근로는 당사자 간 합의가 필요하며, 또한 1주 12시간의 연장근로시간을 초과할 수 없음
- 1주는 7일 기준으로 판단

휴게 및 휴가 준수
- 휴게시간은 근로시간 4시간에 30분 이상, 8시간에 1시간 이상 부여
- 계속 근로 1년에 8할 이상 출근한 경우 15일의 연차유급휴가를 부여(2년 단위로 1일씩 가산, 25일 한도)
- 생리휴가, 산전·후휴가 등 법정휴가의 청구가 있는 경우 각각 부여

[질의] 격일제 24시간 교대제, 연차휴가

격일제 근무자(24시간 근무)가 정상근무를 하고 24시간(1일) 휴식을 취하는 것은 당연한 연속근무형태로 보아서 1일근무 1일휴식을 주어야 한다. 그러나 연속근무가 아닌 연차휴가를 근로자가 청구하였을 경우 1일 휴가청구 시 연차휴가청구일을 근무일을 기준해서 청구휴가를 주고 격일제니까 휴가청구 다음 날 쉬는 날도 포함해서 휴가를 주어야 하는지 아니면 청구휴가를 주고 다음날 바로 근무를 시켜도 되는지에 대해 답변 요청함.

	월	화	수	목	금
	1	2	3	4	5
A조		휴		휴	
B조	휴		휴		휴

연차휴가 신청

[회신]

격일제 근로자에 대해서도 사용자는 근로기준법 제59조 제2항의 규정에 따라 근로자의 청구가 있는 시기에 연차휴가를 부여하여야 하는 바, 격일제 근무의 경우 1일 근무를 전제로 그다음 날 1일의 휴무를 부여하는 것이므로 근무일과 바로 다음 날(당초 비번일) 휴가를 사용한다면 연차휴가를 2일 사용한 것으로 보아도 되고, 근무일만 휴가를 사용하고 그다음 날(당초 비번일)에 근무를 하면 1일의 휴가를 사용한 것으로 보아야 할 것임.

[질의]
1일의 소정근로시간이 8시간이고 주휴일을 일요일로 정한 사업장에서 근로자가 주휴일에 근로를 개시하여 철야 근무하고 그 익일의 기본 소정근로시간을 마친 후에 퇴근한 경우 휴일·연장·야간수당 산정 방법은?

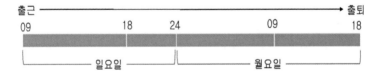

출근 ──────────────────────────────→ 출퇴
09   18   24   09   18
└──────── 일요일 ────────┘└──────── 월요일 ────────┘

[회신]
역일을 달리하여 계속적으로 근로가 이어지는 경우에는 이를 전일의 근로의 연장으로 보아 근로기준법 제55조에 의한 가산수당을 지급하여야 할 것이나, 익일의 소정근로시간대까지 계속 이어지는 경우에는 익일 시업 시각 이후의 근로는 근로계약·취업규칙 등에 의하여 당초 근로제공 의무가 있는 소정근로이므로 이를 전일의 근로의 연장으로는 볼 수 없다고 사료됨.
귀 질의내용이 불분명하여 정확한 답변은 곤란하나, 주휴일에 시작된 근로가 역일을 달리하여 계속되어 익일의 소정근로시간 종료 후 퇴근한 경우 그 익일의 소정근로시업시각전까지에 대하여는 전일(휴일)의 근로의 연장으로 보아 근로기준법 제55조에 의한 휴일근로수당(연장 및 야간근로에 해당되는 경우 동조에 의한 연장·야간근로수당은 각각 별도 산정)을 지급하여야 하며, 월요일 시업시각 이후의 근로는 이를 휴일근로와 연장근로로 볼 수 없다고 사료됨.
(근기 68207-402, 2003-03-31)

[A사 사례 분석]

- 주력 생산품의 중국 수요량이 크게 증가하여 휴일에도 전 직원이 출근하여 공장 가동
- 업무과중으로 제품의 불량률 상승
- 근로자들은 근무시간을 더 연장시킬 수도 없는 한계에 도달

- 근로자들은 근로시간의 감소로 임금 저하 우려
- 경영진은 인건비의 부담을 극복할 수 있을지에 대해 불안
- 생산량의 증대로 인건비 증가분 극복 가능하다고 판단하여 2조 2교대 체제를 3조 2교대 체제로 전환하기로 결정

2조 2교대 → 3조 2교대로 개선

- 전일제 연속형(24시간 365일)으로 완전가동체제로 전환
- 12일 주기(8일 근무, 4일 휴일)로 운영: 4(주간) → 2(휴무) → 4(야간) → 2(휴무)
- 휴무기간 중 1일은 교육훈련(1일 8hr)으로 운영

A사는 교대제 개편을 통하여, 교육 훈련 시간을 20시간 확보할 수 있게 되었고,
직원들의 휴일은 매월 5.6일이 늘어나게 되었음

[2조 2교대(전일제/불연속형)]

	1	2	3	4	5	6	7	8	9
A	주	주	주	주	주	주	휴	야	야
B	야	야	야	야	야	야	휴	주	주

[3조 2교대(전일제/연속형)]

	1	2	3	4	5	6	7	8	9
A	휴	휴	주	주	주	주	휴	휴	야
B	주	주	휴	휴	야	야	야	야	휴
C	야	야	야	야	휴	휴	주	주	주

T: 교육일

교대제 변경으로 근로시간 영향(월간 기준)

구분	변경 전	변경 후	차이
근무시간	313.2hr(72x4.35)	264hr(60.7*4.35)	15.7%↓
총 근로시간	382.8 ((40+(32X1.5))X4.35)	299.9 ((40+(19.3X1.5))X4.35)	21.7%↓
근무일	26.1일(6x4.35)	20.4일(4.7x4.35)	-5.7일
휴일	4.35일(1x4.35)	10일(2.3x4.35)	+5.6일
교육일	-	2.5일(1/12*7x4.35)	+2.5일

* 60.7hr에는 1주당 근로시간(56hr)과 교육훈련시간(4.7=1/12×7×8)이 포함됨

※ A사 B조의 야간근무 시 임금계산(예시)

실근무시간	할증 반영	비고
18:00 ~ 22:00 ---- 4시간	**4시간**	소정근로
22:00 ~ 24:00 ---- 2시간	**3시간(=2+2x0.5)**	소정근로+야간근로
00:00 ~ 01:00 ---- 1시간	**<u>휴게시간</u>**	휴게시간
01:00 ~ 03:00 ---- 2시간	**<u>3시간(=2+2x0.5)</u>**	소정근로+야간근로
03:00 ~ 06:00 ---- 3시간	**6시간(=3+(3x0.5)+(3x0.5))**	소정+연장+야간
11시간 근무	**16시간**	

1 임금 수준 보전 방법

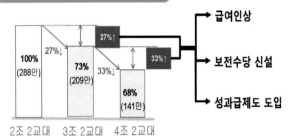

→ 급여인상

→ 보전수당 신설

→ 성과급제도 도입

100%
(288만)

27%↓

73%
(209만)

27%↑

33%↓

68%
(141만)

33%↑

2조 2교대　　3조 2교대　　4조 2교대

구분	근로일(1주) (a)	근로시간(1주) (b=ax12)	소정근로 (c)	연장근로 (d=(b-c)x1.5)	총 근로시간 (e=(c+d)x4.35)	최저임금 (f)	월급여 (g=exf)	감소율
2조 2교대	6	72	40	48	382.8	7530	2,882,484	
3조 2교대	4.7	56	40	24	278.4	7530	2,096,352	0.27
4조 2교대	3.5	42	40	3	187.05	7530	1,408,487	0.33

① 2조 2교대는 불연속(6일 근무) 기준/② 야간근로 할증 비고려

2 교대 인원 증원

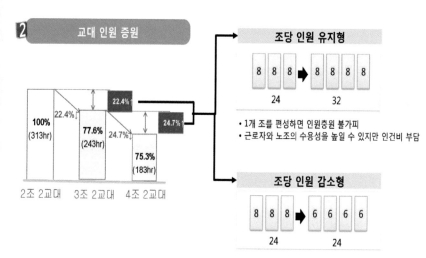

조당 인원 유지형

8 8 8 ➡ 8 8 8 8

24 → 32

- 1개 조를 편성하면 인원충원 불가피
- 근로자와 노조의 수용성을 높일 수 있지만 인건비 부담

조당 인원 감소형

8 8 8 ➡ 6 6 6 6

24 → 24

- 인원 충원 최소화
- 노조는 노동강도가 높아져, 재해율과 불량율이 높아질 것을 주장하는 반면, 사용자는 인건비를 줄이기 위해 조당 인원을 줄일 것을 주장함

(차트: 100% (313hr) 2조 2교대 / 77.6% (243hr) 3조 2교대 / 75.3% (183hr) 4조 2교대, 22.4%, 24.7%)

4조 3교대제(5일 근무) 시스템 설계

Why 산정	교대제 세부 내용 검토	근무편성표 작성	핵심 이슈 사항 결정
·1Cycle = (3 + 1) x 5 = 20일 ·근무일수 = 3 x 5 = 15일 ·휴일수 = 1 x 5 = 5일	·3근(야간)을 며칠로 할지, 그 후 휴무일은 며칠로 할지 결정	·교대 패턴은 일정해야 함 ·전환주기(순전환 역전환) 결정 ·조별 근무조 배치 ·근무조 변경이 너무 짧으면 생체리듬에 혼란 초래	·인원 조정 방식 검토 (조당 인원 유지/감축) ·임금 보전 방안 검토

날짜	1	2	3	4	5	6	7	8	9	10	11	12	13	14	15	16	17	18	19	20	21	22	23	24	25	26	27	28	29	30	31
요일	토	일	월	화	수	목	금	토	일	월	화	수	목	금	토	일	월	화	수	목	금	토	일	월	화	수	목	금	토	일	월
A조	3	3	3	3	3	휴	휴	2	2	2	2	2	휴	휴	1	1	1	1	1	휴	3	3	3	3	3	휴	휴	2	2	2	2
B조	1	1	1	1	휴	3	3	3	3	휴	2	2	2	2	2	휴	1	1	1	휴	1	1	1	1	휴	3	3	3	3	3	휴
C조	2	2	휴	휴	1	1	1	1	1	휴	3	3	3	3	3	휴	휴	2	2	2	2	2	휴	휴	1	1	1	1	1	휴	3
D조	휴	휴	2	2	2	2	2	휴	휴	1	1	1	1	1	휴	3	3	3	3	3	휴	휴	2	2	2	2	2	휴	휴	1	1

[4조 3교대의 적용: 2018년 3월]

구분	1일	2일	3일	4일	5일	6일	7일	8일	9일	10일	11일	12일	13일	14일	15일	16일	17일	18일	19일	20일	21일	22일	23일	24일	25일	26일	27일	28일	29일	30일	31일	일수	실근로시간	비율	임금시간
	목	금	토	일	월	화	수	목	금	토	일	월	화	수	목	금	토	일	월	화	수	목	금	토	일	월	화	수	목	금	토				
소정근로일		0	0		0	0	0	0	0			0	0	0	0	0			0	0	0	0	0			0	0	0	0	0		22			
무급휴일				0							0							0							0							4			
유급휴일	3·1절									주휴일							주휴일							주휴일							주휴일	5			
근무/휴무																																31			
유급처리	0	0	0		0	0	0	0	0			0	0	0	0	0			0	0	0	0	0			0	0	0	0	0		23	184	100	184
연장근로					0																			0								2	16	150%	24
야간근로							0	0	0	0	0																0	0	0	0	0	10	80	50%	40
휴일근로	0																															1	8	150%	12

1근(8h): 06:00-14:00	2근(8h): 14:00-22:00	3근(8h): 20:00~06:00	휴일

K호텔

⚡K호텔 교대조 변경

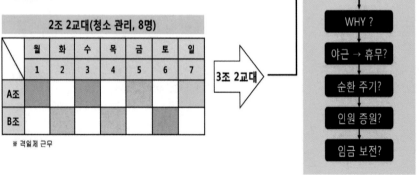

2조 2교대(청소 관리, 8명)

	월	화	수	목	금	토	일
	1	2	3	4	5	6	7
A조							
B조							

※ 격일제 근무

3조 2교대

- WHY ?
- 야근 → 휴무?
- 순환 주기?
- 인원 증원?
- 임금 보전?

유연근무제는 4차 산업혁명 시대의 세계적 추세이기 때문에, 기업들은 이에 대한 대비가 필요한 시점

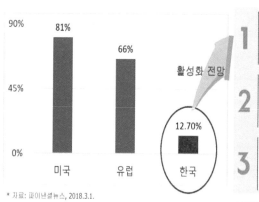

활성화 전망

90%

81%

66%

45%

12.70%

0%

미국   유럽   한국

* 자료: 파이낸셜뉴스, 2018.3.1.

1 스마트폰, 태블릿 등 각종 스마트기기가 생활 속으로 들어오면서 굳이 회사에 출근하지 않아도 업무수행이 가능해졌고, 일하는 시간과 공간에 제약이 없는 유연근무를 통해 업무생산성을 향상시켜 기업의 경쟁력을 키워가고 있습니다.

2 젊은 인재들은 승진, 금전적 보상과 같은 전통적인 동기부여 요소보다 조직으로부터의 인정, 성장기회, 업무에 대한 자기 주도성, 일과 삶의 균형 등에서 더 큰 몰입과 충성도를 느낍니다. 유연근무제는 그 자체만으로도 큰 유인요소로 작용합니다.

3 일과 육아 사이에서 출산을 꺼리거나 직장을 떠나는 근로자가 늘고 있습니다. 요즘 같은 인재전쟁 시대에 숙련 인력의 이직은 기업에서도 손실입니다. 유연근무제로 일·가정이 양립할 수 있는 근로환경을 만들어야 할 이유입니다.

• 자료: 고용노동부, '체계적인 유연근무제 도입·운영을 위한 매뉴얼', 2017. 12.

유연근무제도도 결국은 생산성(생산량) 향상을 위한 것이므로, 업무의 성격이나 조직문화, 구성원들의 니즈에 따라 전략적 활용이 필요함

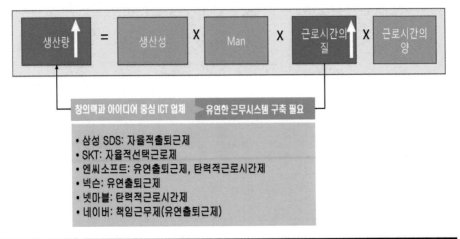

유연근무제도에 대해 근로기준법에는 탄력적근로시간제, 선택적근로시간제, 간주근로시간제 및 재량근로시간제도만 규정하고 있음.

구분	개념	인정요건	기타
탄력적 근로시간제	근로시간을 업무가 바쁠 때는 늘리고 한가할 때는 줄이는 등 업무내용에 따라 탄력적으로 운영	· 2주 단위 : 취업규칙 · 3월 단위 : 근로자대표와의 서면합의	특정일 8시간, 특정주 40시간을 초과해도 연장근로에 해당되지 않음
선택적 근로시간제	근로자가 시업 및 종업시각을 자신의 편의에 따라 선택하여 근로하고 의무시간대만 일률적으로 근로	취업규칙으로 정한 근로자에 대하여 근로자대표와 서면합의	특정일 8시간, 특정주 40시간을 초과해도 연장근로에 해당되지 않음
간주 근로시간제	사업장 밖에서 근로하여 실제 근로시간을 계산하기 어려운 경우, 소정 근로시간을 근로시간으로 간주	① 근로시간 전부/일부를 사업장 밖에서 근로 ② 근로시간을 산정하기 어려울 것	정해진 시간을 근로시간으로 간주
재량 근로시간제	전문직 업무 등 업무의 성질에 비추어 업무수행방법을 근로자의 재량으로 운영	노사간 서면 합의	연장·야간· 휴일근로수당 미 발생

284   중소기업을 위한 워라밸 인사노무관리

■ 탄력적근로시간제란 무엇인가?

'탄력적 근로시간제(Averaging Work System)'란 어떤 근로일의 근로시간을 연장시키는 대신에 다른 근로일의 근로시간을 단축시킴으로써, 일정 기간의 평균 근로시간을 법정 기준 근로시간 내로 맞추는 근로시간제를 말함

2주 단위 탄력적근로시간제	3개월 단위 탄력적근로시간제
① 2주 이내의 단위기간을 평균하여 1주의 근로시간이 40시간을 초과하지 아니하는 범위에서 특정주에 40시간, 특정일에 8시간을 초과하여 근로할 수 있는 제도	① 3월 이내의 단위기간을 평균하여 1주의 근로시간이 40시간을 초과하지 아니하는 범위에서 특정주에 40시간, 특정일에 8시간을 초과하여 근로할 수 있는 제도
① 취업규칙(10인 이상 사업) 또는 이에 준하는 것(10인 미만 사업)에 규정해야 함 ② 특정주, 특정일을 명확히 지정 ③ 특정주의 48시간을 초과 못 함.	① 근로자대표와 서면 합의(대상근로자 범위, 단위기간, 근로일 및 근로일별 근로시간, 서면 합의 유효기간) ② 3월 이내 ③ 1주 52시간·1일 12시간을 초과 못 함.
1주간 연장근로 법정최고 한도: 60시간(48+12)	1주간 연장근로 법정최고 한도: 64시간(52+12)

가산임금 적용제외: 특정주 또는 특정일에 법정근로시간(1주 40시간, 1일 8시간)을 초과하여 근로하더라도 연장근로가 아니므로 가산임금을 지급할 의무가 없음

탄력적근로시간제에서 연장근로가 되는 경우는 다음 두 가지 상황임

① 법정근로시간을 초과하여 근로하기로 정한 주·일에 그 근로시간을 초과하여 근로하는 경우
② 법정근로시간 미만을 근로하기로 정한 주·일에 그 근로시간을 초과하여 근로하는 경우

40시간

		소정 근로시간	연장 근로시간	근로시간 Total
2주 단위	1주	32hr / OT 12		44시간
	2주	48hr	OT 12	60시간
		총 80hr(평균 40hr)	총 24hr(평균 12hr)	합계 104시간
3월 단위	1주	28hr / OT 12		40시간
	2주	28hr / OT 12		40시간
	6주	28hr / OT 12		40시간
	7주	52hr	OT 12	64시간
	8주	52hr	OT 12	64시간
	12주	52hr	OT 12	64시간
		총 480hr(평균 40hr)	총 144hr(평균 12hr)	합계 624시간

부록 | 근로시간 단축에 따른 인사노무관리 방안   285

■ 선택적근로시간제란 무엇인가?

1월 이내의 정산 기간의 **총** 근로시간만 정하고 각일, 각주의 근로시간과 각일의 시작 및 종료 시각을 근로자의 자유에 맡기는 제도임

- 근로자는 1주 40시간, 1일 8시간의 근로시간 제한없이 자신의 선택에 따라 자유롭게 근무에 종사할 수 있음
- 의무적 시간대(Core Time)나 선택적 시간대를 정한 경우에는 이에 따라야 함

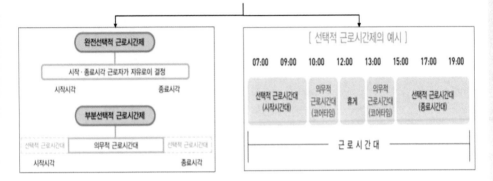

연장근로 수당을 지급해야 하는 경우

1. 정산 결과 약정한 시간을 넘어서 근로한 경우

야간근로 수당을 지급해야 하는 경우

2. 사용자 사전 요청(O)
   근로자 사전 통지 + 사용자 승인(O)
   근로자 자발적 근로(X)

1. 선택적근로시간대에 야간근로시간(오후 10시부터 오전 6시 사이의 근로)이 포함되어 있는 경우

요일별 근로시간을 달리하는 경우, 연차유급휴가 수당의 1일 계산 기준

선택근무제 도입 시 연차휴가 수당 산정은 표준근로시간을 기준으로 함. 표준근로시간이란 "유급휴가 등의 계산 기준으로 사용자와 근로자대표가 합의하여 정한 1일의 근로시간"을 말함.

※ 근로자 대표와 서면 합의 사항

① 대상 근로자의 범위, ② 정산 기간(1월 이내) 및 그 기간에 있어 총 근로시간, ③ 반드시 근로하여야 할 시간대(Core Time)를 정한 경우에는 그 시작 및 종료 시각, ④ 근로자가 그의 결정에 따라 근로할 수 있는 시간대(Flexible Time)를 정하는 경우에는 그 시작 및 종료 시각, ⑤ 유급휴가 부여 등의 기준이 되는 표준근로시간

다른 제도와 차이

자율 출퇴근제	출근시간이 일단 설정되면 퇴근시간이 자동적으로 결정되므로 시작시간만 근로자의 재량에 맡기는 것임. – 근로시간의 선택 폭이 지나치게 좁아 선택적근로시간제와는 상당한 차이가 있음 – 자율출퇴근제는 1일 8시간, 1주 40시간의 근로시간이 적용되므로 이 시간을 초과하는 경우는 반드시 연장근로 수당을 지급하여야 함

시차 출퇴근제	• 소정근로시간은 동일하지만, 개인 출퇴근 시간을 조정하여 회사 전체 근무시간을 늘려 민원 업무 등에 대응 • 근무 시간을 1시간 늘이는 경우(09:00~18:00 → 08:30~18:30)

기존 근무 시간	변형 근무 시간	
	A그룹	B그룹
시작 시간 09:00	시작 시간 08:30	시작 시간 09:30
종료 시간 18:00	종료 시간 17:30	종료 시간 18:30

■ 간주근로시간제란 무엇인가?

근로자가 출장 및 그 밖의 사유로 근로시간의 전부 또는 일부를 사업장 밖에서 근로하여 근로시간을 실제적으로 산정하기 어려운 경우에 있어서 근로시간을 인정하는 제도임

※ 따라서 사업장 밖에서 근로하더라도 근로시간의 산정이 가능하면 제외

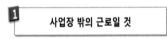

1 사업장 밖의 근로일 것	• 사업장 밖의 근로는 '근로의 장소적 측면'(사업장 밖에서 근로)과 '근로수행의 형태적 측면'(구체적 지휘감독을 받지 않고 근로)을 고려하여 판단해야 함
2 근로시간을 산정하기 어려울 것	• 사업장 밖 근로의 시업시각과 종업시각이 해당 근로자의 자유에 맡겨져 있고, 근로자의 조건이나 업무 상태에 따라 근로시간의 장단이 결정되는 경우
3 취업규칙 또는 근로자 대표와 서면 합의로 근로한 것으로 인정하는 시간	• 근로시간을 산정은 '소정근로시간으로 보는 경우', '통상 필요한 시간으로 보는 경우', '노사가 서면 합의한 시간으로 보는 경우'로 하고 있음

※ 사업장 밖 근로와 사업장 내 근로가 혼재하는 경우 계산 방법

● 오전에는 사업장 내에서 근무하고 오후에는 사업장 밖에서 근무하는 경우는 그 시간을 합산하여 그날의 근로시간으로 봄
→ 사업장 내에서 4시간 근무하고 나머지는 사업장 밖에서 근로한 경우, 사업장 밖에서 근로한 시간이 5시간으로 인정되었다면 그날의 근로시간은 사업장 내 근로시간 4시간과 사업장 밖 근로시간 5시간을 합하여 총 9시간이 됨

출장으로 야간 또는 휴일에 이동하는 경우, 그 이동 시간이 야간 또는 휴일근로에 해당하는지 여부

〈질 의〉

○ 타 도시 등 지역 외로 출장을 갈 경우 출장지 및 도착지까지의 왕복 이동이

휴일이나 야간 등 근무시간 이외의 시간에 이루어질 경우 휴일근로나 연장근로

및 야간근로에 해당되는지 여부

〈회 시〉

○ 출장근무 등 사업장 밖에서 근로하는 경우에 있어서의 근로시간 산정에 관하

여는 근로기준법 제56조제1항 및 제2항에서 특례를 규정하고 있는 바, 동조의

취지로 볼 때 사용자의 지시에 의해 야간 또는 휴일에 출장업무를 수행하는 것

이 명확한 때에는 야간, 휴일근로로 볼 수 있으나 단순히 야간 또는 휴일에 이동

하는 때에는 야간, 휴일근로를 한 것으로 보기 어렵다고 사료됨.

【근기 68207-2650, 2002.08.05】

■ **재량근로시간제란 무엇인가?**

업무의 성질에 비추어 업무수행 방법을 근로자의 재량에 위임할 필요가 있는 업무로서 사용자가 근로자 대표와
서면 합의로 정한 근로시간을 소정근로시간으로 인정하는 제도

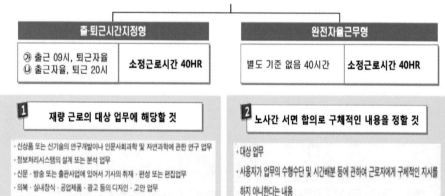

288　중소기업을 위한 워라밸 인사노무관리

연장·야간·휴일근로수당을 지급해야 하는 경우

※ 다른 유연근무제도와 비교

- 서면 합의로 정한 근무시간이 1주 40시간을 초과할 경우, 연장근로수당을 지급

- 서면 합의로 정한 근무시간 중 야간근로(22:00~익일 06:00)가 포함된 경우, 야간근로수당도 지급해야 함

- 완전 자율 근무형의 경우 소정근로일을 특정하지 않기 때문에 휴일근로나 야간근로 문제는 발생하지 않음

구 분	탄력적 근로시간제	선택적 근로시간제	재량근로시간제
적용대상	대상근로자의 범위 (임부·연소자 제외)	대상근로자의 범위 (연소자 제외)	대상업무 (시행령 제31조)
운영	단위기간(3월 이내)	정산기간(1월 이내)	업무수행수단, 시간배분에 구체적 지시를 하지 않음
근로시간 제한·산정	근로일과 근로일별 근로시간	총근로시간	서면합의에서 정한 근로시간
서면합의 주요내용	대상근로자 범위 단위기간(3월 이내) 근로일·근로일별 근로시간 서면합의 유효기간	대상근로자 범위 정산기간, 총근로시간 의무근로시간대 선택근로시간대 표준근로시간	업무수행방법은 근로자 재량에 맡김 근로시간 산정은 정한 바에 따름

※ 기타 유연근무제도와 비교

원격근무제	• 근로자가 근로시간의 전부 또는 일부를 회사가 제공하는 *통상의 사무실이 아닌 장소에서 정보통신기기를 이용하여 근무*하는 형태임 　- 위성 사무실형 원격근무: 주거지, 출장지 등과 가까운 원격근무용 사무실에 출근해서 근무 　- 이동형 원격근무: 모바일 기기를 이용하여 장소적 제약 없이 근무 • 위성 사무실형은 통상적인 근로시간제의 적용을 받지만 이동형은 사업장 밖 간주근로시간제 적용 가능
재택근무제	• 가정에 업무에 필요한 시설과 장비를 구축하는 등 업무공간을 구축하여 근무 　- 상시형 재택근무: 대부분의 재택에서 근무 　- 수시형 재택근무: 일주일 중 일부만 재택근무 • 재택근무에 종사하는 근로자도 **근로시간 및 휴게에 관한 규정이 적용됨** 　- 소정근로시간 동안의 *근로제공의무나 직무 전념의무 등은 근로자에게 맡겨질 수밖에 없음* 　- 정보통신기기를 통한 온라인 출퇴근기록 등으로 재택근무자의 근로시간 관리 가능

• 자료: 고용노동부, '체계적인 유연근무제 도입·운영을 위한 매뉴얼', 2017.12.

유연근무제도 활성화를 위해서는 최고 경영층의 관심을 가지고 직원과 소통하는 것이 무엇보다 중요하며, 직원과의 공동 추진, 성과주의 시스템 구축 및 유연근무제도 친화적인 조직문화 형성이 중요함

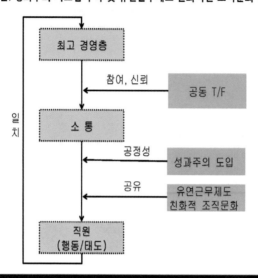